AF617799

Todo el poder a los sóviets

Organización, revolución y construcción del socialismo

VLADIMIR ILICH
LENIN

TODO EL PODER A LOS SÓVIETS

ORGANIZACIÓN REVOLUCIÓN Y CONSTRUCCIÓN DEL SOCIALISMO

Prólogo:

ÁNGELES
MAESTRO

Edición basada en las
Obras Completas de Vladimir Ilich Lenin. Editorial Progreso (Moscú, 1984-1988)

PRIMERA EDICIÓN DE TXALAPARTA
Tafalla, enero de 2024

© DE LA EDICIÓN: Txalaparta
© DEL PRÓLOGO: Ángeles Maestro Martín
SELECCIÓN DE TEXTOS: Arnau Carné

EDITORIAL TXALAPARTA S.L.L.
San Isidro 35
31300 Tafalla NAFARROA
Tfno. 948 703 934
info@txalaparta.eus
www.txalaparta.eus

ISBN
978-84-19319-91-3
DEPÓSITO LEGAL
NA. 45-2024

DISEÑO DE COLECCIÓN Y CUBIERTA
Esteban Montorio

MAQUETACIÓN: Monti

IMPRESIÓN
Gráficas Iratxe
Polígono Agustinos, calle M, 5
31160 Orkoien – Navarra

Índice

PRÓLOGO

Lenin, échanos una mano

Ángeles Maestro Martín

ESTA FRASE ANÓNIMA LA VI ESCRITA en una pared de Talavera de la Reina a principios de los años 80. Eran los primeros años de la transición, la gran operación política destinada a destruir lo que quedaba del potencial revolucionario de organizaciones obreras y populares construido en los largos años de la posguerra, arrostrando la feroz represión de la dictadura.

Alguien dejó escrito el grito desesperado de quien veía hundirse, ideológica y políticamente, la obra de tantos héroes anónimos que pagaron con su vida y con su juventud, en la cárcel, el intento de lograr la emancipación de la clase obrera. Invocaba, precisamente, a quien supo dirigir la primera revolución obrera triunfante.

Las consecuencias de esa enorme traición, sindical y política, alimentada desde los años 50 por la política de «reconciliación nacional» del PCE –inscrita a su vez en las políticas de coexistencia pacífica con el capitalismo implementadas por los dirigentes soviéticos a partir de esos años– no solo no han sido superadas casi cinco décadas después, sino que se agravan progresivamente. Las clases dominantes consiguieron romper el hilo rojo, esencialmente político, sin el cual las luchas obreras sucumben sin dejar rastro.

En Euskal Herria, ese testigo fue mantenido durante más tiempo. La lucha por la independencia y el socialismo, concretada en la identificación de la transición como la continuación de las estructuras de poder de la dictadura y en la lucha contra el imperialismo representado por la OTAN, mantuvo encendida la llama que alimentaba la esperanza de la continuación del combate histórico de las luchas obreras y populares. En la actualidad, la izquierda institucional vasca heredera del MLNV sigue parecidos derroteros que la del resto del Estado.

Precisamente hoy, cuando la burguesía imperialista, ante la mayor crisis del capitalismo, prepara las mayores agresiones contra la clase obrera y sectores populares –incluida la guerra, los mecanismos inéditos de control social con el pretexto de pandemias y la creciente fascistización de la UE– el debilitamiento del movimiento obrero y popular alcanza sus cotas más altas desde hace décadas. La derrota ideológica, que se concreta en hacer creer al proletariado –es decir, a la inmensa mayoría que asegura con su trabajo la continuidad de la vida– que no hay alternativa a la barbarie capitalista, es el arma más poderosa de la dominación. Y, efectivamente, el aislamiento y la desorganización hacen de la clase obrera un rebaño dócil, supeditado al poder y que se traga el pasto fácil de cualquier marioneta creada por los medios de comunicación que proponga «asaltar los cielos» sin destruir la estructura de poder del capitalismo.

Además de la represión, la burguesía utiliza dos armas ideológicas fundamentales para destruir la capacidad de resistencia organizada del movimiento obrero. Una de ellas es la corrupción de élites políticas y sindicales, bien planificada, que sirve para demostrar que «todos son iguales» –es decir, aprendices de ladrones de la burguesía– pero que también tiene una dimensión ideológica esencial: la penetración en el seno de la clase obrera de la idea de la inutilidad de la organización y de la imposibilidad de construir políticas de independencia de clase. El triunfo de estas herramientas que actúan como un cáncer para la conciencia de clase se produce solo cuando no existe en el seno del proletariado la organización política que ayude a denunciar y aislar a los dirigentes traidores identificándolos, en palabras de Lenin, como «agentes de la burguesía en el seno del movimiento obrero».

La otra es la manipulación histórica y la correspondiente exhibición de las derrotas de los intentos revolucionarios anteriores como confirmación de que no vale la pena ni siquiera intentarlo. Dejándonos como zombis sin memoria, tratan, una vez más, de quebrar la continuidad histórica de la lucha del proletariado por su emancipación.

La conciencia obrera y popular, aun en las épocas y condiciones más difíciles, es capaz de levantarse y reconstruirse, como la historia ha demostrado repetidas veces. Pero lo puede hacer solo a condición de que exista un proyecto histórico revolucionario que organice, dé sentido a las luchas parciales y las inscriba en el combate general por acabar con el capitalismo y construir el socialismo. Solo así es posible que la conciencia de clase incorpore y se nutra del tesoro de experiencia –incluido el análisis de los errores– de quienes lograron, aun temporalmente, destruir la barbarie capitalista.

Tratan de que no veamos lo más evidente: que donde no hay la menor esperanza de vida digna es en el capitalismo.

Redescubrir a Lenin, cien años después de su muerte, es imprescindible. Y esa petición desgarrada, «échanos una mano», puede encontrar respuesta, leyendo, estudiando y, sobre todo, sintiendo latir su determinación en cada una de las diferentes ocasiones –unas históricas y otras casi cotidianas– que reúne en este libro la editorial Txalaparta.

Que no se agiten los académicos de salón, ni los «marxistas» de biblioteca. El llamamiento a estudiar a Lenin no pretende multiplicar las voces que repiten como loros determinadas frases. Ni Marx era marxista ni Lenin leninista. Y el materialismo dialéctico, tema con el que se inicia el libro, es el cuestionamiento más tajante de cualquier dogma.

Los revolucionarios de aquí y de ahora, como quienes nos precedieron, tendremos que inventar nuevos caminos. Pero de lo que no podemos prescindir de ninguna manera es de la determinación de llevar a cabo la tarea, cueste lo cueste y tarde lo que tarde en realizarse. Probablemente la imagen más nítida de esa determinación es la del joven Lenin que, con 17 años y profundamente conmovido por la muerte de su hermano mayor, Aleksander, ahorcado por participar en un intento de asesinato del zar, promete ante su cadáver: «Nosotros lo haremos de otro modo».

En el artículo «Tareas urgentes de nuestro movimiento», publicado en *Iskra* en 1900, identificaba la determinación como principal artífice de la victoria: «Ante nosotros se alza con todo su poder la fortaleza enemiga, desde la cual se nos hacen descargas cerradas que barren a nuestros mejores combatientes. Tenemos que tomar esa fortaleza y la tomaremos, si sabemos unir en un solo partido –al que se sumará cuánto hay en Rusia de sensible y honrado– a todas las fuerzas del proletariado, que están despertando, y todas las fuerzas revolucionarias rusas. Solo entonces se cumplirá la profecía del obrero revolucionario ruso Piotr Alexeiev: «Se levantará el brazo vigoroso de los millones de obreros, y el yugo del despotismo, defendido por las bayonetas de los soldados, saltará hecho añicos».

Junto a las grandes declaraciones, nos encontramos a Lenin tratando los aspectos más concretos de las luchas obreras. Hoy, cuando nos enfrentamos a la tarea vital de reconstruir el movimiento obrero, los textos de Lenin, escritos antes de la victoria de la revolución, en los que analiza en detalle y en lo concreto, tareas, necesidades y errores, parecen hablarnos para ahora mismo.

En su «Carta a los obreros y obreras de la fábrica Thornton», de 1895, llama a salvaguardar por encima de todo la unidad de las diferentes categorías de trabajadores y trabajadoras –en su inmensa mayoría mujeres– sobre todo con las más explotadas. Lenin se detiene a explicar las artimañas de la patronal para rebajar los salarios de estas últimas: «Con la lana se comenzó a mezclar, sin explicación alguna, la puncha y el tundizno, lo cual hizo la elaboración de la mercancía terriblemente lenta; como por casualidad aumentaron las demoras en la entrega de la urdimbre y, por último, comenzaron directamente a descontar las horas de trabajo». Tras enumerar prolijamente la estrategia del patrón para dividir a la plantilla, advierte: «Obreros de la sección de hilandería, no os dejéis seducir por la estabilidad o por cierto aumento salarial... pues casi dos terceras partes de vuestros hermanos ya han sido despedidos de la fábrica, y el mejoramiento de vuestro salario ha sido comprado al precio del hambre de vuestros compañeros hilanderos que han sido arrojados a la calle».

Otro artículo que encierra elementos de análisis indispensables para las tareas actuales lleva por título «Sobre las huelgas». En él explica pormenorizadamente la imprescindible dimensión política de las luchas obreras. Analiza cómo en el transcurso de las mismas, tanto patronos como obreros aprenden quiénes son los verdaderos dueños de todo y cómo en las mentes de la clase trabajadora empieza a anidar la idea del socialismo, que poco antes les era absolutamente ajena. Recuerda, sin embargo, que la huelga es solo *una* de las formas de lucha, una pequeña experiencia de una guerra mucho más dura y más amplia, en la que la caja de resistencia es fundamental y necesariamente debe tener una dimensión internacional.

En el prólogo al folleto «Las jornadas de mayo en Járkov» de 1900, muestra, descendiendo también hasta los detalles más nimios, la trascendencia del ejercicio de la autocrítica, de la identificación de los errores cometidos y de las insuficiencias que han determinado su fracaso, para poder superarlos en ocasiones posteriores.

Monumentos políticos como el «Informe sobre la revolución de 1905» o «Las tareas del proletariado en la presente revolución – Tesis de abril», volverán a sacudir aun a quienes los conozcan con la insólita fuerza de la voluntad revolucionaria que los inspira.

En «El programa militar de la revolución proletaria», escrito en 1916, disecciona con bisturí de cirujano toda la podredumbre del programa «pacifista» de la socialdemocracia, quien se atreve a afirmar –en plena conflagración mundial– que «el desarme es la expresión más franca, decidida y consecuente contra todo militarismo y contra toda guerra». Es imposible no recordar aquí cómo el movimiento pacifista, representado inicialmente por Los Verdes, penetró profundamente toda la izquierda y que esas mismas fuerzas, desde hace más de veinte años, llevan puesto el casco guerrero de la OTAN. Mediante la mistificación ideológica de equiparar al agresor con el agredido, apoyaron los bombardeos sobre Yugoslavia, Libia y Siria, hoy se apresuran a enviar armas a los fascistas de Ucrania y, en general, legitiman la estrategia imperialista en diversos países del mundo.

Las palabras de Lenin pulverizan el discurso «pacifista» y recuerdan que «una clase oprimida que no aspira a aprender el manejo de las armas, a tener armas, esa clase oprimida solo merecería que se la tratase como a esclavos. Nosotros, si no queremos convertirnos en pacifistas burgueses o en oportunistas, no podemos olvidar que vivimos en una sociedad de clases, de la que no hay, ni puede haber otra salida que la lucha de clases. En toda sociedad de clases –ya fundada en la esclavitud, en la servidumbre, o como ahora, en el trabajo asalariado–, la clase opresora está armada. [...] Es esta una verdad tan elemental que apenas hay necesidad de detenerse en ella. Bastará recordar el empleo de tropas contra los huelguistas en todos los países capitalistas».

Uno de los textos más vibrantes, más apasionados, más explicativos de la esencia de la dictadura del proletariado, es el que tiene por título «Los asustados por la quiebra de lo viejo y los que luchan por el triunfo de lo nuevo». Está escrito cuando los bolcheviques llevaban dos meses en el poder. Es el momento en que empieza a aplicarse el control obrero de la producción y la nacionalización de los bancos que él identifica como «los primeros pasos hacia el socialismo». En el artículo explica la insoslayable la necesidad, desde el planteamiento más riguroso de este término, de implementar las medidas más duras para defender la revolución contra sus enemigos.

Lenin desenmascara los lamentos de «quienes están abatidos por la ruina del capitalismo y no saben comprender la perspectiva histórica, quienes están ensordecidos por la potente quiebra de lo viejo, por el crujido, el estruendo y el "caos" (un caos aparente) de las seculares estructuras zaristas y burguesas al desmoronarse y derrumbarse; quienes se asustan de que la lucha de clases llegue a una exacerbación extrema y se transforme en guerra civil, la única guerra legítima, la única justa, la única sagrada, no en el sentido clerical de la palabra, sino en el sentido humano de guerra sagrada de los oprimidos contra los opresores para derrocar a estos últimos, para emancipar de toda opresión a los trabajadores».

Arremete contra quienes «de oídas» hablan de implantar pacíficamente el socialismo y afirma: «Los marxistas siempre hemos sabido que el socialismo no se puede "implantar", que surge en el curso de la lucha de clases y de la guerra civil más intensas y más violentas. [...] que entre el capitalismo y el socialismo media un periodo de doloroso alumbramiento; que la violencia es siempre la comadrona de la vieja sociedad; que al periodo de transición de la sociedad burguesa a la socialista corresponde un Estado especial (es decir un sistema de violencia organizada sobre una clase determinada), a saber: la dictadura del proletariado».

Todo el texto es un poderoso alegato de la necesidad ineludible de defender la revolución contra sus enemigos, contra los saboteadores y los contrarrevolucionarios. Y es precisamente en esa escuela de la vida, de la lucha más aguda, cuanto más arrecia la resistencia de los explotadores, en la que el proletariado aprende y madura para el ejercicio del poder. Termina afirmando que en ese gigantesco combate a muerte que están viviendo «La victoria será de los explotados, pues tienen a su lado la vida, la fuerza del número, la fuerza de las masas, la fuerza de los veneros inagotables de todo lo abnegado, ideológico y honesto que pugna por avanzar y despierta para edificar lo nuevo; los veneros de toda la gigantesca reserva de energía y de talento del llamado "vulgo", de los obreros y campesinos. La victoria será suya».

Los textos que hablan sobre las enormes dificultades que se oponen a la construcción de la nueva sociedad, sobre el papel crucial de la educación y la formación política, del papel de las mujeres obreras, de la manera de enfrentar el problema de la religión, del imprescindible repliegue que significó la NEP, de la necesidad de luchar contra la aristocracia obrera como «agentes de la burguesía en el movimiento obrero» o de tratar la inmigración desde la perspectiva de la unidad de la clase obrera constituyen tesoros de análisis y de experiencia forjados, no en la academia, sino al calor del más palpitante y terrible combate contra la burguesía nacional e internacional.

La defensa irreductible de Lenin del derecho a la autodeterminación y a la independencia de las naciones oprimidas y contra las anexiones también merece destacarse. Lenin se enfrentó a quienes desde la socialdemocracia defendían las fronteras nacionales, constituidas a punta de bayoneta, como hecho consumado. Planteaba, una vez más, en la más estricta tradición marxista, que no todas las guerras son iguales, y que, si no se trata de la insurrección de una clase reaccionaria, la lucha de un pueblo sojuzgado siempre debe ser apoyada. Y debe hacerse por ser un legítimo derecho democrático incuestionable la lucha de la nación oprimida contra la nación opresora, y también, en aras del objetivo esencial de la unidad de clase, del internacionalismo proletario. El objetivo es que la clase obrera de la nación sometida nunca pueda identificar a la clase obrera de la nación opresora como cómplice de la dominación de la burguesía imperialista.

Finalmente, quiero destacar el último texto, la carta a la comunista británica Silvia Pankhurst, en la que trata el tema del parlamentarismo, es decir, de la participación electoral de las organizaciones revolucionarias.

Lenin considera que, en general, dicha participación puede ser una herramienta de lucha, a condición de que la misma no sea un obstáculo para el objetivo superior:

la ligazón indisoluble con la clase obrera, con sus huelgas y luchas, y para llevar a cabo el combate contra los sectores de la aristocracia obrera que pretenden representarla. Alerta de que la tarea principal es desenmascarar a esos grupos «en su mayor parte corrompidos hasta los huesos e irremisiblemente por el reformismo, prisioneros de prejuicios burgueses e imperialistas».

Al tiempo que plantea que es un error, una equivocación táctica, caer en planteamientos anarquistas de negar cualquier participación electoral, insiste en la necesidad de vincular esta a los objetivos generales de la revolución. En ese combate, es primordial tener en cuenta que, «Sin luchar contra esos sectores, sin acabar con todo su prestigio entre los obreros, sin convencer a las masas de la completa corrupción burguesa de esos sectores, no puede hablarse de movimiento comunista obrero serio».

Aquí y ahora

En el Estado español, se intensifica a ojos vista el agotamiento del modelo de representación política de la clase obrera y de la pequeña burguesía que, a duras penas, ha estado vigente desde la transición. La descomposición de Podemos y la asunción por parte de Izquierda Unida/Sumar, así como de las respectivas «izquierdas independentistas», de las políticas de la burguesía estatal y de la oligarquía imperialista se produce en un momento en el que el capitalismo en crisis se dispone a implementar las políticas más duras contra el proletariado.

La destrucción de empresas, incluida la pequeña propiedad agrícola y ganadera, en aras de la centralización y concentración de capital en los grandes fondos de inversión, se acompaña –de forma cada vez más explícita– de políticas de preparación de la guerra a gran escala. Esta guerra de la OTAN que continuará –pase lo que pase en Ucrania– primero contra Rusia y después contra China tendrá una vez más como escenario el territorio europeo y como carne de cañón la juventud obrera.

Ante esta ofensiva de la oligarquía imperialista, cuya dureza apenas ha empezado a apuntar, el proletariado revolucionario está ausente precisamente por la desaparición, desde hace décadas, de la perspectiva política esencial que lo puede constituir: el objetivo de la toma del poder político por la clase obrera y la asunción del internacionalismo.

A nivel ideológico, cuando la revolución está desaparecida de la imaginación y del horizonte de posibilidad, los debates políticos parecen girar alrededor de cualquier cosa menos de la universalidad del proletariado como sujeto histórico. A las opciones políticas parciales, como por ejemplo las identidades, se les opone un economicismo vulgar y no propuestas revolucionarias totalizadoras.

La figura y la obra de Lenin resurgen con fuerza atronadora en el centenario de su muerte, y lo hace cuando el comunismo, a pesar de todas sus «derrotas», es el objetivo prioritario de la criminalización y la persecución por parte del poder, cuando no de su adulteración, en una época marcada por el resurgimiento del fascismo de la mano del imperialismo.

La razón de tan «anacrónico» combate ideológico es evidente. Todas las revoluciones triunfantes posteriores se han forjado sobre el análisis marxista y sobre la experiencia de la revolución soviética dirigida por Lenin. Todas ellas han derrumbado el axioma sobre el que se asienta el capitalismo: que no hay alternativa posible.

La creencia en la invulnerabilidad del poder, una y otra vez contradicha por todas y cada una de las experiencias revolucionarias o de liberación nacional, es la piedra angular de la dominación. En el otro lado de la barricada, para la clase obrera y para las luchas antiimperialistas de los pueblos del mundo, el análisis de las formas concretas que las revoluciones han adoptado conforma el tesoro de experiencia acumulada sobre el cual construir, aquí y ahora, nuestros propios caminos emancipatorios.

Levantar el proyecto histórico, es decir, la construcción del cauce para que actúen los «veneros de toda la gigantesca reserva de energía y de talento de los oprimidos» es la tarea de quienes somos conscientes de las dimensiones de la barbarie que ofrecen hoy el capitalismo y el imperialismo como único futuro a la humanidad.

La reconstrucción del hilo rojo de la historia y la determinación para cumplir como clase y como pueblos la función que nos acredita como seres humanos conscientes nos está apremiando.

INTRODUCCIÓN

Lenin habla de vosotros

EN UN CONCIERTO DEL GRUPO DE PUNK Inadaptats, donde se mezclaba un público juvenil hijo de las últimas crisis económicas y un conjunto de veteranos y veteranas de la lucha contra las Empresas de Trabajo Temporal, el cantante proclamó: «¡Leed a Lenin, habla de vosotros!».

La extensa obra del revolucionario ruso ha sido parte de las lecturas básicas de distintas generaciones de revolucionarias de todo el mundo. Su obra *¿Qué hacer?* ha sido utilizada de guía para estructurar organizaciones y sus órganos de difusión de ideas. *El imperialismo, fase superior del capitalismo,* para analizar las guerras y la evolución económica del capitalismo global. *El Estado y la revolución,* para dar aliento a esos espíritus más revolucionarios en su confrontación directa contra el sistema. *La enfermedad infantil del izquierdismo en el comunismo* se ha mostrado en nombre de las organizaciones de orden para tratar de controlar a quien consideraban simples alocados que cuestionaban sus pactos sociales. Durante décadas, múltiples organizaciones comunistas han utilizado el concepto de «marxistas-leninistas» para definir su línea política.

Pero, cien años después de su muerte, y en el contexto de Euskal Herria, ¿la obra de Lenin nos puede interpelar de alguna manera? ¿Realmente habla de nosotras y nosotros?

En una carta al marxista ruso P. B. Axelrod del 16 de agosto de 1897, un Vladimir Ilich Uliánov (Lenin) de 27 años le comentaba: «No hay nada que desee tanto, ni en lo que tanto haya soñado, como poder escribir para los obreros».

Para Lenin, y para los y las marxistas revolucionarias de la Rusia de finales de siglo XIX, los obreros y las obreras eran el principal sujeto revolucionario. Por su rol en la nueva sociedad industrial que se estaba desarrollando: una clase explotada que malvivía vendiendo su fuerza de trabajo a una burguesía nacional y extranjera que año tras año multiplicaba sus beneficios privados.

Bien pronto, Lenin vinculó su trabajo político a los círculos obreros que aparecían en las zonas industriales. Sus primeros escritos insistían en relacionar las calamidades de la vida fabril con la estructura del régimen social ruso. Quería entender, y hacer entender a las mismas obreras y obreros que iniciaban la lucha a través de huelgas para mejorar sus condiciones laborales, que el capitalismo, en la forma semifeudal del imperio zarista, era el quid de la cuestión. Que se necesitaba una profunda lucha política para modificar la estructura económica que generaba la explotación en las fábricas. Y que esta también debía vincularse a las reivindicaciones y necesidades de las grandes masas campesinas de entonces.

A partir de entonces, dedicó su tiempo a pensar en cómo organizar la clase obrera, en cómo orientar su lucha, siempre analizando el contexto: el imperio zarista, los efectos de la guerra mundial, el papel de la burguesía, las diferentes ramas del movimiento obrero y campesino, los momentos de efervescencia revolucionaria, los momentos de retroceso y represión, las opciones en la legalidad y en la clandestinidad, las oportunidades y los límites en el nuevo parlamentarismo burgués... Y después de la Revolución de Octubre de 1917, en cómo construir este nuevo Estado en manos de la clase obrera y campesina. El control de la producción y su distribución en un país devastado por la guerra, en medio de una contrarrevolución por parte de la burguesía y diferentes sectores reaccionarios, con la presión de diferentes invasiones extranjeras, y con unas masas obreras y campesinas que basculaban entre la defensa de la revolución y el descontento y la revuelta interna.

La obra de Lenin es muy extensa, y cubre diferentes periodos y situaciones que hacen que en cada momento se posicione teniendo en cuenta múltiples factores. Es por eso que podemos encontrar fragmentos de textos suyos que se contradicen fácilmente unos con los otros, y que, en consecuencia, han sido utilizados de argumentario para organizaciones comunistas contemporáneas a su vida para batallar entre ellas, todas utilizando el nombre y la obra de Lenin.

Al mismo tiempo, contempla múltiples registros de una gran complejidad: octavillas y artículos de agitación destinados a la masa obrera, documentos de congresos de partido, cartas y artículos de batalla intelectual (a menudo muy dura) contra diferentes figuras ilustres del movimiento socialista, análisis económicos y estadísticos de profundidad, obras filosóficas, leyes y decretos, cartas más íntimas hacia compañeros y compañeras de partido y familiares...

Ciertamente, una gran parte de la obra de Lenin seguramente era difícil de comprender por el grueso de la clase obrera, pero siempre hablaba de ellos y de ellas. Del origen y evolución de su explotación, y de su lucha y emancipación. Y ahora, pues, cien años después, ¿podemos decir que habla de nosotros? ¿De la clase trabajadora vasca? ¿De la clase trabajadora internacional? Pues sí, habla de nosotros en la medida que, a pesar de situar la obra y el autor en su contexto, extraemos análisis, visiones, formas de reflexionar, que después aterrizamos a nuestra situación, a nuestra lucha. Y que los acabamos utilizando para orientar nuestras organizaciones, sin convertir los textos en sacramentos. Hay que recordar que el mismo Lenin combatía los planteamientos de quienes querían convertir el socialismo en otro tipo de religión.

Desde Txalaparta, en este sentido, hemos creído oportuno, en el centenario de su muerte, editar una breve antología de algunos de sus escritos[1]. No se trata de un resumen de la totalidad de su obra, sino de un punto de partida para adentrarse en ella. La voluntad ha sido recoger artículos, decretos y cartas, seleccionados en función de su síntesis y fácil comprensión lectora, que abarcaran diferentes épocas y diferentes elementos clave de su pensamiento. Algunos más conocidos, y otros que han pasado más desapercibidos.

Hemos dividido la estructura de la siguiente manera. En primer lugar, un artículo para situar los cimientos del marxismo de Lenin, «Tres fuentes y tres partes integrantes del marxismo», escrito el 1913, en el 30.º aniversario de la muerte de Marx.

A continuación, un bloque cronológico que repasa sus diferentes etapas, desde la época prerevolucionaria hasta la época de la construcción del Estado socialista. Sus primeros contactos con el movimiento obrero y su teorización sobre la lucha política y la necesidad de una organización revolucionaria se ven reflejados en los artículos «A los obreros y obreras de la fábrica Thornton» (1895),

1. La traducción de los textos está basada en la de las *Obras Completas* de Lenin, realizada por la Editorial Progreso y publicada en Moscú entre 1984 y 1988. En lo sucesivo, todas las notas, a menos que se indique lo contrario, se sustentan en las de dicha edición.

«Sobre las huelgas» (1899), «Prólogo al folleto "Las jornadas de mayo en Járkov"» (1900) y «¿Por dónde empezar?» (1901). Su conferencia de inicios de 1917 titulada «Informe sobre la revolución de 1905» repasa la cuna revolucionaria del fenómeno de los sóviets. En «El programa militar de la revolución proletaria» (1916) y a «Las tareas del proletariado en la presente revolución – Tesis de abril» (1917) encontramos su visión insurreccionalista que acaba triunfando en la revolución de octubre de 1917.

Después de este triunfo, para mostrar su visión sobre los problemas en la construcción del Estado socialista y la necesidad de establecer la llamada dictadura del proletariado, hemos escogido los escritos «A la población» (1917), «Del diario de un publicista» (1917), «Los asustados por la quiebra de lo viejo y los que luchan por el triunfo de lo nuevo» (1917), «Declaración de los derechos del pueblo trabajador y explotado» (1918), «Las tareas inmediatas del poder soviético» (1918) y «Tesis e informe sobre la democracia burguesa y la dictadura del proletariado» (1919). En «Cinco años de la Revolución rusa y perspectivas de la revolución mundial» (1922) se refleja su enfoque de la polémica Nueva Política Económica aplicada a partir de 1921 premeditadamente de forma provisional, y que siguió vigente hasta su muerte.

Finalmente, hay un último apartado donde se recogen escritos que plasman su visión en diversos temas: el imperialismo, en «Prólogo a las ediciones francesa y alemana de "El imperialismo, fase superior del capitalismo"» (1917); la cuestión nacional, en «Balance de la discusión sobre la autodeterminación» (1916); el papel de la mujer, en «Las tareas del movimiento obrero femenino en la República Soviética» (1919); el hecho migratorio, en «El capitalismo y la inmigración de los obreros» (1913); la gestión de la religión, en «Actitud del partido obrero hacia la religión» (1909); la importancia de la batalla cultural, en «Discurso pronunciado ante la conferencia de toda Rusia de los organismos de educación política de las secciones provinciales y distritales de instrucción pública el 3 de noviembre de 1920» (1920); y, para terminar, el parlamentarismo y la unidad revolucionaria, en «Carta a Silvia Pankhurst» (1919).

Somos conscientes que quedan fuera o poco reflejados elementos también de peso en su pensamiento y acción, como la escisión entre bolcheviques y mencheviques, los debates en torno al papel de los sindicatos en el Estado socialista o sus trabajos filosóficos, entre otros. Pero la voluntad de editar una antología introductoria que no asustara por su volumen y fuera más accesible ha primado en la decisión.

A partir de ahí, os invitamos a seguir profundizando en su pensamiento, a través de sus obras más clásicas y de sus múltiples escritos editados y digitalizados en diferentes idiomas en todo el mundo.

Este fruto que tenéis entre las manos lo dedicamos a aquellas y aquellos militantes que han ocupado buena parte de su vida en mantener viva y transmitir la obra de Lenin a las nuevas generaciones, con la voluntad de que nos sirva para luchar mejor. Comprender la manera de analizar y de reflexionar del gran revolucionario ruso, sin duda, nos ayudará.

TRES FUENTES Y TRES PARTES INTEGRANTES DEL MARXISMO

Iniciamos la antología con este escrito porque, a pesar de no seguir un eje cronológico, es un buen resumen de la filosofía de Lenin, de cómo interpretaba el marxismo para poder extraer sus análisis destinados a la lucha obrera. Fue escrito en el marco del 30.º cumpleaños de la muerte de Marx y publicado en la revista teórica legal bolchevique *Prosveschenie* en marzo de 1913.

Sigue la dinámica inaugurada en la era de la «ilustración» de dotar de carácter científico los idearios sociales, para dotarlos de razón en contraposición a los elementos religiosos. Y Lenin va más allá.

Contrapone la teoría científica de Marx a la teoría burguesa, e indica dos elementos capitales en la forma de leer la sociedad. Por un lado, reconoce que en una sociedad erigida sobre la lucha de clases no puede haber una ciencia social «imparcial». Es el primer dardo que espeta al planteamiento burgués de querer conferir credibilidad a su propia teoría con la etiqueta de «ciencia neutral» o «despolitizada». Por otro lado, señala el elemento de la lucha de clases como central en el momento de analizar los procesos sociales. Indica así que toda política responde a los intereses de una u otra clase, y que es a partir de estos que hay que situarla para defenderla o combatirla.

En base a estos elementos, Lenin utiliza este resumen de su visión sobre el cuerpo teórico de Marx para atacar los planteamientos reformistas. Aquellos que incluso en nombre del socialismo se alejan de sus principios. Una batalla que llevaría a cabo durante toda su vida política.

LA DOCTRINA DE MARX suscita en todo el mundo civilizado la mayor hostilidad y el mayor odio de toda la ciencia burguesa (tanto la oficial como la liberal), que ve en el marxismo algo así como una «secta nefasta». Y no puede esperarse otra actitud, pues en una sociedad erigida sobre la lucha de clases no puede haber una ciencia social «imparcial». De un modo o de otro, toda la ciencia oficial y liberal *defiende* la esclavitud asalariada, mientras que el marxismo ha declarado una guerra implacable a esa esclavitud. Esperar una ciencia imparcial en una sociedad de esclavitud asalariada sería la misma pueril ingenuidad que esperar de los fabricantes imparcialidad en cuanto a la conveniencia de aumentar los salarios de los obreros, en detrimento de las ganancias del capital.

Pero hay más. La historia de la filosofía y la historia de las ciencias sociales enseñan con toda claridad que no hay nada en el marxismo que se parezca al «sectarismo», en el sentido de una doctrina encerrada en sí misma, rígida, surgida *al margen* del camino real del desarrollo de la civilización mundial. Al contrario, el genio de Marx estriba, precisamente, en haber dado solución a los problemas planteados antes por el pensamiento avanzado de la humanidad. Su doctrina apareció como *continuación* directa e inmediata de las doctrinas de los más grandes representantes de la filosofía, la economía política y el socialismo.

La doctrina de Marx es todopoderosa porque es exacta. Es completa y armoniosa, dando a los hombres una concepción del mundo íntegra, intransigente con toda superstición, con toda reacción y con toda defensa de la opresión burguesa. El marxismo es el sucesor natural de lo mejor que la humanidad creó en el siglo XIX: la filosofía alemana, la economía política inglesa y el socialismo francés. Vamos a detenernos brevemente en estas tres fuentes del marxismo, que son, a la vez, sus tres partes integrantes.

I

La filosofía del marxismo es el *materialismo*. A lo largo de toda la historia moderna de Europa, y especialmente a fines del siglo XVIII, en Francia; donde se libró la batalla decisiva contra toda la basura medieval, contra el feudalismo en las instituciones y en las ideas, el materialismo demostró ser la única filosofía consecuente, fiel a todos los principios de las ciencias naturales, hostil a la superstición, a la hipocresía, etc. Por eso, los enemigos de la democracia trataban con todas sus fuerzas de «refutar», de minar, de calumniar el materialismo, y defendían las diversas formas del idealismo filosófico, que se reduce siempre, de un modo o de otro, a la defensa o al apoyo de la religión.

Marx y Engels defendieron del modo más enérgico el materialismo filosófico y explicaron reiteradas veces el profundo error que significaba todo cuanto fuera desviarse de él. Donde con mayor claridad y detalle aparecen expuestas sus opiniones es en las obras de Engels *Ludwig*

Feuerbach y *Anti-Dühring*, que –al igual que el *Manifiesto Comunista*[2]– son libros que no deben faltar en las manos de ningún obrero consciente.

Pero Marx no se detuvo en el materialismo del siglo XVIII, sino que llevó más lejos la filosofía. La enriqueció con adquisiciones de la filosofía clásica alemana, especialmente del sistema de Hegel, que, a su vez, había conducido al materialismo de Feuerbach. La principal de estas adquisiciones es la *dialéctica*, es decir, la doctrina del desarrollo de su forma más completa, más profunda y más exenta de unilateralidad, la doctrina de la relatividad del conocimiento humano, que nos da un reflejo de la materia en constante desarrollo. Los novísimos descubrimientos de las ciencias naturales –el radio, los electrones, la transformación de los elementos– han confirmado de un modo admirable el materialismo dialéctico de Mane, a despecho de las doctrinas de los filósofos burgueses, con sus «nuevos» retornos al viejo y podrido idealismo.

Marx profundizó y desarrolló el materialismo filosófico, lo llevó a su término e hizo extensivo su conocimiento de la naturaleza al conocimiento de la *sociedad humana*. El *materialismo histórico* de Marx es una conquista formidable del pensamiento científico. Al caos y a la arbitrariedad, que hasta entonces imperaban en las concepciones relativas a la historia y a la política, sucedió una teoría científica asombrosamente completa y armónica, que muestra cómo de un tipo de vida social se desarrolla, en virtud del crecimiento de las fuerzas productivas, otro más alto, como del feudalismo, por ejemplo, nace el capitalismo.

Del mismo modo que el conocimiento del hombre refleja la naturaleza, que existe independientemente de él,

---

2. Véase F. Engels, *Ludwig Feuerbach y el fin de la filosofía clásica alemana;* F. Engels, *Anti-Dühring*; K. Marx y F. Engels, *Manifiesto del Partido Comunista.*

es decir, la materia en desarrollo, el *conocimiento social* del hombre (es decir, las diversas opiniones y doctrinas filosóficas, religiosas, políticas, etc.) refleja el *régimen económico* de la sociedad. Las instituciones políticas son la superestructura que se alza sobre la base económica. Así vemos, por ejemplo, cómo las diversas formas políticas de los Estados europeos modernos sirven para reforzar la dominación de la burguesía sobre el proletariado.

La filosofía de Marx es el materialismo filosófico acabado, que ha dado una formidable arma de conocimiento a la humanidad y, sobre todo, a la clase obrera.

II

Una vez hubo comprobado que el régimen económico es la base sobre la que se alza la superestructura política, Marx se entregó sobre todo al estudio atento de este régimen económico. La obra principal de Marx, *El Capital*, está consagrada al estudio del régimen económico de la sociedad moderna, es decir, de la sociedad capitalista.

La economía política clásica anterior a Marx se había formado en Inglaterra, en el país capitalista más desarrollado. Adam Smith y David Ricardo sentaron en sus investigaciones del régimen económico los fundamentos de la *teoría del valor por el trabajo*. Marx prosiguió su obra, fundamentando con toda precisión y desarrollando consecuentemente esa teoría, y poniendo de manifiesto que el valor de toda mercancía lo determina la cantidad de tiempo de trabajo socialmente necesario invertido en su producción.

Allí donde los economistas burgueses veían relaciones entre objetos (cambio de unas mercancías por otras), Marx descubrió *relaciones entre personas*. El cambio de mercancías expresa el lazo establecido por mediación del mercado entre los distintos productores. El *dinero* indica que este lazo se hace más estrecho, uniendo indisolublemente en un todo la vida económica de los distintos productores. El *capital* significa un mayor desarrollo de este lazo: la fuerza de trabajo del hombre se transforma en mercancía. El obrero asalariado vende su fuerza de trabajo al propietario de la tierra, de la fábrica o de los instrumentos de trabajo. Una parte de la jornada la emplea el obrero en cubrir el coste del sustento suyo y de su familia (salario); durante la otra parte de la jornada trabaja gratis, creando para el capitalista la *plusvalía*, fuente de las ganancias, fuente de la riqueza de la clase capitalista.

La teoría de la plusvalía es la piedra angular de la doctrina económica de Marx.

El capital, creado por el trabajo del obrero, oprime al obrero, arruina al pequeño patrono y crea un ejército de parados. En la industria, el triunfo de la gran producción se advierte en seguida, pero también en la agricultura nos encontramos con ese mismo fenómeno: aumenta la superioridad de la gran agricultura capitalista, crece el empleo de maquinaria, la hacienda campesina cae en las garras del capital financiero, languidece y se arruina bajo el peso de la técnica atrasada. La decadencia de la pequeña producción reviste en la agricultura otras formas, pero esa decadencia es un hecho indiscutible.

Al aplastar a la pequeña producción, el capital hace aumentar la productividad del trabajo y crea una situación de monopolio para los consorcios de los grandes capitalistas. La misma producción va adquiriendo cada vez más un carácter social –cientos de miles y millones de obreros son articulados en un organismo económico coordinado–, mientras que el producto del trabajo común se lo apropia un puñado de capitalistas. Crecen la anarquía de la producción, las crisis, la loca carrera en busca de mercados, la escasez de medios de subsistencia para las masas de la población.

Al aumentar la dependencia de los obreros respecto al capital, el régimen capitalista crea la gran potencia del trabajo asociado.

Marx va siguiendo la evolución del capitalismo desde los primeros gérmenes de la economía mercantil, desde el simple trueque, hasta sus formas más altas, hasta la gran producción.

Y la experiencia de todos los países capitalistas, tanto de los viejos como de los nuevos, hace ver claramente cada año a un número cada vez mayor de obreros la exactitud de esta doctrina de Marx.

El capitalismo ha vencido en el mundo entero, pero esta victoria no es más que el preludio del triunfo del trabajo sobre el capital.

III

Cuando el régimen de la servidumbre fue derrocado y vio la luz la «*libre*» sociedad capitalista, en seguida se puso de manifiesto que esa libertad representaba un nuevo sistema de opresión y explotación de los trabajadores. Como reflejo de esa opresión y como protesta contra ella, comenzaron inmediatamente a surgir diversas doctrinas socialistas. Pero el socialismo originario era un socialismo *utópico*. Criticaba a la sociedad capitalista, la condenaba, la maldecía, soñaba con su destrucción, fantaseaba acerca de un régimen mejor, quería convencer a los ricos de la inmoralidad de la explotación.

Pero el socialismo utópico no podía señalar una salida real. No sabía explicar la naturaleza de la esclavitud asalariada bajo el capitalismo, ni descubrir las leyes de su desarrollo, ni encontrar la *fuerza social* capaz de emprender la creación de una nueva sociedad.

Entretanto, las tormentosas revoluciones que acompañaron en toda Europa, y especialmente en Francia, la caída del feudalismo, de la servidumbre de la gleba, hacían ver cada vez más palpablemente que la base de todo el desarrollo y su fuerza motriz era la *lucha de clases.*

Ni una sola victoria de la libertad política sobre la clase feudal fue alcanzada sin desesperada resistencia. Ni un solo país capitalista se formó sobre una base más o menos libre, más o menos democrática, sin una lucha a vida o muerte entre las diversas clases de la sociedad capitalista.

El genio de Marx está en haber sabido deducir de ahí y aplicar consecuentemente antes que nadie la conclusión implícita en la historia universal. Esta conclusión es la doctrina de la *lucha de clases.*

El pueblo ha sido siempre en política víctima necia del engaño de los demás y del engaño propio, y lo seguirá siendo mientras no aprenda a discernir, detrás de todas las frases, declaraciones y promesas morales, religiosas, políticas y sociales, los *intereses* de una u otra clase. Los partidarios de reformas y mejoras se verán siempre burlados por los defensores de lo viejo mientras no comprendan que toda institución vieja, por bárbara y podrida que parezca, se sostiene por la fuerza de unas u otras clases dominantes. Y para vencer la resistencia de esas clases, *solo* hay *un* medio: encontrar en la misma sociedad que nos rodea, educar y organizar para la lucha a los elementos que puedan –y, por su situación social, deban– formar la fuerza capaz de barrer lo viejo y crear lo nuevo

Solo el materialismo filosófico de Marx señaló al proletariado la salida de la esclavitud espiritual en que han vegetado hasta hoy todas las clases oprimidas. Solo la teoría económica de Marx explicó la situación real del proletariado en el régimen general del capitalismo.

En el mundo entero, desde Norteamérica hasta el Japón y desde Suecia hasta el África del Sur, se multiplican las organizaciones independientes del proletariado. Este se instruye y se educa manteniendo su lucha de clase, se despoja de los prejuicios de la sociedad burguesa, adquiere una cohesión cada vez mayor, aprende a medir el alcance de sus éxitos, templa sus fuerzas y crece irresistiblemente.

Texto publicado en la revista *Prosveschenie,*
núm. 3, marzo de 1913.
Firmado: V. I.

Publicado según el texto de la revista
Prosveschenie.

A LOS OBREROS Y OBRERAS DE LA FÁBRICA THORNTON

El final de los años 90 del siglo XIX fue un periodo de aumento numérico de la clase obrera en Rusia, y este fue acompañado de una intensificación de las huelgas. Fue el momento en el que los pequeños círculos marxistas, como el que contaba con la participación del joven Lenin, pasaron de la propaganda política entre pequeños grupos de obreros a la agitación política entre las masas.

Este escrito, impreso en forma de octavilla el noviembre de 1895, fue distribuido entre los obreros y obreras de la fábrica de tejidos Thornton de San Petersburgo, en el marco de una huelga.

En un lenguaje claro y conciso, muestra al por menor las injusticias y la explotación a que son sometidos los trabajadores y trabajadoras de la fábrica, y en concreto los tejedores y tejedoras. Y plantea el concepto básico de la lucha obrera: la unión hace la fuerza. Al mismo tiempo, alerta a las obreras y obreros de las otras secciones que, si se mantienen indiferentes a la lucha encabezada por los tejedores y tejedoras, serán las siguientes en salir perjudicadas.

¡OBREROS Y OBRERAS DE LA FÁBRICA THORNTON!

Los días 6 y 7 de noviembre deben ser memorables para todos nosotros... Con su réplica unánime a los abusos patronales los tejedores han demostrado que en los momentos difíciles aún hay entre nosotros gente que sabe defender los intereses que nos son comunes a todos los obreros, que nuestros virtuosos patronos no han logrado todavía convertimos definitivamente en miserables esclavos de su bolsa sin fondo. Continuemos, pues, compañeros, firmemente y sin vacilaciones nuestra línea hasta el fin, recordemos que solo con nuestros esfuerzos mancomunados podremos mejorar nuestra situación. Ante todo, compañeros, no caigáis en la trampa que con tanta habilidad han tendido estos señores Thornton. Ellos razonan así: «En este momento se ha paralizado la venta de mercancías, de manera que si continúa el trabajo en la fábrica en las mismas condiciones de antes, no nos será posible obtener las mismas ganancias... Y con menos no podemos conformamos... Por consiguiente, habrá que apretar las tuercas a los obreros; que se deslomen y paguen las consecuencias de los malos precios en el mercado... Solo que este asuntito no hay que presentarlo de cualquier manera, sino con inteligencia, para que el obrero, en su simpleza, no se dé cuenta del plato que le estamos preparando... Si les toca a todos de golpe, se alzarán todos a la vez y nada conseguiremos, pero si primero engatusamos a estos pobres diablos de tejedores, los demás no escaparán... No es costumbre nuestra tener escrúpulos con esa gentuza y, después de todo, ¿para qué? Escoba nueva barre mejor!...». Y así, los patronos, tan solícitos por el bienestar del obrero, despacito y en forma sigilosa, quieren preparar para los obreros de todas las secciones de la fábrica la misma suerte que ya han deparado a los tejedores... Por eso, si todos permanecemos indiferentes ante la suerte de la sección de tejeduría, cavaremos con nuestras propias manos la fosa en la que bien pronto nos arrojarán también a nosotros. Últimamente los tejedores ganaban un promedio de tres rublos 50 kopeks por quincena, y durante este tiempo tuvieron que ingeniárselas para vivir con cinco rublos cuando la familia era de siete personas, y con dos cuando estaba compuesta del marido, la esposa y un hijo. Se han ido desprendiendo poco menos que del último trapo, se han comido hasta el último kopek que habían ganado mediante un trabajo infernal, mientras sus benefactores, los Thornton, amontonaban más millones sobre los millones que ya tenían. Pero por si esto fuera poco, al tiempo que ante sus ojos se arrojaba a la calle a un número cada vez mayor de víctimas de la avaricia patronal, la expoliación crecía, tornándose más cruel e implacable... Con la lana se comenzó a mezclar, sin explicación alguna, la puncha y tundizno[3], lo cual hizo la elaboración de la mercadería terriblemente lenta, como por casualidad aumentaron las demoras en la entrega de la urdimbre y, por último, comenzaron directamente a descontar las horas de trabajo; ahora han decidido hacer piezas de cinco *shmits* en lugar de nueve, a fin de que

3. Puncha: peinadura de lana, fibra corta, menos útil para el hilado que la lana; es producto derivado de la lana en las máquinas de cardar. Tundizno: fibra corta, producto derivado del corte del paño e inservible para el hilado.

el tejedor pierda más tiempo al tener que enhebrar y ajustar con más frecuencia los hilos, por lo cual, como se sabe, no pagan un kopek. Quieren rendir por agotamiento a nuestros tejedores, y el salario de un rublo con 62 kopeks por quincena, que ya figura en las libretas de trabajo de algunos tejedores, puede llegar a ser, dentro de muy poco tiempo, el salario general para toda la sección de tejeduría... Compañeros ¿queréis llegar también a ser objeto de una solicitud semejante por parte de los patronos? Si no es así, si no se os ha endurecido del todo el corazón ante los sufrimientos de vuestros semejantes, tan desdichados como vosotros, uníos en torno a nuestros tejedores; planteemos nuestras reivindicaciones comunes y aprovechemos cada oportunidad que se nos presente para arrancar a nuestros opresores mejores condiciones.

Obreros de la sección de hilandería, no os dejéis seducir por la estabilidad o por cierto aumento salarial... Pues casi las dos terceras partes de vuestros hermanos ya han sido despedidos de la fábrica, y el mejoramiento de vuestros salarios se ha comprado al precio del hambre de vuestros compañeros hilanderos arrojados a la calle. Esta es otra trampa hábil de los patronos, nada difícil de comprender con solo calcular lo que producía antes toda la sección de devanado y lo que produce ahora. ¡Obreros de la nueva tintorería! ¡Ya en la actualidad, por una jornada de trabajo de 14 horas y cuarto, impregnados de pies a cabeza con los vapores malsanos de las tinturas, ganáis solo 12 rublos por mes! Prestad atención a nuestras reivindicaciones: queremos poner término también a los descuentos ilegales que se os hacen por culpa de la ineptitud de vuestro capataz. ¡Peones y obreros no calificados de la fábrica! ¿Confiáis acaso en poder mantener vuestro jornal de 60 a 80 kopeks, cuando un tejedor especializado tendrá que conformarse con 20 kopeks por día? ¡Compañeros!, ¡no seáis ciegos, no caigáis en la trampa patronal, sepamos defendernos más firmemente los unos a los otros!; de lo contrario todos lo pasaremos muy mal este invierno.

Debemos todos vigilar con la mayor atención las maniobras de nuestros patronos en lo que respecta a la rebaja de las tarifas y resistir con todas nuestras fuerzas estas tentativas tan nefastas para nosotros... Haced oídos sordos a todas sus excusas de que los negocios marchan mal: para ellos, eso solo significa una menor ganancia sobre su capital; para nosotros, en cambio, significa hambre y el sufrimiento para nuestras familias, significa privarnos del último pedazo de pan duro. ¿Y acaso se puede poner lo uno y lo otro en la misma balanza? Ahora presionan, en primer término, a los tejedores y por lo tanto debemos tratar de obtener:

1) Que aumenten las tarifas de los tejedores hasta el nivel que tenían en la primavera, o sea, aproximadamente, 6 kopeks por *shmits*.

2) Que se cumpla, también para los tejedores, la ley y al entrar a trabajar se le comunique al obrero el salario que ganará. Que la tarifa, avalada por la firma del inspector de trabajo no quede solo en el papel, sino que se lleve a la práctica de conformidad con la ley. Para el trabajo de los tejedores, por ejemplo, se deben agregar a las tarifas establecidas indicaciones sobre la calidad de la lana, la cantidad de puncha y de tundizno que contenga, teniendo en cuenta el tiempo que se invierte en el trabajo preparatorio.

3) El tiempo de trabajo debe ser distribuido de suerte que por nuestra parte no haya pérdidas involuntarias de tiempo; ahora, por ejemplo, las cosas están dispuestas de manera que el tejedor pierde toda una jornada en preparar la urdimbre para cada pieza, y como esta será reducida casi a la mitad, el tejedor, sea cual fuere la tarifa, sufrirá una pérdida doble. Si lo que quiere el patrono es

robarnos el salario que lo haga abiertamente, para que sepamos bien qué se nos quiere estafar.

4) El inspector de trabajo debe vigilar para que no haya engaños con las tarifas establecidas, ni existan tarifas dobles. Esto quiere decir, por ejemplo, que para una misma clase de mercadería, pero con diferentes nombres, no deben figurar dos tarifas distintas en la tabla. Por ejemplo, el paño *bíber* lo hemos tejido a razón de 4 rublos con 32 kopeks, y el paño *ural* por nada más que 4 rublos con 14 kopeks. ¿Pero no es el mismo el trabajo en los dos casos? El engaño es más descarado aun cuando se fija el doble precio por un artículo de igual denominación. De esta manera, los señores Thornton han eludido las leyes referentes a las multas, que establecen que estas solo pueden ser impuestas cuando el deterioro de una mercadería se deba a la negligencia del obrero, y que en esos casos el descuento debe anotarse en la libreta de trabajo, en el rubro correspondiente a multas, a más tardar tres días después de la fecha de su imposición. Todas las multas deben contabilizarse estrictamente, y el importe total no puede ir a parar al bolsillo del fabricante, sino debe destinarse a cubrir las necesidades de los obreros de la fábrica. ¿Y qué sucede en la nuestra? Mirad nuestras libretas; están en blanco, no figura en ellas una sola multa; podría pensarse que nuestros patronos son los más bondadosos de todos. En realidad, lo que pasa es que, gracias a nuestro desconocimiento, eluden las leyes y arreglan fácilmente sus asuntos... A nosotros no se nos multa, ¡no!, se nos descuenta, pues se nos paga de acuerdo con la tarifa menor. Mientras existan dos tarifas –una menor y otra mayor– no habrá lugar a reclamaciones, y ellos seguirán descontando para su bolsillo.

5) Junto con la fijación de una tarifa única, hay que exigir que cada descuento sea incluido en el rubro de multas, con la indicación de por qué es aplicada. Entonces nos será más fácil ver cuándo las multas son injus-

tas, trabajaremos menos gratuitamente y disminuirá el número de arbitrariedades como las que se comete en la actualidad, por ejemplo, en la tintorería donde los obreros ganaron menos por culpa de un capataz inepto, lo que, por ley, no puede ser causa para no pagar el trabajo, ya que en ese caso no existe negligencia por parte del obrero. ¿Y son acaso pocos los descuentos que se nos hacen a todos nosotros sin que hayamos dado motivo para ello?

6) Exigimos que por la vivienda se nos cobre el mismo alquiler que hasta 1891, o sea, un rublo mensual por persona, puesto que, con los salarios que tenemos, pagar dos rublos no hay con qué y, además, ¿por qué?... ¿Por esa pocilga inmunda, maloliente, estrecha y peligrosamente expuesta a incendios? No olvidéis, compañeros, que en todo Petersburgo se considera suficiente el alquiler de un rublo por mes, que solo nuestros solícitos patronos no se conforman con ello, y que también en este punto debemos obligarlos a reducir su codicia. Al asumir la defensa de estas reivindicaciones, compañeros, no nos amotinamos en absoluto, solo reclamamos que se nos dé lo que ya tienen por ley todos los obreros de las demás fábricas, lo que nos han quitado, esperando que no sepamos defender nuestros propios derechos. Demostremos, pues, esta vez que nuestros «benefactores» se han equivocado.

Escrito después del 7 (19) de noviembre de 1895.
Impreso en mimeógrafo como volante.

Se publica según el texto del volante, cotejado con el de la recopilación *Rabotnik*, núm. 1-2, 1896.

SOBRE LAS HUELGAS

Escrito durante su destierro en Siberia a finales de 1899, a pesar de que quedó inédito hasta que fue recuperado por Krupskaia en 1924, el presente artículo sigue destinado al lector y la lectora obrera.

Se trata de un periodo donde Lenin orienta su actividad a la creación de un nuevo partido proletario, el cual debe plantear la necesidad de unir la lucha económica de la clase obrera (caracterizada especialmente por las huelgas) con la lucha política contra el zarismo. Esa visión polemiza con aquellas corrientes políticas que rehúyen los principios básicos del marxismo y desvinculan la lucha económica de la lucha política.

El escrito es un repaso, a partir del hecho de las huelgas, de cómo el capitalismo provoca unos conflictos sociales que le sirven al obrero y a la obrera como «escuela de guerra», en una lucha que es global y en la que se utilizan varios medios.

EN LOS ÚLTIMOS AÑOS, las huelgas obreras se han vuelto extraordinariamente frecuentes en Rusia. No existe una sola provincia industrial donde no haya habido varias huelgas. En cuanto a las grandes ciudades, las huelgas estallan continuamente. Se comprende, pues, que los obreros conscientes y los socialistas se planteen cada vez más a menudo la cuestión del significado de las huelgas, de las formas de llevarlas a cabo y de las tareas que los socialistas se proponen al participar en ellas.

Queremos intentar una exposición de algunas ideas nuestras sobre estos problemas. En el primer artículo pensamos hablar del significado de las huelgas en el movimiento obrero en general; en el segundo, de las leyes rusas contra las huelgas, y, en el tercero, de cómo se han desenvuelto y se desenvuelven las huelgas en Rusia y cuál debe ser la actitud de los obreros conscientes ante ellas.

I

En un primer término, es preciso esclarecer a qué se debe el surgimiento y difusión de las huelgas. Quien recuerde todos los casos de huelga conocidos por su experiencia personal, por los relatos de otros o por los periódicos, verá en seguida que las huelgas surgen y se difunden allí donde aparecen y se multiplican las grandes fábricas. De las fábricas más grandes en las que trabajan centenares (y a veces miles) de obreros apenas se encontrará una donde no haya habido huelga. Cuando en Rusia eran pocas las grandes fábricas, escaseaban las huelgas, pero son cada vez más frecuentes desde que aquellas aumentan con rapidez, tanto en las antiguas localidades fabriles como en las nuevas ciudades y poblados.

¿Por qué la gran producción fabril conduce siempre a las huelgas? Porque el capitalismo lleva necesariamente a la lucha de los obreros contra los patronos, y cuando la producción se realiza en gran escala, esa lucha se convierte necesariamente en lucha huelguística.

Aclaremos esto.

Se denomina capitalismo a la organización de la sociedad en que la tierra, las fábricas, los útiles de trabajo, etc., pertenecen a un pequeño número de terratenientes y capitalistas, mientras la masa del pueblo no posee ninguna o casi ninguna propiedad y debe, por lo mismo, alquilar su fuerza de trabajo. Los terratenientes y los fabricantes contratan a los obreros, los obligan a producir unos u otros artículos que venden en el mercado. Los fabricantes abonan a los obreros únicamente el salario imprescindible para que estos y sus familiares puedan apenas subsistir, y todo lo que el obrero produce por encima de esa cantidad de artículos necesaria para su mantenimiento se lo embolsa el fabricante; eso constituye su ganancia. Por lo tanto, en la economía capitalista, la masa: del pueblo trabaja por contrato para otros; no trabaja para sí, sino para los patronos, y lo hace por un salario. Se comprende que los patronos tratan siempre de reducir el salario: cuanto menos entregan a los obreros, más ganancia les queda. En cambio, los obreros tratan de obtener el mayor salario posible, para poder dar a su familia una alimentación nutritiva y sana, vivir en una buena casa y vestirse no como pordioseros, sino como viste todo el mundo. Por lo tanto, entre patronos y obreras se libra una lucha constante por el salario: el patrono tiene libertad para contratar al obrero que le venga en gana, por lo cual busca al más barato. El obrero tiene libertad para alquilarse al patrono que quiera, y busca al más caro, al que pague más.

Trabaje en el campo o en la ciudad, alquile sus brazos a un terrateniente, a un campesino rico, a un contratista o a un fabricante, el obrero siempre regatea con el patrono, lucha contra él por el salario.

¿Pero puede sostener esta lucha por sí solo? Cada vez es mayor el número de obreros: los campesinos se arruinan y huyen de las aldeas a las ciudades y a las fábricas. Los terratenientes y los fabricantes introducen máquinas que dejan sin trabajo a los obreros. En las ciudades aumenta sin cesar el número de desocupados y en las aldeas el de gente reducida a la miseria; la existencia de hambrientos hace que bajen cada vez más los salarios.

Al obrero le resulta imposible luchar él solo contra el patrono. Si exige un buen salario o no acepta la rebaja del mismo, el patrono contestará: vete a otra parte, son muchos los hambrientos que esperan a la puerta de la fábrica y se alegrarán de trabajar aunque sea por un salario bajo.

Cuando la ruina del pueblo llega a tal grado que en las ciudades y en las aldeas hay siempre multitudes de desocupados, cuando los fabricantes amasan inmensas riquezas y los pequeños patronos son desplazados por los millonarios, entonces el obrero aislado se convierte en un hombre absolutamente impotente frente al capitalista. A este le es posible aplastar por completo al obrero, hacerle reventar en un trabajo de esclavos, y no solo a él, sino también a su mujer y a sus hijos. En efecto, tomemos las industrias en que los obreros no han conseguido aún la protección de la ley y no pueden oponer resistencia a los capitalistas, y comprobaremos que la jornada es increíblemente larga, hasta de 17 y 19 horas, que criaturas de cinco o seis años realizan un trabajo extenuante, y que generaciones de obreros pasan hambre constantemente, condenados a una muerte lenta. Un ejemplo es el de los que trabajan en su domicilio para los capitalistas; ¡pero cada obrero recordará otros muchos ejemplos! Ni siquiera bajo la esclavitud y bajo el régimen de servidumbre existió jamás una opresión tan tremenda del pueblo trabajador como la que sufren los obreros cuando no pueden oponer resistencia a los capitalistas, ni conquistar leyes que limiten la arbitrariedad patronal.

Pues bien, para no llegar a verse reducidos a tales extremos, los obreros inician una lucha desesperada. Como advierten que cada uno de ellos por sí solo nada puede, y que pende sobre él la amenaza de perecer bajo el yugo del capital, los obreros empiezan a alzarse juntos contra sus patronos. Comienzan las huelgas obreras. Al principio es frecuente que los obreros ni siquiera tengan una idea clara de lo que tratan de conseguir, no comprenden por qué actúan así: simplemente rompen las máquinas y destruyen las fábricas. Lo único que desean es dar a conocer a los patronos su indignación, prueban sus fuerzas mancomunadas para salir de una situación insoportable, sin saber aún por qué su situación es tan desesperada y cuáles deben ser sus aspiraciones.

En todos los países, la indignación de los obreros comenzó con rebeliones aisladas, con motines, como los llaman en nuestro país la policía y los fabricantes. En todos los países, estas rebeliones dieron lugar, por un lado, a huelgas más o menos pacíficas y, por otro, a una lucha general de la clase obrera por su emancipación.

¿Cuál es el significado de las huelgas (o paros) en la lucha de la clase obrera? Para responder a esta pregunta debemos reparar primero con más detalle en las huelgas. Si el salario del obrero se determina –como hemos explicado– por un convenio entre el patrono y el obrero, y si cada obrero por separado es en todo sentido impotente, resulta claro que los obreros deben necesariamente defender juntos sus reivindicaciones, recurrir a las huelgas para impedir que los patronos rebajen el salario o para lograr un salario más alto. Y, en efecto, no existe país capitalista alguno en el que no estallen huelgas obreras. En todos los países europeos y en América, los obreros se sienten impotentes cuando actúan individualmente; solo pueden oponer resistencia a los patronos si están unidos, bien declarándose en huelga, bien amenazando con esta. Y cuanto más se desarrolla el capitalismo, cuanto más se multiplican las grandes fábricas, cuanto más son desplazados los pequeños capitalistas por los grandes, tanto más imperiosa es la necesidad de una resistencia conjunta de los obreros, porque se agrava la desocupación, tanto más se agudiza la competencia entre los capitalistas, que tratan de producir las mercancías lo más baratas posible (para lo cual es preciso pagar a los obreros lo menos posible), y tanto más se acentúan las oscilaciones de la industria y las crisis[4]. Cuando la industria prospera, los fabri-

---

4. Sobre las crisis en la industria y su significado para los obreros hablaremos algún día con más detalle. Ahora observemos solo que, en los últimos años, los asuntos industriales en Rusia han ido a las mil maravillas, la industria «ha prosperado», pero ahora (a fines de 1899) se advierten ya claros síntomas de que esta «prosperidad» desembocará en la crisis: dificultades para la venta de mercancías, quiebras de fabricantes, ruina de pequeños patronos y terribles calamidades para los obreros (desocupación, disminución del salario, etc.). [Nota del autor]

cantes obtienen grandes beneficios y no piensan en compartirlos con los obreros; pero durante las crisis tratan de cargar las pérdidas sobre los obreros. La necesidad de las huelgas en la sociedad capitalista está tan reconocida por todos en los países europeos que allí la ley no las prohíbe; solo en Rusia siguen vigentes las bárbaras leyes contra las huelgas (de estas leyes y de su aplicación hablaremos en otro momento).

Pero las huelgas, que son determinadas por la naturaleza misma de la sociedad capitalista, significan el comienzo de la lucha de la clase obrera contra esa estructura de la sociedad. Cuando con los potentados capitalistas se enfrentan obreros desposeídos que actúan individualmente, ello equivale a la total esclavización de los obreros. Pero cuando estos obreros desposeídos se unen, la cosa cambia. No hay riquezas que puedan reportar provecho a los capitalistas si estos no encuentran obreros dispuestos a trabajar con los instrumentos y los materiales de los capitalistas, y a producir nuevas riquezas. Cuando los obreros se enfrentan individualmente con los patronos, siguen siendo verdaderos esclavos que trabajan siempre para un extraño por un pedazo de pan, como asalariados siempre sumisos y silenciosos. Pero cuando proclaman juntos sus reivindicaciones y se niegan a someterse a quien tiene bien repleta la bolsa, entonces dejan de ser esclavos, se convierten en hombres y comienzan a exigir que su trabajo no solo sirva para enriquecer a un puñado de parásitos, sino que permita a los trabajadores vivir como seres humanos. Los esclavos empiezan a presentar la reivindicación de convertirse en dueños: trabajar y vivir no como quieran los terratenientes y los capitalistas, sino como quieran los propios trabajadores. Las huelgas infunden siempre tanto espanto a los capitalistas precisamente porque comienzan a hacer vacilar su dominio.

«Todas las ruedas se detienen, si así lo quiere tu brazo vigoroso», dice sobre la clase obrera una canción de los obreros alemanes. En efecto: las fábricas, las fincas de los terratenientes, las máquinas, los ferrocarriles, etc., etc., son, por decido así, ruedas de un enorme mecanismo: este mecanismo extrae distintos productos, los elabora, los distribuye adonde es menester. Todo este mecanismo lo mueve el obrero, que cultiva la tierra, extrae el mineral, elabora las mercancías en las fábricas, construye casas, talleres y líneas férreas. Cuando los obreros se niegan a trabajar, todo este mecanismo amenaza con paralizarse. Cada huelga recuerda a los capitalistas que los verdaderos dueños no son ellos, sino los obreros, que proclaman con creciente fuerza sus derechos. Cada huelga recuerda a los obreros que su situación no es desesperada y que no están solos. Véase qué enorme influencia ejerce una huelga tanto sobre los huelguistas como sobre los obreros de las fábricas vecinas o próximas, o de las fábricas de la misma rama industrial. En tiempos normales, pacíficos el obrero arrastra en silencio su carga, no discute con el patrono ni reflexiona sobre su situación. Durante una huelga, proclama en voz alta sus reivindicaciones, recuerda a los patronos todos los atropellos de que ha sido víctima, proclama sus derechos, no piensa en sí solo ni en su salario exclusivamente, sino que piensa también en todos sus compañeros, que han abandonado el trabajo junto con él y que defienden la causa obrera sin temor a las privaciones. Toda huelga acarrea al obrero gran número de privaciones, terribles privaciones que solo pueden compararse con las calamidades de la guerra: hambre en la familia, pérdida del salario, a menudo detenciones, expulsión de la ciudad donde se ha acostumbrado a vivir y trabajar. Y a pesar de todas estas calamidades, los obreros desprecian a quienes abandonan a sus compañeros y entran en componendas con el patrono. A pesar de las calamidades de la huelga, los obreros de las fábricas vecinas sienten entusiasmo siempre cuando ven que sus compañeros han iniciado la lucha. «Los hombres que resisten tales calamidades para quebrar la oposición de un solo burgués sabrán quebrar también la fuerza de toda la burguesía», decía un gran maestro del socialismo, Engels, hablando de las huelgas de los obreros ingleses[5]. Con frecuencia, basta que se declare en huelga una fábrica para que inmediatamente comience una serie de huelgas en otras muchas fábricas. ¡Tan grande es la influencia moral de las huelgas, tan contagiosa es la influencia que sobre los obreros ejerce el ver a sus compañeros que, aunque solo sea temporalmente, se convierten de esclavos en personas con los mismos derechos que los ricos! Toda huelga infunde con enorme fuerza, a los obreros, la idea del socialismo: la idea de la lucha de toda la clase obrera por su emancipación del yugo del capital. Es muy frecuente que, antes de una gran huelga, los obreros de una fábrica o de una industria o una ciudad cualquiera no conozcan casi el socialismo ni piensen en él, pero que después de la huelga se extiendan cada vez más entre ellos los círculos y las asociaciones, y sean más y más los obreros que se hacen socialistas.

La huelga enseña a los obreros a adquirir conciencia de su propia fuerza y de la de los patronos; les enseña a pensar no solo en su patrono y en sus compañeros más próximos, sino en todos los patronos, en toda la clase de los capitalistas y en toda la clase de los obreros. Cuando un fabricante, que ha amasado millones a costa del trabajo de varias generaciones de obreros, rechaza el más

---

5. F. Engels, *La situación de la clase obrera en Inglaterra*. Capítulo «El movimiento obrero».

modesto aumento del salario e incluso intenta reducirlo todavía más y, si los obreros ofrecen resistencia, pone en el arroyo a miles de familias hambrientas, entonces resulta claro para los obreros que toda la clase de los capitalistas es enemiga de toda la clase de l@s obreros, y que los obreros pueden confiar solo en sí mismos y en su unión. Ocurre muy a menudo que un fabricante trata de engañar a todo trance a los obreros, de presentárseles como su bienhechor, de encubrir la explotación de sus obreros con una dádiva cualquiera, con promesas falaces. Cada huelga destruye siempre de un golpe todo este engaño, mostrando a los obreros que su «bienhechor» es un lobo con piel de cordero.

Pero la huelga abre los ojos a los obreros, no solo en lo que se refiere a los capitalistas, sino también en lo que respecta al Gobierno y a las leyes. Del mismo modo que los patronos quieren hacerse pasar por bienhechores de los obreros, los funcionarios y sus lacayos se empeñan en convencer a los obreros de que el zar y su Gobierno se preocupan de los patronos y de los obreros por igual, con espíritu de justicia. El obrero no conoce las leyes ni se codea con los funcionarios, y menos aún con los altos, por lo que frecuentemente da crédito a todo esto. Pero estalla una huelga, se presentan en la fábrica el fiscal, el inspector de trabajo, la policía y a menudo las tropas, y entonces los obreros se enteran de que han violado la ley: ¡la ley permite a los fabricantes reunirse y discutir abiertamente cómo reducir el salario de los obreros, mientras que estos son tildados de delincuentes por tratar de ponerse de acuerdo! Desahucian a los obreros de sus viviendas, la policía cierra las tiendas en que podrían adquirir comestibles a crédito y se trata de azuzar a los soldados contra los obreros, incluso cuando estos mantienen una actitud serena y pacífica. Se llega a dar a los soldados la orden de abrir fuego contra los obreros, y cuando matan a trabajadores inermes, disparando contra ellos por la espalda, el propio zar manifiesta su gratitud a las tropas (así lo hizo con los soldados que en 1895 asesinaron a huelguistas de Yaroslavl). A todo obrero se le hace claro que el Gobierno zarista es su enemigo jurado, que defiende a los capitalistas y maniata a los obreros. Comienza a comprender que las leyes se dictan en beneficio exclusivo de los ricos, que también los funcionarios defienden los intereses de los ricos, que al pueblo trabajador se le amordaza y no se le permite expresar sus necesidades, y que la clase obrera debe necesariamente lucha por el derecho de huelga, de publicar periódicos obreros y de participar en una asamblea representativa popular, encargada de promulgar las leyes y de velar por su cumplimiento. A su vez, el Gobierno comprende muy bien que las huelgas abren los ojos a los obreros, y por ese motivo les tiene tanto miedo y se esfuerza a todo trance por sofocarlas lo antes posible. Un ministro alemán del Interior, que adquirió particular fama por su enconada persecución de los socialistas y los obreros conscientes, declaró no sin motivo, en una ocasión, ante los representantes del pueblo: «Tras cada huelga asoma la hidra (monstruo) de la revolución»[6]. Con cada huelga crece y se desarrolla en los obreros la conciencia de que el Gobierno es su enemigo y de que la clase obrera debe prepararse para luchar contra él, por los derechos del pueblo.

Así pues, las huelgas habitúan a los obreros a unirse, les hacen ver que solo en común pueden sostener la lucha contra los capitalistas, les habitúan a pensar en la lucha de toda la clase obrera contra toda la clase de los fabricantes y contra el Gobierno autocrático policíaco. Por eso

6. Lenin cita una frase de von Puttkamer, ministro del Interior de Prusia.

los socialistas llaman a las huelgas «escuela de guerra», escuela en la que los obreros aprenden a librar a guerra contra sus enemigos, por la emancipación de todo el pueblo, de todos los trabajadores, del yugo de los funcionarios y del yugo del capital.

Pero la «escuela de guerra» no es aún la guerra misma. Cuando las huelgas se difunden ampliamente, algunos obreros (y algunos socialistas) comienzan a pensar que la clase obrera puede incluso limitarse a las huelgas y a las cajas o sociedades de resistencia, que mediante las huelgas solas pueden procurar una gran mejora de su situación o incluso alcanzar su emancipación. Cuando ven la fuerza que representan la unión de los obreros y aun sus pequeñas huelgas, algunos piensan que a los obreros les basta con declarar la huelga general en todo el país para conseguir de los capitalistas y del Gobierno todo lo que quieran. Esta opinión la expresaron también los obreros de otros países cuando el movimiento obrero estaba en su etapa inicial y los obreros contaban aún con muy poca experiencia. Pero *esta opinión es errónea.* Las huelgas son *uno* de los medios de lucha de la clase obrera por su emancipación, pero no el único, y si los obreros no prestan atención a otros medios de lucha, frenan el desarrollo y los éxitos de la clase obrera. En efecto, para que las huelgas tengan éxito son necesarias las cajas de resistencia, a fin de mantener a los obreros mientras dure el conflicto. Los obreros (por lo común los de cada industria, cada oficio o cada taller) organizan estas cajas en todos los países, pero en Rusia esto es muy difícil, porque la policía las persigue, se apodera del dinero y detiene a los obreros. Naturalmente, los obreros saben resguardarse de la policía; por supuesto, la organización de estas cajas es útil, y no queremos disuadir a los obreros de que se ocupen de esto. Pero no se debe confiar en que, estando prohibidas por la ley, las cajas obreras puedan atraer a muchos socios; y mientras el número de cotizantes sea escaso, dichas cajas no reportarán gran utilidad. Además, aun en los países en que existen libremente las asociaciones obreras, que tienen inmensas cajas, aun en ellos la clase obrera de ningún modo puede limitarse en su lucha a las huelgas. Basta con que sobrevengan dificultades en la industria (una crisis, como la que, por ejemplo, se acerca ahora en Rusia), para que los patronos provoquen intencionadamente las huelgas, porque a veces les conviene suspender temporalmente el trabajo, les resulta provechoso que las cajas obreras agoten sus fondos. De ahí que los obreros no puedan, en modo alguno, circunscribirse a las huelgas y a las sociedades de resistencia. En segundo lugar, las huelgas solo pueden tener éxito cuando los obreros poseen ya suficiente conciencia, cuando saben elegir el momento para declararlas y presentar reivindicaciones, cuando mantienen contacto con los socialistas y reciben de ellos hojas volantes y folletos. Pero hay todavía pocos obreros así en Rusia, y es necesario orientar todos los esfuerzos a aumentar su número, dar a conocer la causa obrera a las masas obreras, darles a conocer el socialismo y la lucha obrera. Esta es la misión que deben asumir los socialistas y los obreros conscientes juntos, organizando para ello el partido obrero socialista. En tercer lugar, las huelgas muestran a los obreros, como hemos visto, que el Gobierno es su enemigo y que es preciso luchar contra él. En efecto, han enseñado gradualmente a la clase obrera, en todos los países, a luchar contra los gobiernos por los derechos de los obreros y por los de todo el pueblo. Como ya hemos dicho, esta lucha solo puede sostenerla el partido obrero socialista, difundiendo entre los obreros las ideas justas sobre el Gobierno y sobre la causa obrera. En otra ocasión nos referiremos en particular a cómo se realizan en Rusia las huelgas y a cómo deben utilizarlas los obreros conscientes. Por ahora debemos indicar que son, como ya hemos anotado más arriba, una «escuela de guerra», pero no la guerra misma; solo son un medio de lucha, una forma del movimiento obrero. De las huelgas aisladas los obreros pueden y deben pasar, y pasan realmente en todos los países, a la lucha de toda la clase obrera por la emancipación de todos los trabajadores. Cuando todos los obreros conscientes se convierten en socialistas, es decir, cuando aspiran a esta emancipación, cuando se unen en todo el país para difundir el socialismo entre los obreros y enseñarles todos los medios de lucha contra sus enemigos, cuando organizan el partido obrero socialista que lucha por liberar a todo el pueblo de la opresión del Gobierno y por emancipar a todos los trabajadores del yugo del capital, solo entonces la clase obrera se incorpora plenamente al gran movimiento de los obreros de todos los países, que agrupa a todos los obreros y enarbola en alto la bandera roja en la que están inscritas estas palabras: «¡Proletarios de todos los países, uníos!».

Escrito a finales de 1899.
Publicado por primera vez en 1924, en la revista *Proletárskaya Revoliutsia.*

Se publica según un manuscrito copiado por N. K. Krúpskaya.

PRÓLOGO AL FOLLETO «LAS JORNADAS DE MAYO EN JÁRKOV»

A partir de un análisis de las jornadas del Primero de Mayo del año 1900 en Járkov, Lenin sigue mostrando la importancia de vincular las luchas reivindicativas de cariz más económico (mejoras en las condiciones laborales) con las de cariz político (libertad política en contra del régimen zarista). Y expone uno de los elementos que será troncal en toda su lucha intelectual y política hasta la Revolución de Octubre de 1917: la organización.

EL PRESENTE FOLLETO OFRECE UNA DESCRIPCIÓN de la famosa celebración del Primero de Mayo de 1900 en Járkov, descripción redactada por el Comité de Járkov del Partido Obrero Socialdemócrata de Rusia sobre la base de relatos que hicieron obreros participantes. Nos fue enviado como información para el periódico, pero creímos necesario editarlo por separado, tanto por su considerable volumen, como para que se pueda difundir más fácilmente, en la mayor cantidad posible y lo más ampliamente posible. Dentro de seis meses, los obreros rusos celebrarán el Primero de Mayo del primer año del nuevo siglo, y ya es hora de preocuparnos de que esta celebración se extienda al mayor número posible de centros, de que resulte lo más imponente posible no solo por el número de participantes, sino por su organización, su grado de conciencia, su decisión de iniciar una lucha irrevocable por la emancipación política del pueblo ruso y, a la vez, por dar campo libre al desarrollo de clase del proletariado y de su lucha abierta por el socialismo. Ya es hora de empezar a prepararnos para el nuevo Primero de Mayo, y una de las importantes medidas preparatorias debe ser el conocimiento de lo que ya ha logrado el movimiento socialdemócrata en Rusia, un análisis de lo que aún le falta a nuestro movimiento en general y a la conmemoración del Primero de Mayo en particular, y de cómo debemos llenar esas lagunas y obtener los mejores resultados.

La celebración del Primero de Mayo en Járkov demuestra qué importante manifestación política puede llegar a ser la fiesta de los obreros, y también lo que nos falta para que esta celebración sea realmente una grandiosa manifestación del proletariado consciente de toda Rusia. ¿Qué dio a las jornadas de mayo en Járkov el carácter de un acontecimiento excepcional? La participación en masa de obreros en la huelga; las enormes concentraciones de miles de personas en las calles, que desplegaron banderas rojas y presentaron las reivindicaciones señaladas en las proclamas, el carácter revolucionario de estas reivindicaciones: jornada de trabajo de ocho horas y libertad política. El cuento de que los obreros rusos todavía no están maduros para la lucha política, de que su principal objetivo es la lucha puramente económica –completada poco a poco y de tanto en tanto por la agitación política parcial en procura de algunas reformas políticas aisladas, y no en pro de la lucha contra todo el régimen político de Rusia–, fue categóricamente desmentido por la celebración del Primero de Mayo en Járkov. Pero aquí queremos llamar la atención sobre otro aspecto del problema. Si bien el Primero de Mayo en Járkov puso de manifiesto, una vez más, la capacidad política de los obreros rusos, al mismo tiempo nos muestra lo que nos falta para desarrollar plenamente tal capacidad.

Los socialdemócratas de Járkov se esforzaron en preparar la celebración del Primero de Mayo y distribuyeron con anticipación folletos y proclamas; los obreros prepararon también el plan de la manifestación general y de los discursos en la plaza Kónnaya. ¿Por qué fracasó este plan? Los camaradas de Járkov responden así: porque las fuerzas del «Estado Mayor» de los obreros socialistas conscientes fueron distribuidas de modo desigual: en algunas fábricas había muchos, en otras pocos, y, además, porque el plan de los obreros «llegó a conocimiento de las autoridades», que, por supuesto, tomaron todas las medidas necesarias para dividir a los obreros. La deducción es clara: nos falta organización. El grueso de los obreros ya está en pie y dispuesto a seguir a los líderes socialistas, pero el «Estado Mayor» no ha logrado organizar todavía un núcleo firme, que distribuya adecuadamente todas las fuerzas disponibles de obreros conscientes y asegure que todo se organice de modo tan clandestino (secreto) que los planes de acción trazados de antemano no lleguen a conocimiento no solo de las autoridades, sino tampoco de cualquier extraño a la organización. Esta organización debe ser una organización revolucionaria: debe estar integrada por personas que tengan una conciencia bien clara de las tareas del movimiento obrero socialdemócrata y estén decididas a una lucha irrevocable contra el actual régimen político; debe reunir los conocimientos socialistas y la experiencia revolucionaria que brindan las enseñanzas de muchos decenios de actividad de la intelectualidad revolucionaria rusa, con el conocimiento del medio obrero y la capacidad de hacer agitación en las masas y conducirlas, capacidad propia de los obreros de vanguardia. Debemos preocupamos, ante todo y sobre todo, por unir a esos elementos, y no por trazar límites artificiales entre los intelectuales y los obreros, ni por crear una organización «puramente obrera». Nos permitimos recordar aquí las siguientes palabras de G. Plejánov:

> Una condición indispensable para esta actividad (de agitación) es la cohesión de las fuerzas revolucionarias ya preparadas. La

> propaganda en los círculos pueden realizarla personas que no estén vinculadas por nada entre sí, que ni siquiera sospechen los unos la existencia de los otros. Desde luego, la falta de organización repercute siempre en la propaganda, pero no la hace imposible. En cambio, en épocas de gran efervescencia social, cuando la atmósfera política está cargada de electricidad, cuando acá y allá, por los motivos más diversos y más imprevistos, surgen estallidos cada vez más frecuentes, síntomas de la tormenta revolucionaria que se avecina; en una palabra, cuando es necesario hacer agitación o quedarse en la retaguardia, en tales épocas, únicamente las fuerzas revolucionarias organizadas pueden tener seria influencia en la marcha de los acontecimientos. El individuo aislado se vuelve entonces impotente; solo las unidades de orden superior –las organizaciones revolucionarias– son capaces de impulsar la obra revolucionaria. (G. Plejánov. *Las tareas de los socialistas en la lucha contra el hambre,* pág. 83).

La historia del movimiento obrero ruso está llegando, precisamente, a una de esas épocas de efervescencia y de estallidos por los motivos más diversos, y si no queremos quedarnos «en la retaguardia», debemos concentrar todos nuestros esfuerzos en la creación de una organización para toda Rusia, capaz de dirigir todos los estallidos aislados y, de esta manera, lograr que la tormenta que se avecina (de la que también habla un obrero de Járkov, al final del folleto) no resulte una tormenta espontánea, sino un movimiento consciente del proletariado que se alza a la cabeza de todo el pueblo contra el Gobierno autocrático.

Además de habernos proporcionado una prueba palpable de que nuestras organizaciones revolucionarias no están lo suficiente unidas y preparadas, las jornadas de mayo en Járkov nos ofrecieron otra indicación práctica, no menos importante. «Con la fiesta y la manifestación del Primero de Mayo –dice el folleto– se entrelazaron inesperadamente distintas reivindicaciones de carácter práctico, que fueron presentadas sin la correspondiente labor preparatoria, por lo que, como era natural, quedaron condenadas en términos generales al fracaso. «Tomemos, por ejemplo, las reivindicaciones de los obreros de los talleres ferroviarios: de las 14 presentadas por ellos, 11 se refieren a pequeñas mejoras de distinto género, que muy bien pueden conseguirse incluso con el actual régimen político, como son el aumento de los salarios, la reducción de la jornada de trabajo y la supresión de los abusos. Al lado de estas, y como si se tratase de reivindicaciones exactamente de la misma naturaleza, figuran otras tres: 4) establecimiento de la jornada de ocho horas; 7) garantías de inviolabilidad personal para los obreros después de los acontecimientos de mayo; 10) constitución de una comisión integrada por obreros y representantes de la administración, para examinar toda clase de malentendidos entre ambas partes. La primera (la 4) es una reivindicación común a todo el proletariado internacional, y su planteamiento muestra, al parecer, que los obreros avanzados de Járkov comprenden su solidaridad con el movimiento obrero socialista mundial. Mas precisamente por eso no debe plantearse tal reivindicación a la par que otras de carácter particular, como son la de que los contramaestres traten mejor a los obreros o la de que se eleven los salados en un 10 por ciento. Las reivindicaciones de aumento de salarios y de mejor trato pueden (y deben) ser planteadas a los patronos por los obreros de distintos oficios; se trata de reivindicaciones gremiales, de reivindicaciones de distintas categorías de obreros. En cambio, la de la jornada de ocho horas es una reivindicación de togo el proletariado que no se plantea ante distintos patronos aislados, sino ante el poder del Estado, como representante de todo el régimen social y político actual, ante toda la clase capitalista, dueña de todos los medios de producción. La reivindicación de la jornada de ocho horas ha adquirido particular significación, pues es una manifestación de solidaridad con el movimiento socialista internacional. Debemos procurar que los obreros comprendan esta diferencia y no pongan la reivindicación de la jornada de ocho horas al mismo nivel que la de pasajes gratuitos o la de supresión de un vigilante. En el curso de todo el año, los obreros de aquí y de allá presentan continuamente a los patronos diferentes reivindicaciones de carácter particular y luchan por ellas. Al prestar ayuda a esta lucha, los socialistas deben señalar siempre la relación que guarda con la lucha del proletariado de todos los países por su emancipación. Y la jornada del Primero de Mayo debe ser el día en que los obreros declaren solemnemente que comprenden esa relación y se adhieren resueltamente a esa lucha.

Veamos la décima reivindicación, la de formar una comisión para examinar malentendidos. Tal comisión, compuesta de personas elegidas por los obreros y por la administración, podría, sin duda, reportar mucha utilidad, pero solo si las elecciones fueran enteramente libres y los delegados tuvieran completa independencia. Pues, ¿qué utilidad reportaría esa comisión, si se procediera a despedir a los obreros que luchasen contra la, elección de testaferros de los jefes, o que atacasen sin contemplaciones a la administración y revelaran todos sus vejámenes? Esos obreros no solo serían despedidos, sino también arrestados. Así pues, para que tal comisión reporte utilidad a los obreros, es preciso, en primer lugar, que los delegados no dependan de los jefes de la fábrica; y ello solo sería posible si existiera una asociación obrera libre, una asociación que abarque muchas fábricas, que tenga sus propios fondos y esté dispuesta a defender a sus delegados. La comisión solo puede ser útil si abarca a muchas fábricas, en lo posible a todas las de una misma rama. En segundo lugar, es preciso que la persona del obrero sea inviolable, es decir, que no pueda ser detenido arbitrariamente por la policía o los gendarmes. Esta reivindicación –garantizar la inviolabilidad personal de los obreros– fue también presentada (punto 7). Pero ¿a quién pueden exigir los obreros garantías de inviolabilidad personal y de libertad de asociación (necesarias, como hemos visto, para el éxito de la comisión)? Solo al poder estatal, porque la ausencia de inviolabilidad personal y de libertad de asociación depende de las leyes fundamentales del Estado ruso; más aún, depende de la forma de gobierno en Rusia. Por su forma de gobierno, Rusia es una monarquía absoluta. El zar es un autócrata; solo él promulga las leyes y designa a todos los funcionarios superiores, sin participación alguna del pueblo ni de sus representantes. En una organización estatal de esta naturaleza, la persona no puede ser inviolable; las asociaciones de ciudadanos en general, y de obreros en particular, no pueden ser libres. Por eso, carece de todo sentido reclamar de un Gobierno autocrático garantías de inviolabilidad personal (y libertad de asociación); tal reivindicación equivale a reclamar derechos políticos para el pueblo, y el Gobierno autocrático se llama así precisamente porque implica la total ausencia de derechos políticos para el pueblo. Será posible garantizar la inviolabilidad personal (y la libertad de asociación) solo cuando en la promulgación de las leyes y en toda la administración estatal participen representantes del pueblo. Mientras no haya una representación popular, incluso las pequeñas concesiones que el Gobierno autocrático haga a los obreros con una mano, siempre se las quitará con la otra. La Jornada de Mayo de Járkov lo demostró, una vez más, con toda evidencia: por exigencia de la masa obrera, el gobernador puso en libertad a los detenidos; ¡pero varios días después, por orden de Petersburgo, fueron detenidos nuevamente decenas de obreros! Las autoridades de la provincia y de las fábricas «garantizan» la inviolabilidad de los delegados, ¡pero la gendarmería los prende y los arroja a los calabazos o los expulsa de la ciudad! ¿Qué utilidad pueden reportar al pueblo semejantes garantías?

Por eso los obreros deben exigir al zar la convocatoria de representantes del pueblo, la convocatoria de un Zemski Sobor. En la proclama difundida en Járkov, en vísperas del Primero de Mayo de este año, figuraba esa reivindicación, y hemos visto que una parte de los obreros de vanguardia comprendió perfectamente su importancia. Debemos procurar que *todos* los obreros de vanguardia comprendan con claridad la necesidad de esta reivindicación, que la difundan no solo entre las masas obreras, sino también entre todos los sectores del pueblo que entran en contacto con los obreros y que preguntan con interés por qué luchan los socialistas y los obreros de la «ciudad». Este año, cuando un inspector de trabajo preguntó qué querían realmente los obreros, una sola voz gritó «la Constitución», y esa voz fue tan solitaria, que el corresponsal dice, burlándose un poco: «un proletario *clamó*». Otro corresponsal dice sin rodeos que «en este caso» la respuesta fue «casi cómica» (véase *El movimiento obrero en Járkov,* informe del Comité de Járkov del Partido Obrero Socialdemócrata de Rusia, editado por *Rabóchee Delo*[7]. Ginebra, septiembre de 1900, pág. 14). Hablando en propiedad, nada hay de risible en una contestación como esa: solo pudo parecer risible la falta de correspondencia entre esa reivindicación solitaria de cambiar todo el régimen estatal y las reivindicaciones de que se reduzca en media hora la jornada laboral o de que el pago de los salarios se realice durante las horas de trabajo.

---

7. *Rabóchee Delo* (La Causa Obrera): revista no periódica de la Unión de Socialdemócratas Rusos en el Extranjero. Se publicó en Ginebra (Suiza) de 1899 a 1902.

Pero existe indudablemente una relación entre estas últimas reivindicaciones y la exigencia de una Constitución, y si conseguimos (y no cabe duda de que lo conseguiremos) que las masas comprendan esta relación, entonces el grito: «¡la Constitución!» ya no será un grito solitario; saldrá de centenares de miles de gargantas y ya no será risible, sino temible. Se cuenta que una persona, recorriendo esos días de mayo Járkov, le preguntó al cochero qué querían en realidad los obreros y este respondió: «Fíjate, exigen ocho horas de trabajo y un periódico propio». Aquel cochero había comprendido ya que los obreros no se conformarían con algunas dádivas, que querían sentirse hombres libres, que deseaban expresar libre y abiertamente sus demandas y luchar por verlas satisfechas. Pero en la conciencia de la respuesta del cochero no se advierte aún la conciencia de que los obreros luchan por la libertad de todo el pueblo, por su derecho a participar en la dirección del Estado. Cuando la reivindicación de que el zar convoque a los representantes del pueblo sea repetida con plena conciencia e inquebrantable firmeza por las masas obreras en todas las ciudades industriales y en todas las regiones fabriles de Rusia, cuando los obreros logren que toda la población urbana y toda la gente aldeana que viene de visita a la ciudad comprendan lo que quieren los socialistas y por qué luchan los obreros, ¡entonces no será lejano el gran día en que el pueblo se libere de la autocracia policial!

Escrito entre el 5 (18) de octubre
y el 3 (16) de noviembre de 1900.
Publicado en enero de 1901 en un folleto
editado por *Iskra*.

Publicado según el texto del folleto.

¿POR DÓNDE EMPEZAR?

Publicado en la revista *Iskra* el mayo de 1901, sintetiza los planteamientos que meses más tarde Lenin desarrollaría en la famosa obra *¿Qué hacer?*

Nos encontramos en un periodo de crisis económica mundial que estaba causando grandes estragos en Rusia, donde las grandes empresas industriales aprovechaban la situación para convertirse en monopolistas. Al mismo tiempo, había un rápido ascenso del movimiento revolucionario de diferentes tendencias, dirigido contra el zarismo y los vestigios feudales acusados de frenar el desarrollo económico y político del país.

Dentro del movimiento socialdemócrata ruso (así se denominaban las corrientes marxistas de entonces) se habían ido multiplicando los grupos y comités en diferentes ciudades industriales, pero les faltaba la unidad entre sí, y a menudo iban en reacción de la propia acción espontánea de las masas.

En este texto, Lenin plantea la necesidad de fundar un partido proletario unificado, capaz de encabezar la lucha de la clase obrera para la próxima revolución. En el contexto ruso de princi-

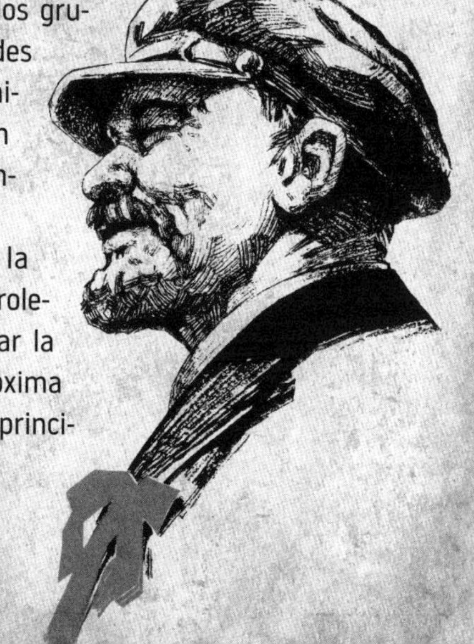

pios de siglo XX, consideraba que un diario marxista clandestino que llegara a toda la Rusia sería la base de tal partido. Serviría para sostener una propaganda y agitación constantes que educaran a las masas, las dotaran de una cohesión ideológica, y las organizaran a partir de la red de agentes locales y colaboradores en torno al diario.

«¿QUÉ HACER?»: TAL ES LA PREGUNTA que los socialdemócratas rusos se formulan con extraordinaria insistencia durante los últimos años. No se trata de elegir el camino a seguir (como sucedía a fines de la década de los 80 y a principios de la de los 90), sino de saber qué pasos prácticos debemos dar por un camino conocido y cómo darlos. Se trata de un sistema y de un plan de actividad práctica. Y debemos reconocer que este problema del carácter lucha y de sus métodos, fundamental para un partido de acción, sigue sin resolver y suscita todavía serias divergencias que revelan una lamentable inestabilidad y vacilación del pensamiento. Por una parte, está muy lejos aún de haber muerto la «tendencia» economista, que procura truncar y restringir la labor de organización y de agitación políticas. Por otra, sigue alzando orgullosamente la cabeza la tendencia del eclecticismo sin principios, que se adapta a cada nueva «moda», sin saber distinguir entre las demandas del momento y las tareas fundamentales y necesidades constantes del movimiento en su conjunto. Es sabido que esta tendencia ha anidado en *Rabóchee Delo.* Su última declaración «programática» –un rimbombante artículo titulado de manera no menos rimbombante, «Viraje histórico» (núm. 6 de *Listok «Rabóchego*

Dela»[8])– confirma con evidencia singular la definición que acabamos de hacer. Ayer todavía coqueteaban con el «economismo», se indignaban porque se había criticado duramente a *Rabóchaya Misl*[9] y «suavizaban» la forma en que Plejánov plantea el problema de la lucha contra la autocracia. Hoy citan ya las palabras de Liebknecht: «Si las circunstancias cambian en veinticuatro horas, hay que cambiar de táctica también en veinticuatro horas»; hablan ya de «una fuerte organización combativa» para el ataque directo, para el asalto contra la autocracia, de «una amplia agitación política revolucionaria (¡vean con que energía lo dicen: y política y revolucionaria!) entre las masas», de «un constante llamamiento a protestar en la calle», de «organizar en las calles manifestaciones de carácter marcadamente (*¡sic!*) político», etc., etc.

Podríamos, quizá, expresar nuestra satisfacción por el hecho de que *Rabóchee Delo* haya asimilado con tanta rapidez el programa que formulamos ya en el primer número de *Iskra*[10]: formar un partido fuerte y organizado que tienda no solo a arrancar concesiones aisladas, sino a conquistar la fortaleza misma de la autocracia. Pero la falta de firmeza en los puntos de vista de quienes han asimilado ahora el nuestro puede malograr toda satisfacción.

---

8. *Listok «Rabóchego Dela»* (Hoja de «La Causa Obrera»): suplemento no periódico de la revista *Rabóchee Delo*; apareció en Ginebra desde junio de 1900 hasta julio de 1901.

9. *Rabóchaya Misl* (El Pensamiento Obrero): periódico de los «economistas»; se publicó de 1897 a 1902, primero en Rusia y luego en el extranjero.

10. Lenin se refiere a su artículo «Tareas urgentes de nuestro movimiento», publicado como editorial en el número 1 de *Iskra*, en diciembre de 1900. *Iskra* (La Chispa): primer periódico marxista ilegal de toda Rusia, fundado en diciembre de 1900 por Lenin en el extranjero, de donde se remitía secretamente a Rusia. Después del II Congreso del POSDR, los mencheviques se apoderaron de *Iskra*. A partir del número 52 (noviembre de 1903) *Iskra* se convirtió en un periódico menchevique.

Por supuesto, *Rabóchee Delo* invoca en vano el nombre de Liebknecht. En veinticuatro horas se puede cambiar de táctica en la agitación respecto a algún problema especial, se puede cambiar de táctica en la realización de algún detalle de organización del partido; pero cambiar, no digamos en veinticuatro horas, sino incluso en veinticuatro meses de criterio acerca de si hace falta en general, siempre y en absoluto, una organización combativa y una agitación política entre las masas es cosa que solo pueden hacer personas sin principios. Es ridículo hablar de situación distinta, de alternación de periodos: laborar para crear una organización combativa y hacer agitación política es obligatorio en todas las circunstancias «monótonas y pacíficas», en cualquier periodo de «decaimiento del espíritu revolucionario». Es más: precisamente en tales circunstancias y en tales periodos es necesario de una manera especial el trabajo indicado, pues en los momentos de explosiones y estallidos es ya tarde para crear una organización; la organización debe estar preparada para desplegar inmediatamente su actividad. «¡Cambiar de táctica en veinticuatro horas!». Mas para cambiar de táctica hay que empezar por tener una táctica, y si no existe una organización fuerte, con experiencia de lucha política en cualquier situación y en cualquier periodo, no se puede ni hablar de un plan sistemático de actividad basado en principios firmes y aplicado rigurosamente, del único plan que merece el nombre de táctica. Fíjense, en efecto: se nos dice ya que «el momento histórico» ha planteado ante nuestro partido un problema «absolutamente nuevo», el problema del terrorismo. Hace poco era «absolutamente nuevo» el problema de la agitación y la organización políticas, ahora, el del terrorismo. ¿No es extraño oír cómo hablan de un cambio radical de táctica personas que olvidan hasta tal punto su parentesco?

Por fortuna, *Rabóchee Delo* no tiene razón. El problema del terrorismo no tiene nada de nuevo, y nos bastará con recordar brevemente las opiniones, ya determinadas, de la socialdemocracia rusa.

En principio, jamás hemos renunciado ni podemos renunciar al terror. El terror es una acción militar que puede ser utilísima y hasta indispensable en cierto momento de la batalla, con cierto estado de las fuerzas y en ciertas condiciones. Pero el quid de la cuestión está precisamente en que el terror se propugna ahora no como una operación de un ejército en campaña como una operación ligada de manera estrecha a todo el sistema de lucha coordinada con él, sino un como de agresión individual, independiente de todo ejército. Y el terror no puede ser otra cosa cuando falta una organización revolucionaria central y son débiles las locales. Por eso declaramos categóricamente que tal medio de lucha en las circunstancias actuales no es oportuno ni adecuado; que aparta los militantes más activos de su verdadero cometido, más importante desde el punto de vista de los intereses de todo el movimiento: que no desorganiza las fuerzas gubernamentales, sino las revolucionarias.

Recuerden los últimos sucesos: ante nuestros propios ojos, grandes masas de obreros y de la «plebe» de las ciudades arden en deseos de lanzarse a la lucha, pero resulta que los revolucionarios carecen de un Estado Mayor de dirigentes y organizadores. En esas condiciones, el paso de los revolucionarios más enérgicos al terror ¿no amenaza con debilitar los únicos destacamentos de combate en que se pueden cifrar esperanzas serias? ¿No implica el peligro de que se rompa el lazo de unión entre las organizaciones revolucionarias y las dispersas masas de descontentos, que protestan y están dispuestos a luchar, pero que son débiles precisamente a causa de su dispersión? Porque no debe olvidarse que este lazo de unión es la única garantía de nuestro éxito. Estamos muy lejos de pensar que deba negarse todo valor a heroicos golpes aislados, pero es nuestro deber prevenir con toda energía contra la afición al terror, contra su concepción como medio principal y fundamental de lucha, cosa a la que tanto se inclinan muchísimos en el momento actual. El terror jamás será una acción militar de carácter ordinario: en el mejor de los casos, solo es utilizable como uno de los medios que se emplean en el asalto decisivo. Cabe preguntar: ¿podemos, en el momento actual, *llamar* a semejante asalto? *Rabóchee Delo,* al parecer, cree que sí. Por lo menos exclama: «¡Formad en columnas de asalto!». Pero también eso es empeño desatinado. La masa principal de nuestras fuerzas de combate la componen voluntarios e insurrectos. Solo tenemos unos cuantos destacamentos pequeños de ejército regular, y además sin movilizar y sin ligazón, que no saben todavía formar en columnas militares en general, y menos aún en columnas de asalto. En esta situación, todo el que sea capaz de observar las condiciones generales de nuestra lucha, sin olvidarlas en cada «viraje» del desarrollo histórico de los acontecimientos, debe ver con claridad que nuestra consiga en el momento actual no puede ser «lanzarse al asalto», sino «organizar debidamente el asedio de la fortaleza enemiga». Dicho en otros términos: la tarea inmediata de nuestro partido no puede consistir en llamar a todas las fuerzas existentes a atacar ahora mismo, sino en exhortar a formar una organización revolucionaria capaz de unir todas las fuerzas y de dirigir el movimiento, no solo nominalmente, sino en realidad; es decir, capaz de estar siempre dispuesta a apoya toda protesta y toda explosión, aprovechándolas para multiplicar y reforzar los efectivos que han de utilizarse en el combate decisivo.

Las enseñanzas de los sucesos de febrero y marzo[11] son tan impresionantes que apenas si podrán encontrarse ahora objeciones de principio contra esta conclusión. Pero lo que se exige de nosotros en el momento actual es que resolvamos el problema de una manera práctica, y no en principio. No solo debemos comprender qué organización necesitamos y para qué labor; tenemos también que trazar un plan concreto de esta organización, a fin de que se pueda emprender su creación en todos los aspectos. Dada la urgencia e importancia del asunto, nos decidimos por nuestra parte a someter a la consideración de los camaradas el bosquejo de un plan que desarrollaremos con más detalle en un folleto en preparación[12].

A nuestro juicio, el punto de partida de nuestra actividad, el primer paso práctico hacia la creación de la organización deseada y, por último, el hilo fundamental al que podríamos asirnos para desarrollar, ahondar y ampliar incesantemente esta organización debe ser la fundación de un periódico político para toda Rusia. Necesitamos, ante todo, un periódico. Sin él será imposible desplegar de modo sistemático una propaganda y una agitación

---

11. Se refiere a las vastas acciones revolucionarias de los estudiantes y los obreros –manifestaciones políticas, asambleas y huelgas– que tuvieron lugar en febrero y marzo de 1901 en San Petersburgo, Moscú, Kiev y otras ciudades de Rusia. El movimiento estudiantil del año lectivo de 1900-1901, surgido sobre la base de reivindicaciones académicas, adquirió el carácter de acciones políticas de masas contra la política reaccionaria de la autocracia, contó con el apoyo de los obreros avanzados y tuvo amplia repercusión en todos les sectores de la sociedad rusa. La incorporación forzosa al ejército impuesta a 183 estudiantes de la Universidad de Kiev, por haber participado en una asamblea estudiantil, fue la causa directa de las manifestaciones y huelgas que tuvieron lugar en febrero y marzo de 1901. El Gobierno reprimió a los participantes en las acciones revolucionarias; la represión fue particularmente brutal en la manifestación del 4 (17) de marzo de 1901, que se realizó en la plaza situada junto a la catedral de Kazán, en San Petersburgo.

12. Se trata del libro de Lenin *¿Qué hacer? Problemas candentes de nuestro movimiento.*

que se atengan con firmeza a los principios y abarquen todos los aspectos. Esta tarea, constante y fundamental, en general, de la socialdemocracia, es singularmente vital en estos momentos, en los que el interés por la política y por los problemas del socialismo se ha despertado en los más vastos sectores de la población. Nunca se ha sentido tanto como ahora la necesidad de completar la agitación dispersa, efectuada por medio de la influencia personal, de hojas locales, folletos, etc., con la agitación regular y general, que solo puede hacerse a través de la prensa periódica. No será exagerado decir que el grado de frecuencia y regularidad con que se publica (y difunde) un periódico puede ser la medida más exacta de la seriedad con que está organizada esta rama en nuestra actividad combativa, la más primordial y urgente. Además, necesitamos un periódico destinado precisamente a toda Rusia. Si no sabemos unir nuestra influencia en el pueblo y en el Gobierno por medio de la palabra impresa, y mientras no sepamos hacerlo, será utópico pensar en unir otras formas de influencia más complejas, más difíciles, pero, en cambio, más decisivas. Nuestro movimiento, tanto en el sentido ideológico como en el sentido práctico, de organización, adolece más que nada de dispersión, de que la inmensa mayoría de los socialdemócratas están absorbidos casi en absoluto por una labor puramente local, que limita sus horizontes, el alcance de su actividad y su aptitud y preparación para la clandestinidad. Precisamente en esta dispersión deben buscarse las raíces más profundas de la inestabilidad y de las vacilaciones de que hemos hablado más arriba. Y el primer paso para eliminar esta deficiencia, para transformar los diversos movimientos locales en un solo movimiento de toda Rusia, debe ser la publicación de un periódico para toda Rusia. Por último, necesitamos sin falta un periódico *político*. Sin un órgano político es inconcebible en la Europa contemporánea un movimiento que merezca el nombre de movimiento político. Sin ese periódico será imposible en absoluto cumplir nuestra misión: concentrar todos los elementos de descontento político y de protesta y fecundar con ellos el movimiento revolucionario del proletariado. Hemos dado el *primer* paso, hemos despertado en la clase obrera la pasión por las denuncias de carácter «económico», de los atropellos cometidos en las fábricas. Debemos dar el paso siguiente: despertar en todos los sectores del pueblo con un mínimo de conciencia la pasión por las denuncias *políticas*. No debe desconcertarnos que las voces que hacen denuncias *políticas* sean ahora tan débiles, escasas y tímidas. La causa de ello no es, ni mucho menos, una resignación general con la arbitrariedad policíaca. La razón está en que las personas capaces de denunciar y dispuestas a hacerlo no tienen una tribuna desde la que puedan hablar, no tienen un auditorio que escuche ávidamente y anime a los oradores, no ven por parte alguna en el pueblo una fuerza a la que merezca la pena dirigir una queja contra el «todopoderoso» Gobierno ruso. Pero ahora todo eso cambia con extraordinaria rapidez. Esa fuerza existe: es el proletariado revolucionario, que ha demostrado ya estar dispuesto no solo a escuchar y apoyar el llamamiento a la lucha política sino también a lanzarse valientemente a la lucha. Ahora podemos y debemos crear una tribuna para denunciar ante todo el pueblo al Gobierno zarista: esa tribuna tiene que ser un periódico socialdemócrata. La clase obrera rusa, a diferencia de las demás clases y sectores de la sociedad rusa, revela un interés permanente por los conocimientos políticos, y su demanda de publicaciones clandestinas es siempre inmensa (y no solo en periodos de efervescencia singular). Ante semejante demanda masiva, cuando se ha iniciado ya la formación de dirigentes revolucionarios experimentados, cuando la clase obrera ha llegado a un grado tal de concentración que la convierte de hecho en dueña de la situación en los barrios obreros de las grandes ciudades, en los poblados de las fábricas y en las localidades fabriles, la organización de un periódico político está plenamente al alcance del proletariado. Y a través del proletariado, el periódico penetrará en las filas de la pequeña burguesía urbana, de los artesanos rurales y de los campesinos, y será un verdadero periódico político popular.

La misión del periódico no se limita, sin embargo, a difundir ideas, a educar políticamente y a conquistar aliados políticos. El periódico no es solo un propagandista colectivo y un agitador colectivo, sino también un organizador colectivo. En este último sentido se le puede comparar con los andamios que se levantan alrededor de un edificio en construcción, que señalan sus contornos, facilitan las relaciones entre los distintos constructores, les ayudan a distribuirse la tarea y a observar los resultados generales alcanzados por el trabajo organizado. Con la ayuda del periódico, y en ligazón con él, se irá formando por sí misma una organización permanente, que se ocupe no solo en la labor local, sino también en la labor general regular; que habitúe a sus miembros a seguir atentamente los acontecimientos políticos, a apreciar su significado y su influencia sobre los distintos sectores de la población: a concebir los medios más adecuados para que el partido revolucionario influya en estos acontecimientos. La sola tarea técnica de asegurar un suministro normal de informaciones al periódico y una difusión normal del mismo obliga ya a crear una red de agentes locales del partido único, de agentes que mantengan entre sí relaciones intensas, que conozcan el estado general de las cosas, que se acostumbren a cumplir sistemáticamente funciones parciales de una labor realizada en toda Rusia y que prueben sus fuerzas en la organización de distintas acciones revolucionarias. Esta red de agentes[13] será precisamente el armazón de la organización que necesitamos: lo suficientemente grande para abarcar todo el país, lo suficientemente vasta y variada para instaurar una rigurosa y detallada división de trabajo; lo suficientemente firme para saber proseguir sin desmayo *su* labor en todas las circunstancias y en todos los «virajes» y situaciones inesperadas; lo suficientemente flexible para saber, de un lado, rehuir las batallas en campo abierto contra un enemigo que tiene superioridad aplastante de fuerzas cuando concentra estas en un punto, y para saber, de otro lado, aprovechar la torpeza de movimientos de este enemigo y lanzarse sobre él en el sitio y en el momento en que menos espere ser atacado. Hoy se nos plantea una tarea relativamente fácil: apoyar a los estudiantes que se manifiestan en las calles de las grandes ciudades. Mañana se nos planteará, quizá, una tarea más difícil: por ejemplo, apoyar un movimiento de obreros sin trabajo en una región determinada. Pasado mañana tendremos que estar en nuestro puesto para participar de un modo revolucionario en un alzamiento campesino. Hoy debemos aprovechar la agravación de la situación política, provocada por el Gobierno con su cruzada contra los zemstvos[14]. Maña-

---

13. Por supuesto, estos agentes podrían trabajar eficazmente solo vinculados por entero a los comités (grupos, círculos) locales de nuestro partido. Y, en general, todo el plan que trazamos es irrealizable, desde luego, sin el apoyo más activo de los comités, que más de una vez han dado pasos para unificar el partido y que –estamos seguros de ello– lo conseguirán un día u otro, en una u otra forma. [Nota del autor]

14. Zemstvos: así se llamaba la administración autónoma local encabezada por la nobleza en las provincias centrales de la Rusia zarista. Fue instituida en 1864. Sus atribuciones estaban limitadas a los asuntos económicos puramente locales (construcción de hospitales y caminos, estadística, seguros, etc.). Con-

na deberemos respaldar la indignación de la población contra el desenfreno de tal o cual jenízaro zarista y ayudar –por medio de un boicot, de una campaña de hostigamiento, de una manifestación, etc.– a darle una lección que le obligue a una franca retirada. Semejante grado de disposición combativa solo puede lograrse con la actividad constante a la que se dedica un ejército regular. Y si unimos nuestras fuerzas para asegurar la publicación un periódico común, esa labor preparará y destacará no solo a los propagandistas más hábiles, sino también a los organizadores más diestros, a los dirigentes políticos del partido más capaces, que puedan, en el momento necesario, lanzar la consigna del combate decisivo y dirigirlo.

Como conclusión, unas palabras para evitar posibles confusiones. Hemos hablado todo el tiempo solo de preparación sistemática, metódica; pero con eso no hemos querido decir en modo alguno que la autocracia pueda caer exclusivamente por un asedio acertado o por un asalto organizado. Tal punto de vista sería un doctrinarismo insensato. Al contrario, es plenamente posible, e históricamente mucho más probable, que la autocracia caiga bajo la presión de una de esas explosiones espontáneas o complicaciones políticas imprevistas, que amenazan siempre por todas partes. Pero ningún partido político puede, sin caer en el aventurerismo, basar su actividad en semejantes explosiones y complicaciones. Nosotros debemos seguir nuestro camino y realizar sin desfallecimientos nuestra labor sistemática. Y cuanto menos contemos con lo inesperado, tanto más probable será que no nos pille desprevenidos ningún «viraje histórico».

---

trolaban su actividad los gobernadores y el ministro del Interior, que podían anular cualquier acuerdo indeseable para el Gobierno.

INFORME
SOBRE LA REVOLUCIÓN DE 1905

La revolución de 1905, enmarcada en el descontento popular por la guerra contra Japón y los estragos de la crisis económica, y desatada a partir de la brutal represión del «domingo sangriento», donde los soldados del zar dispararon contra una manifestación pacífica que reivindicaba mejoras sociales, es un preludio claro de las revoluciones de 1917. A partir de esta, los y las revolucionarias rusas comprenden la potencialidad de la lucha obrera y campesina y a la vez buscan superar los límites de su fracaso en aquella ocasión.

En enero de 1917, en su exilio en Suiza, Lenin pronuncia una conferencia ante jóvenes obreros donde repasa los hechos de 1905. Recalca la necesidad de la hegemonía del proletariado en la revolución y la alianza de la clase obrera con el campesinado, así como la importancia de las huelgas de masas políticas y el significado de los sóviets: consejos de obreros, campesinos y soldados creados por iniciativa de las masas populares que se convirtieron en verdaderos órganos de la insurrección y modelo para un nuevo poder del Estado.

En el más auténtico estilo interpretativo de Lenin, el de su confianza en la revolución proletaria, sus palabras finales se han convertido en un dardo contra quienes no creen en la posibilidad de una revolución en el presente. Lenin dice: «Nosotros, los viejos, quizás no llegaremos a ver las batallas decisivas de esta futura revolución». Un mes más tarde estallaría la revolución de febrero de 1917, y siete meses después dirigiría la de octubre de 1917.

JÓVENES AMIGOS Y CAMARADAS: Hoy se cumple el duodécimo aniversario del «Domingo Sangriento», considerado con plena razón como el comienzo de la Revolución rusa.

Millares de obreros –gentes no socialdemócratas, sino creyentes, súbditos leales–, dirigidos por un sacerdote llamado Gapón, afluyen de todas las partes de la ciudad al centro de la capital, a la plaza del Palacio de Invierno, para entregar una petición al zar. Los obreros llevan iconos; su jefe de entonces, Gapón, se había dirigido al zar por escrito, garantizándole la seguridad personal y rogándole que se presentara ante el pueblo.

Se llama a las tropas. Ulanos y cosacos se lanzan sobre la multitud con el sable desenvainado, ametrallan a los inermes obreros que, puestos de rodillas, suplicaban a los cosacos que se les permitiera ver al zar. Según los partes policíacos, hubo más de mil muertos y de dos mil heridos. La indignación de los obreros era indescriptible.

Tal es, en sus rasgos más generales, el cuadro del 22 de enero de 1905, del «Domingo Sangriento».

Para que comprendan mejor la significación histórica de este acontecimiento, voy a leer algunos pasajes de la petición que formulaban los obreros. La petición comienza con estas palabras:

> Nosotros, obreros, vecinos de Petersburgo, acudimos a Ti. Somos unos esclavos desgraciados y escarnecidos; el despotismo y la arbitrariedad nos abruman. Cuando se colmó nuestra paciencia, dejamos el trabajo y solicitamos de nuestros amos que nos diesen lo mínimo que la vida exige para no ser un martirio. Mas todo ha sido rechazado, tildado de ilegal por los fabricantes. Los miles y miles aquí reunidos, igual que todo el pueblo ruso, carecemos en absoluto de derechos humanos. Por culpa de Tus funcionarios hemos sido reducidos a la condición de esclavos.

La petición exponía las siguientes reivindicaciones: amnistía, libertades públicas, salario normal, entrega gradual de la tierra al pueblo, convocación de una Asamblea Constituyente elegida por sufragio universal, y terminaba con estas palabras:

> ¡Majestad! ¡No niegues la ayuda a Tu pueblo! ¡Derriba el muro que se alza entre Ti y Tu pueblo! Dispón y júranoslo, que nuestros ruegos sean cumplidos, y harás la felicidad de Rusia; si no lo haces, estamos dispuestos a morir aquí mismo. Solo tenemos dos caminos: la libertad y la felicidad, o la tumba.

Cuando leemos *ahora* esta petición de obreros sin instrucción, analfabetos, dirigidos por un sacerdote patriarcal, experimentamos un sentimiento extraño. Impónese el paralelo entre esa ingenua petición y las actuales resoluciones de paz de los socialpacifistas, es decir, de gentes que quieren ser socialistas, pero que en realidad no son sino charlatanes burgueses. Los obreros no conscientes de la Rusia prerrevolucionaria no sabían que el zar es el jefe de la *clase dominante,* de la clase de los grandes terratenientes, ligados ya por miles de vínculos a la gran burguesía y dispuestos a defender por toda clase de medios violentos su monopolio, sus privilegios y granjerías. Los socialpacifistas de hoy día, que –¡dicho sea sin chanzas!–

quieren parecer personas «muy cultas», no saben que esperar una paz «democrática» de los gobiernos burgueses que sostienen una guerra imperialista rapaz, es tan estúpido como la idea de que el sanguinario zar puede ser inclinado a las reformas democráticas mediante peticiones pacíficas.

A pesar de todo, la gran diferencia que media entre ellos estriba en que los socialpacifistas de hoy día son en gran medida hipócritas, que, mediante tímidas insinuaciones, tratan de apartar al pueblo de la lucha revolucionaria, mientras que los incultos obreros rusos de la Rusia prerrevolucionaria demostraron con hechos que eran hombres sinceros en los que por vez primera despertaba la conciencia política.

Y precisamente en ese despertar de la conciencia política y del deseo de lucha revolucionaria en inmensas masas populares, estriba la significación histórica del 22 de enero de 1905.

Dos días antes del «Domingo Sangriento», el Sr. Piotr Struve, entonces jefe de los liberales rusos, director de un órgano ilegal libre editado en el extranjero, escribía: «En Rusia no hay todavía un pueblo revolucionario». ¡Tan absurda le parecía a este «cultísimo», presuntuoso y archinecio jefe de los reformistas burgueses la idea de que un país campesino analfabeto pueda engendrar un pueblo revolucionario! ¡Tan profundamente convencidos estaban los reformistas de entonces –como lo están los de ahora– de que una verdadera revolución era imposible!

Hasta el 22 de enero (el 9 según el viejo calendario) de 1905, el partido revolucionario de Rusia lo formaba un pequeño grupo de personas. Los reformistas de entonces (exactamente como los de ahora) se burlaban de nosotros tildándonos de «secta». Varios centenares de organizadores revolucionarios, unos cuantos miles de afiliados a las organizaciones locales, media docena de hojas revolucionarias, que no salían arriba de una vez al mes, se editaban sobre todo en el extranjero y llegaban a Rusia de contrabando, después de vencer increíbles dificultades y a costa de muchos sacrificios: así eran en Rusia, antes del 22 de enero de 1905, los partidos revolucionarios y, en primer término, la socialdemocracia revolucionaria. Esta circunstancia autorizaba formalmente a los obtusos y altaneros reformistas a afirmar que en Rusia no había aún un pueblo revolucionario.

No obstante, el panorama cambió por completo en el curso de unos meses. Los centenares de socialdemócratas revolucionarios se transformaron «de pronto» en millares, los millares se convirtieron en jefes de dos o tres millones de proletarios. La lucha proletaria suscitó una gran efervescencia, que en parte fue movimiento revolucionario, en el seno de una masa campesina de cincuenta a cien millones de personas; el movimiento campesino repercutió en el ejército y provocó insurrecciones de soldados, choques armados de una parte del ejército con otra. Así pues, un país enorme, de 130.000.000 de habitantes, se lanzó a la revolución; así pues, la Rusia aletargada se convirtió en la Rusia del proletariado revolucionario y del pueblo revolucionario.

Es necesario estudiar esta transición, comprender cómo se hizo posible, cuáles fueron, por así decirlo, sus métodos y caminos.

El medio principal de esta transición fue la *huelga de masas.* La peculiaridad de la Revolución rusa estriba precisamente en que, por su contenido social, fue una revolución *democrática burguesa,* mientras que, por sus medios de lucha, fue una revolución *proletaria.* Fue democrática burguesa, puesto que el objetivo inmediato que se proponía, y que podía alcanzar directamente con sus propias fuerzas, era la república democrática, la jornada de ocho horas y la confiscación de los inmensos latifundios de la nobleza: medidas todas ellas que la revolución burguesa de Francia llevó casi plenamente a cabo en 1792 y 1793.

La Revolución rusa fue a la vez revolución proletaria, no solo por ser el proletariado su fuerza dirigente, la vanguardia del movimiento, sino también porque el medio específicamente proletario de lucha, la huelga, fue el medio principal para poner en movimiento a las masas y el fenómeno más característico del desarrollo, en oleadas crecientes, de los acontecimientos decisivos.

La Revolución rusa es la primera gran revolución de la historia mundial –y, sin duda, no será la última– en que la huelga política de masas ha desempeñado un papel extraordinario. Se puede incluso afirmar que es imposible comprender los acontecimientos de la Revolución rusa y la sucesión de sus formas políticas si no se estudia el *fondo* de esos acontecimientos y de esa sucesión de formas a través de la *estadística de las huelgas.*

Sé muy bien hasta qué punto los escuetos datos estadísticos están fuera del lugar en un informe oral y hasta qué punto son capaces de asustar a los oyentes. Sin embargo, no puedo dejar de citar algunos números redondos para que ustedes puedan apreciar la base objetiva real de todo el movimiento. Durante los diez años que precedieron a la revolución, el promedio anual de huelguistas en Rusia ascendió a 43.000. Por consiguiente, el número total de huelguistas durante el decenio anterior a la revolución fue de 430.000. En enero de 1905, en el primer mes de la revolución, el número de huelguistas llegó a 440.000. O sea, que ¡*en un solo* mes hubo *más* huelguistas que en todo el decenio precedente!

En ningún país capitalista del mundo, ni siquiera en los países más avanzados, como Inglaterra, Estados Unidos y Alemania, se ha visto un movimiento huelguístico tan grandioso como el de 1905 en Rusia. El número total de huelguistas ascendió a 2.800.000, es decir, ¡al doble del total de obreros fabriles! Ello, naturalmente, no quiere decir que los obreros fabriles urbanos de Rusia fueran más cultos, o más fuertes, o estuvieran más adaptados a la lucha que sus hermanos de Europa Occidental. Lo cierto es lo contrario.

Pero eso demuestra lo grande que puede ser la energía latente del proletariado. Eso indica que en la época revolucionaria –lo digo sin ninguna exageración, fundándome en los datos más exactos de la historia rusa–, el proletariado puede desarrollar una energía combativa cien veces mayor que en periodos corrientes de calma. Eso indica que la humanidad no conoció hasta 1905 lo inmensa, lo grandiosa que puede ser y será la tensión de fuerzas del proletariado cuando se trate de luchar por objetivos verdaderamente grandes, de luchar de un modo verdaderamente revolucionario.

La historia de la Revolución rusa nos muestra que quien luchó con la mayor tenacidad y la mayor abnegación fue la vanguardia, fueron los elementos selectos de los obreros asalariados. Cuanto más grandes eran las fábricas, más porfiadas eran las huelgas, mayor era la frecuencia con que se repetían en un mismo año. Cuanto más grande era la ciudad, más importante era el papel del proletariado en la lucha. Las tres grandes ciudades, donde reside la población obrera más numerosa y más consciente –Petersburgo, Riga y Varsovia– dan, con relación al número total de obreros, un porcentaje de huelguistas incomparablemente mayor que todas las demás ciudades, sin hablar ya del campo[15].

15. Este párrafo está tachado en el manuscrito.

Los metalúrgicos son en Rusia –probablemente lo mismo que en otros países capitalistas– el destacamento de vanguardia del proletariado. Y a este respecto observamos el siguiente hecho instructivo: por cada 100 obreros fabriles hubo en 1905 en Rusia 160 huelguistas; mientras que a cada 100 metalúrgicos correspondían ese mismo año ¡320 huelguistas! Se ha calculado que cada obrero fabril ruso perdió en 1905, a consecuencia de las huelgas, un promedio de 10 rublos –unos 26 francos según la cotización de anteguerra–, dinero que, por así decirlo, entregó para la lucha. Pero si tomamos solo a los metalúrgicos, obtendremos una cantidad ¡tres veces mayor! Delante iban los mejores elementos de la clase obrera, arrastrando tras de sí a los vacilantes, despertando a los dormidos y animando a los débiles.

Extraordinario por su peculiaridad fue el entrelazamiento de las huelgas económicas y políticas en el periodo de la revolución. Está fuera de toda duda que solo la ligazón más estrecha entre estas dos formas de huelga fue lo que aseguró la gran fuerza del movimiento. Si las grandes masas de los explotados no hubieran visto ante sí ejemplos diarios de cómo los obreros asalariados de las diferentes ramas de la industria obligaban a los capitalistas a mejorar de un modo directo e inmediato su situación, no habría sido posible en modo alguno atraerlas al movimiento revolucionario. Gracias a esta lucha, un nuevo espíritu alentó al pueblo ruso en su conjunto. Y fue solo entonces cuando la Rusia feudal, sumida en un sueño letárgico, la Rusia patriarcal, devota y sumisa, se despidió del Adán bíblico; solo entonces tuvo el pueblo ruso una educación verdaderamente democrática, verdaderamente revolucionaria.

Cuando los señores burgueses y los socialistas reformistas, que les hacen coro sin sentido crítico, hablan con tanta petulancia de la «educación» de las masas, de ordinario entiende por educación algo escolar y pedantesco, algo que desmoraliza a las masas y les inocula los prejuicios burgueses.

La verdadera educación de las masas no puede ir nunca separada de la lucha política independiente y, sobre todo, de la lucha revolucionaria de las propias masas. Solo la lucha educa a la clase explotada, solo la lucha le descubre la magnitud de su fuerza, amplía sus horizontes, eleva su capacidad, aclara su inteligencia y forja su voluntad. Por eso, incluso los reaccionarios han tenido que reconocer que el año 1905, año de lucha, «año de locura», enterró para siempre la Rusia patriarcal.

Examinemos más de cerca la proporción de obreros metalúrgicos y textiles durante las luchas huelguísticas de 1905 en Rusia. Los metalúrgicos son los proletarios mejor retribuidos, los más conscientes y más cultos. Los obreros textiles, cuyo número, en la Rusia de 1905, sobrepasaba en más de un 150 % el de los metalúrgicos, representan a las masas más atrasadas y peor retribuidas, a unas masas que con frecuencia no han roto aún definitivamente sus vínculos familiares con el campo. Y a este respecto nos encontramos con la siguiente importantísima circunstancia.

Las huelgas sostenidas por los metalúrgicos durante todo el año 1905 nos dan un mayor número de acciones políticas que económicas, aunque ese predominio dista mucho de ser tan grande a principios como a finales de año. Al contrario, entre los obreros textiles observamos a comienzos de 1905 un formidable predominio de las huelgas económicas, que tan solo a fines de año es sustituido por el predominio de las huelgas políticas. De ahí se deduce con toda claridad que solo la lucha económica, que solo la lucha por un mejoramiento directo e inmediato de su situación es capaz de poner en movimiento a las capas más atrasadas de las masas explotadas, de educarlas verdaderamente y de convertirlas –en una época de revolución–, en el curso de pocos meses, en un ejército de luchadores políticos.

Cierto, para eso era necesario que el destacamento de vanguardia de los obreros no entendiera por lucha de clases la lucha por los intereses de una pequeña capa superior, como con harta frecuencia han tratado de hacer creer a los obreros los reformistas, sino que los proletarios actuaran realmente como vanguardia de la mayoría de los explotados, incorporaran esa mayoría a la lucha, como ocurrió en Rusia en 1905 y como deberá suceder y sucederá sin duda alguna en la futura revolución proletaria en Europa[16].

El comienzo de 1905 trajo la primera gran ola del movimiento huelguístico que se extendió por todo el país. En la primavera de ese mismo año observamos ya el despertar del primer gran *movimiento campesino*, no solo económico, sino también político, habido en Rusia. Para comprender la importancia de ese hecho, que representa un viraje en la historia, hay que recordar que los campesinos no se emanciparon en Rusia de la más penosa dependencia feudal hasta 1861, que los campesinos son en su mayoría analfabetos, que viven en una miseria indescriptible, abrumados por los terratenientes, embrutecidos por los curas y aislados unos de otros por enormes distancias y por la falta casi absoluta de caminos.

Rusia vio por primera vez un movimiento revolucionario contra el zarismo en 1825, pero ese movimiento fue casi exclusivamente cosa de la nobleza[17]. Desde enton-

16. Los cuatro párrafos anteriores están tachados en el manuscrito.

17. Se trata de la insurrección de una parte de las tropas de la guarnición de San Petersburgo el 4 de diciembre de 1825 encabezada por oficiales revoluciona-

ces y hasta 1881, año en que Alejandro II es muerto por los terroristas, se encontraron al frente del movimiento intelectuales salidos de las capas medias, quienes dieron pruebas del más grande espíritu de sacrificio, suscitando con su heroico método terrorista de lucha el asombro del mundo entero. Es indudable que estas víctimas no cayeron en vano, es indudable que contribuyeron –directa o indirectamente– a la educación revolucionaria del pueblo ruso en años posteriores. Sin embargo, no alcanzaron ni podían alcanzar su objetivo inmediato: despertar la revolución popular.

Esto lo consiguió solo la lucha revolucionaria del proletariado. Solo la oleada de huelgas de masas, extendida por todo el país a consecuencia de las duras lecciones de la guerra imperialista ruso-japonesa, despertó a las grandes masas campesinas de su sueño letárgico. La palabra «huelguista» adquirió para los campesinos un sentido completamente nuevo, viniendo a ser algo así como rebelde o revolucionario, conceptos que antes se expresaban con la palabra «estudiante». Pero como el «estudiante» pertenecía a las capas medias, a la «gente de letras», a los «señores», era extraño al pueblo. El «huelguista», por el contrario, había salido del pueblo, él mismo figuraba entre los explotados. Cuando lo desterraban de Petersburgo, muy a menudo retomaba al campo y hablaba a sus compañeros de la aldea del incendio que envolvía a las ciudades y que debía eliminar a los capitalistas y a los nobles. En la aldea rusa apareció un tipo nuevo: el joven campesino consciente.

---

rios de la nobleza. En la mañana del 14 de diciembre, el día del juramento al nuevo emperador Nicolás I, estos oficiales sacaron a la plaza del Senado las unidades que les eran leales y que se negaron a prestar juramento, pero no se atrevieron a pasar a la ofensiva. Hacia la tarde del mismo día la insurrección fue aplastada. La sublevación del regimiento de Chernígov el 29 de diciembre de 1825 fue aplastada el 3 de enero de 1826. El Gobierno zarista se ensañó con los amotinados.

Este mantenía relaciones con los «huelguistas», leía periódicos, refería a los campesinos los acontecimientos que se producían en las ciudades, explicaba a sus compañeros del lugar la significación de las reivindicaciones políticas y los llamaba a la lucha contra los grandes terratenientes-nobles, contra los curas y los funcionarios.

Los campesinos se reunían en grupos, hablaban de su situación y poco a poco se iban incorporando a la lucha: lanzábanse en masa contra los grandes terratenientes, prendían fuego a sus palacios y fincas o se incautaban de sus reservas, se apropiaban del trigo y de otros víveres, mataban a los policías y exigían que se entregara al pueblo la tierra de las inmensas posesiones de la nobleza.

En la primavera de 1905 el movimiento campesino estaba aún en germen y abarcaba solo una pequeña parte de los distritos, la séptima parte aproximadamente.

Pero la unión de la huelga proletaria de masas en las ciudades con el movimiento campesino en las aldeas fue suficiente para tambalear el último y más «firme» sostén del zarismo. Me refiero al *ejército.*

Comienza un periodo de *insurrecciones militares* en la marina y en el ejército. Cada ascenso en la oleada del movimiento huelguístico y campesino durante la revolución va acompañado de insurrecciones de soldados en toda Rusia. La más conocida de ellas es la insurrección del acorazado *Príncipe Potemkin,* de la Flota del Mar Negro. Este buque, que cayó en manos de los sublevados, tomó parte en la revolución en Odesa, y después de la derrota de la revolución y tras algunas tentativas infructuosas de apoderarse de otros puertos (por ejemplo, de Feodosia, en Crimea), se entregó a las autoridades rumanas en Constantza.

A fin de proporcionarles un cuadro concreto de los acontecimientos en su punto culminante, me permitirán que les lea un pequeño episodio de esa insurrección de la Flota del Mar Negro:

> Se celebraban reuniones de obreros y marinos revolucionarios, que eran cada vez más frecuentes. Como a los militares les estaba prohibido asistir a los mítines obreros, masas de obreros comenzaron a frecuentar los mítines militares. Se reunían miles de personas. La idea de actuar conjuntamente tuvo un vivo eco. En las compañías más conscientes se eligieron delegados.
>
> El mando militar decidió entonces tomar medidas. Los intentos de algunos oficiales de pronunciar en los mítines discursos «patrióticos» daban los resultados más deplorables: los marinos, acostumbrados a la controversia, ponían en vergonzosa fuga a sus jefes. En vista de tales fracasos, se decidió prohibir toda clase de mítines. El 24 de noviembre de 1905, por la mañana, junto a las puertas de los cuarteles de la marina montó guardia una compañía con dotación de campaña. El contralmirante Pisarevski ordenó en voz alta: «¡Que nadie salga de los cuarteles! En caso de desobediencia, abrid fuego». De la compañía que acababa de recibir esta orden se destacó el marinero Petrov, cargó su fusil a los ojos de todos y mató de un disparo al capitán ayudante Shtein, del regimiento de Bialystok, hiriendo del segundo disparo al contralmirante Pisarevski. Se oyó la voz de mando de un oficial: «¡Arrestadlo!». Nadie se movió del sitio. Petrov arrojó su fusil al suelo. «¿No oísteis la orden? ¡Detenedme!». Fue arrestado. Los marineros, que afluían de todas partes, exigieron en forma ruidosa que fuera puesto en libertad, declarando que respondían por él. La efervescencia llegó a su apogeo.
>
> –Petrov, ¿no es cierto que el disparo se ha producido casualmente? –preguntó el oficial, buscando salida a la situación.
>
> –¿Por qué casualmente? He salido de filas, he cargado el fusil y he apuntado, ¿qué tiene eso de casual?
>
> –Los marineros exigen tu libertad...
>
> Y Petrov fue puesto en libertad. Pero los marineros no se dieron por satisfechos: arrestaron a todos los oficiales de guardia, los desarmaron y los condujeron a las oficinas... Los delegados de los marineros –unos cuarenta– deliberaron durante

> toda la noche, decidiendo poner en libertad a los oficiales, prohibiéndoles en adelante la entrada en los cuarteles...

Esta pequeña escena muestra muy a lo vivo cómo transcurrieron en su mayoría las insurrecciones militares. La efervescencia revolucionaria reinante en el pueblo no podía dejar de extenderse al ejército. Es característico que los jefes del movimiento surgieran de los *elementos* de la marina y del ejército que antes habían sido principalmente obreros industriales y para los cuales se exigía una mayor preparación técnica, como, digamos, los zapadores. Pero las grandes masas eran todavía demasiado ingenuas, tenían un espíritu demasiado pacífico, demasiado benévolo, demasiado cristiano. Se inflamaban con bastante facilidad; cualquier injusticia, el trato demasiado grosero de los oficiales, la mala comida y otras cosas por el estilo podían provocar su indignación. Pero faltaba firmeza, faltaba una conciencia clara de su misión: no alcanzaban a comprender suficientemente que la única garantía del triunfo de la revolución solo es la más enérgica continuación de la lucha armada, la victoria sabre todas las autoridades militares y civiles, el derrocamiento del Gobierno y la conquista del poder en todo el país.

Las grandes masas de marinos y soldados se rebelaban con facilidad. Pero con esa misma facilidad incurrían en la ingenua estupidez de poner en libertad a los oficiales presos, se dejaban apaciguar por las promesas y exhortaciones de sus mandos; esto daba a los mandos un tiempo precioso, les permitía recibir refuerzos y derrotar a los insurrectos, entregándose después a la más cruel represión y ejecutando a los jefes.

Ofrece particular interés comparar las insurrecciones militares de 1905 en Rusia con la insurrección militar de los decembristas en 1825, cuando la dirección del movimiento político se encontraba casi exclusivamente en manos de oficiales, de oficiales nobles, que se habían contagiado de las ideas democráticas de Europa al entrar en contacto con ellas durante las guerras napoleónicas. La tropa, formada entonces aún por campesinos siervos, permanecía pasiva.

La historia de 1905 nos ofrece un cuadro diametralmente opuesto. Los oficiales, salvo raras excepciones, estaban influenciados por un espíritu liberal burgués, reformista, o eran abiertamente contrarrevolucionarios. Los obreros y campesinos vestidos de uniforme militar fueron el alma de las insurrecciones; el movimiento se hizo popular. Por primera vez en la historia de Rusia abarcó a la mayoría de los explotados. Lo que a este movimiento le faltó fue, de una parte, firmeza y resolución en las masas, que adolecían de un exceso de confianza; de otra parte, faltó la organización de los obreros revolucionarios socialdemócratas que se hallaban bajo las armas: no supieron tomar la dirección en sus manos, ponerse a la cabeza del ejército revolucionario y pasar a la ofensiva contra el poder gubernamental.

Señalaremos de pasada que esos dos defectos serán eliminados –infaliblemente, aunque tal vez más despacio de lo que nosotros desearíamos– no solo por el desarrollo general del capitalismo, sino también por la guerra actual[18]...

En todo caso, la historia de la Revolución rusa, lo mismo que la historia de la Comuna de París de 1871, nos ofrece la enseñanza irrefutable de que el militarismo jamás ni en caso alguno puede ser derrotado y eliminado por otro método que no sea la lucha victoriosa de una parte del ejército popular contra otra parte. No basta con fulminar, maldecir y «negar» el militarismo, criticarlo y demostrar su nocividad; es estúpido negarse pacíficamen-

18. Los tres párrafos anteriores están tachados en el manuscrito.

te a prestar el servicio militar. La tarea consiste en mantener en tensión la conciencia revolucionaria del proletariado, y preparar no solo en general, sino concretamente a sus mejores elementos para que, llegado un momento de profundísima efervescencia del pueblo, se pongan al frente del ejército revolucionario.

Así nos lo enseña también la experiencia diaria de cualquier Estado capitalista. Cada una de sus «pequeñas» crisis nos muestra en miniatura elementos y gérmenes de los combates que habrán de repetirse ineluctablemente a gran escala en un periodo de gran crisis. ¿Y qué es, por ejemplo, cualquier huelga sino una pequeña crisis de la sociedad capitalista? ¿No tenía, acaso, razón el ministro prusiano del Interior, señor van Puttkamer, al pronunciar la conocida sentencia de que «en cada huelga se oculta la hidra de la revolución»? ¿Es que la utilización de los soldados durante las huelgas, incluso en los países capitalistas más pacíficos, más «democráticos» –con perdón sea dicho–, no nos indica cómo van a ser las cosas cuando se produzcan crisis verdaderamente *grandes*?

Pero volvamos a la historia de la Revolución rusa.

He tratado de mostrarles cómo las huelgas obreras sacudieron el país entero y a las capas explotadas más grandes y más atrasadas, cómo se inició el movimiento campesino y cómo fue acompañado de insurrecciones militares.

El movimiento alcanzó su apogeo en el otoño de 1905. El 19 (6) de agosto apareció el manifiesto del zar sobre la institución de una asamblea representativa. ¡La llamada Duma de Buliguin debía ser fruto de una ley que concedía derecho electoral a un número irrisorio de personas y no reservaba a este original «parlamento» atribución legislativa alguna, reconociéndole únicamente funciones *consultivas*!

La burguesía, los liberales y los oportunistas estaban dispuestos a aferrarse con ambas manos a esta «dádiva» del asustado zar. Nuestros reformistas de 1905 eran incapaces de comprender –al igual que todos los reformistas– que hay situaciones históricas en las cuales las reformas, y en particular las promesas de reformas, persiguen *exclusivamente* un fin: contener la efervescencia del pueblo, obligar a la clase revolucionaria a terminar o por lo menos a debilitar la lucha.

La socialdemocracia revolucionaria de Rusia comprendió muy bien el verdadero carácter de esta concesión, de esta dádiva de una Constitución fantasma hecha en agosto de 1905. Por eso, sin perder un instante, lanzó las consignas de ¡Abajo la Duma consultiva! ¡Boicot a la Duma! ¡Abajo el Gobierno zarista! ¡Continuación de la lucha revolucionaria para derrocar al Gobierno! ¡No es el zar, sino un gobierno provisional revolucionario quien debe convocar la primera institución representativa auténticamente popular de Rusia!

La historia demostró la razón que asistía a los socialdemócratas revolucionarios, pues la Duma de Buliguin nunca llegó a reunirse. Fue barrida por el vendaval revolucionario antes de reunirse. Ese vendaval obligó al zar a decretar una nueva ley electoral, que ampliaba considerablemente el censo, y a reconocer el carácter legislativo de la Duma[19].

Octubre y diciembre de 1905 son los meses que marcan el punto culminante en el ascenso de la Revolución rusa. Todos los manantiales de la energía revolucionaria del pueblo se abrieron mucho más ampliamente que antes. El número de huelguistas, que, como ya he dicho, había alcanzado en enero de 1905 la cifra de 440.000, en

19. Los cuatro párrafos anteriores están tachados en el manuscrito.

octubre de 1905 pasó del medio millón (¡fíjense, solo en un mes!). Pero a ese número, que comprende únicamente a los obreros fabriles, hay que agregar aún varios cientos de miles de obreros ferroviarios, empleados de Correos y Telégrafos, etc.

La huelga general de ferroviarios interrumpió en toda Rusia el tráfico y paralizó del modo más rotundo las fuerzas del Gobierno. Abriéronse las puertas de las universidades, y las aulas –destinadas exclusivamente en tiempos pacíficos a embrutecer a los jóvenes cerebros con la sabiduría académica de doctos catedráticos y a convertirlos en mansos criados de la burguesía y del zarismo– se transformaron en lugar de reunión de miles y miles de obreros, artesanos y empleados, que discutían abierta y libremente los problemas políticos.

Se conquistó la libertad de prensa. La censura fue simplemente eliminada. Ningún editor se atrevía a presentar a las autoridades el ejemplar obligatorio, ni las autoridades se atrevían a adoptar medida alguna contra ello. Por primera vez en la historia de Rusia aparecieron libremente en Petersburgo y en otras ciudades periódicos revolucionarios. Solo en Petersburgo se publicaban tres diarios socialdemócratas con una tirada de 50.000 a 100.000 ejemplares.

El proletariado marchaba a la cabeza del movimiento. Su objetivo era conquistar la jornada de ocho horas por vía revolucionaria. La consigna de lucha del proletariado de Petersburgo era: «*¡Jornada de ocho horas y armas!*». Para una masa cada vez mayor de obreros se hizo evidente que la suerte de la revolución podía decidirse, y que en efecto se decidiría, solo por la lucha armada.

En el fragor de la lucha se formó una organización de masas original: los célebres Sóviets de Diputados Obreros, asambleas de delegados de todas las fábricas. Estos

Sóviets de Diputados Obreros comenzaron a desempeñar, cada vez más, en algunas ciudades de Rusia, el papel de gobierno provisional revolucionario, el papel de órganos y de dirigentes de las insurrecciones. Se hicieron tentativas de organizar Sóviets de Diputados Soldados y Marineros y de unificarlos con los Sóviets de Diputados Obreros.

Ciertas ciudades de Rusia vivieron en aquellos días un periodo de pequeñas «repúblicas» locales, donde las autoridades habían sido destituidas y el Sóviet de Diputados Obreros desempeñaba realmente la función de nuevo poder público. Esos periodos fueron, por desgracia, demasiado breves, las «victorias» fueron demasiado débiles, demasiado aisladas.

El movimiento campesino alcanzó en el otoño de 1905 proporciones aún mayores. Los llamados «desórdenes campesinos» y las verdaderas insurrecciones campesinas afectaron entonces a *más de un tercio* de todos los distritos del país. Los campesinos prendieron fuego a unas 2.000 fincas de terratenientes y se repartieron los medios de subsistencia robados al pueblo por los rapaces nobles.

Por desgracia, ¡esta labor se hizo demasiado poco a fondo! Desgraciadamente, los campesinos solo destruyeron entonces la *quinzava parte* del número total de fincas de los nobles, solo la quinzava parte de lo que *hubieran debido* destruir para barrer del suelo ruso, de una vez para siempre, esa vergüenza del latifundio feudal. Por desgracia, los campesinos actuaron demasiado dispersos, demasiado desorganizadamente y con insuficiente brío en la ofensiva, siendo esta una de las causas fundamentales de la derrota de la revolución.

Entre los pueblos oprimidos de Rusia estalló un movimiento de liberación nacional. *Más de la mitad, casi las tres quintas partes* (exactamente: el 57 %) de la población de Rusia sufre opresión nacional, no goza siquiera de libertad para expresarse en su lengua materna y es rusificada a la fuerza. Los musulmanes, por ejemplo, que en Rusia son decenas de millones, organizaron entonces, con una rapidez asombrosa –se vivía en general una época de crecimiento gigantesco de las diferentes organizaciones–, una liga musulmana.

Para dar a los aquí reunidos, y en particular a los jóvenes, una muestra de cómo, bajo la influencia del movimiento obrero, crecía el movimiento de liberación nacional en la Rusia de aquel entonces, citaré un pequeño ejemplo.

En diciembre de 1905, los muchachos polacos quemaron en centenares de escuelas todos los libros y cuadros rusos y los retratos del zar, apalearon y expulsaron de las escuelas a los maestros rusos y a sus condiscípulos rusos al grito de «¡Fuera de aquí, a Rusia!». Los alumnos polacos de los centros de segunda enseñanza presentaron, entre otras, las siguientes reivindicaciones: «1) todas las escuelas de enseñanza secundaria deben pasar a depender del Sóviet de Diputados Obreros; 2) celebración de reuniones conjuntas de estudiantes y obreros en los edificios escolares; 3) autorización para llevar en los liceos blusas rojas en señal de adhesión a la futura república proletaria», etc.

Cuanto más ascendía la oleada del movimiento, tanto mayores eran la energía y el ánimo con que se armaban las fuerzas reaccionarias para luchar contra la revolución. La Revolución rusa de 1905 justificó las palabras escritas por Kautsky en 1902 (cuando, por cierto, todavía era marxista revolucionario, y no como ahora, defensor de los socialpatriotas y oportunistas) en su libro *La revolución social.* He aquí lo que decía Kautsky:

«... La futura revolución... se parecerá menos a una insurrección por sorpresa contra el gobierno que a una guerra civil prolongada».

¡Así sucedió! ¡Indudablemente, así sucederá también en la futura revolución europea!

El zarismo descargó su odio sobre todo contra los hebreos. De una parte, estos daban un porcentaje especialmente elevado de dirigentes del movimiento revolucionario (considerando el total de la población hebrea). Hoy, por cierto, los hebreos tienen también el mérito de dar un porcentaje relativamente elevado, en comparación con otros pueblos, de componentes de la corriente internacionalista. De otro lado, el zarismo supo aprovechar muy bien los abominables prejuicios de las capas más ignorantes de la población contra los hebreos. Así se produjeron los *pogromos* apoyados en la mayoría de los casos por la policía cuando no dirigidos por ella de manera inmediata, esos monstruosos apaleamientos de hebreos pacíficos, de sus esposas y sus hijos –en 100 ciudades se registraron durante ese periodo más de 4.000 muertos y más de 10.000 mutilados–, que han provocado la repulsa de todo el mundo civilizado. Me refiero, naturalmente, a la repulsa de los verdaderos elementos democráticos del mundo civilizado, que son *exclusivamente* los obreros socialistas, los proletarios.

La burguesía, incluso la burguesía de los países más libres, incluso de las repúblicas de Europa Occidental, sabe combinar magníficamente sus frases hipócritas acerca de las «ferocidades rusas» con los negocios más desvergonzados, especialmente con el apoyo financiero al zarismo y con la explotación imperialista de Rusia mediante la exportación de capitales, etc.

La revolución de 1905 alcanzó su punto culminante con la insurrección de diciembre en Moscú. Un pequeño número de insurrectos, obreros organizados y armados –no serían más de *ocho mil*–, ofrecieron resistencia durante nueve días al Gobierno zarista, que no solo llegó a perder la confianza en la guarnición de Moscú, sino que se vio obligado a mantenerla rigurosamente acuartelada; únicamente la llegada del regimiento Semiónovski de Petersburgo permitió al Gobierno sofocar la insurrección.

A la burguesía le gusta escarnecer y motejar de artificiosa la insurrección de Moscú. Por ejemplo, el señor catedrático Max Weber, representante de la llamada literatura «científica» alemana, en su voluminosa obra sobre el desarrollo político de Rusia, la tildó de «putsch». «El grupo leninista –escribe este "archierudito" señor catedrático– y una parte de los socialistas revolucionarios hacía ya tiempo que venían preparando esta *descabellada* insurrección».

Para apreciar lo que vale esta sabiduría académica de la cobarde burguesía, basta con refrescar en la memoria las cifras escuetas de la estadística de huelgas. Las huelgas puramente políticas de enero de 1905 en Rusia abarcaron solo a 123.000 hombres; en octubre fueron 330.000; el número de participantes en huelgas puramente políticas *llegó al máximo en diciembre*, alcanzando la cifra de *370.000* ¡en el curso de un solo mes! Recordemos el incremento de la revolución, las insurrecciones de campesinos y soldados, y al instante nos convenceremos de que el juicio de la «ciencia» burguesa sobre la insurrección de diciembre, además de ser un absurdo, constituye un subterfugio verbalista de los representantes de la cobarde burguesía, que ve en el proletariado a su más peligroso enemigo de clase.

En realidad, todo el desarrollo de la Revolución rusa impulsaba de modo inevitable a la lucha armada decisiva entre el Gobierno zarista y la vanguardia del proletariado con conciencia de clase.

En las consideraciones antes expuestas, he indicado ya en qué consistió la debilidad de la Revolución rusa, debilidad que condujo a su derrota temporal.

Al ser aplastada la insurrección de diciembre se inicia la línea descendiente de la revolución. En este periodo hay también aspectos extraordinariamente interesantes; basta recordar el doble intento de los elementos más combativos de la clase obrera para poner fin al repliegue de la revolución y preparar una nueva ofensiva.

Pero he agotado casi el tiempo de que dispongo, y no quiero abusar de la paciencia de mis oyentes. Creo haber esbozado ya, en la medida en que es posible hacerlo tratándose de un breve informe y de un tema tan amplio, lo más importante para comprender la Revolución rusa: su carácter de clase, sus fuerzas motrices y sus medios de lucha[20].

Me limitaré a unas breves observaciones más en cuanto a la significación mundial de la Revolución rusa.

Desde el punto de vista geográfico, económico e histórico, Rusia no pertenece solo a Europa, sino también a Asia. Por eso vemos que la Revolución rusa no se ha limitado a despertar definitivamente de su sueño al país más grande y más atrasado de Europa y a forjar un pueblo revolucionario dirigido por un proletariado revolucionario.

Ha conseguido más. La Revolución rusa ha puesto en movimiento a toda Asia. Las revoluciones de Turquía, Persia y China demuestran que la potente insurrección de 1905 ha dejado huellas profundas y que su influencia, puesta de manifiesto en el movimiento progresivo de *cientos y cientos* de millones de personas, es inextirpable.

La Revolución rusa ha ejercido también una influencia indirecta en los países de Occidente. No debemos olvidar que la noticia del Manifiesto constitucional del zar, en cuanto llegó a Viena el 30 de octubre de 1905, contribuyó

---

20. En el manuscrito está tachado el texto desde las palabras «Creo haber...» hasta el final del párrafo.

decisivamente a la victoria definitiva del sufragio universal en Austria.

Durante una de las sesiones del Congreso de la socialdemocracia austríaca, cuando el camarada Ellenbogen –que entonces no era aún socialpatriota, que entonces era un camarada– hacía su informe sobre la huelga política, fue colocado ante él el telegrama. Los debates se suspendieron inmediatamente. ¡Nuestro puesto está en la calle! fue el grito que resonó en toda la sala en que se hallaban reunidos los delegados de la socialdemocracia austríaca. En los días inmediatos se vieron imponentes manifestaciones en las calles de Viena y barricadas en las de Praga. El triunfo del sufragio universal en Austria estaba asegurado.

Muy a menudo se encuentran europeos occidentales que hablan de la Revolución rusa como si los acontecimientos, relaciones y medios de lucha en este país atrasado tuvieran muy poco de común con las relaciones de sus propios países, por lo que difícilmente puedan tener la menor importancia práctica.

Nada más erróneo que semejante opinión.

Es indudable que las formas y los motivos de los futuros combates de la futura revolución europea se distinguirán en muchos aspectos de las formas de la Revolución rusa.

Mas, a pesar de ello, la Revolución rusa, gracias precisamente a su carácter proletario, en la acepción especial de esta palabra a que ya me he referido, sigue siendo el *prólogo* de la futura revolución europea. Es indudable que esta solo puede ser una revolución proletaria, y en un sentido todavía más profundo de la palabra: proletaria y socialista también por su contenido. Esa revolución futura mostrará en mayor medida aún, por una parte, que solo los duros combates, precisamente las guerras civiles, pueden emancipar al género humano del yugo del capital; y, por otra, que solo los proletarios con conciencia de clase pueden actuar y actuarán como jefes de la inmensa mayoría de los explotados.

No nos debe engañar el silencio sepulcral que ahora reina en Europa. Europa lleva en sus entrañas la revolución. Las monstruosidades de la guerra imperialista y los tormentos de la carestía hacen germinar en todas partes el espíritu revolucionario, y las clases dominantes, la burguesía, y sus servidores, los gobiernos, se adentran cada día más en un callejón sin salida del que no podrán escapar en modo alguno sino a costa de las más grandes conmociones.

Lo mismo que en la Rusia de 1905 comenzó bajo la dirección del proletariado la insurrección popular contra el Gobierno zarista y por la conquista de la república democrática, los años próximos traerán a Europa, precisamente como consecuencia de esta guerra de pillaje, insurrecciones populares dirigidas por el proletariado contra el poder del capital financiero, contra los grandes bancos, contra los capitalistas. Y estas conmociones no podrán terminar más que con la expropiación de la burguesía, con el triunfo del socialismo.

Nosotros, los viejos, quizá no lleguemos a ver las batallas decisivas de esa revolución futura. No obstante, yo creo que puedo expresar con plena seguridad la esperanza de que los jóvenes, que tan magníficamente actúan en el movimiento socialista de Suiza y de todo el mundo, no solo tendrán la dicha de luchar, sino también la de triunfar en la futura revolución proletaria.

Escrito en alemán antes del 9 (22) de enero de 1917.
Publicado por primera vez el 22 de enero de 1925, en el núm. 18 del periódico *Pravda*.
Firmado: V. I. Lenin.

EL PROGRAMA MILITAR DE LA REVOLUCIÓN PROLETARIA

El estallido de la Primera Guerra Mundial tensó hasta el límite los conflictos entre las organizaciones obreras europeas. En los viejos debates contra las corrientes revisionistas, economicistas y reformistas, ahora se sumaban las críticas por parte de los sectores más revolucionarios a aquellos sectores socialistas que ante la guerra habían decidido apoyar el belicismo de sus burguesías, a la vez que negaban el levantamiento en armas de la clase obrera contra estas.

Es en este periodo que Lenin estudia a fondo el fenómeno del imperialismo, y reafirma su creencia en la insurrección obrera como hito revolucionario.

El presente artículo, también denominado «Sobre el desarme», escrito en septiembre de 1916, y destinado al diario de los socialdemócratas de izquierdas suizos, suecos y noruegos, critica duramente a aquellos sectores que en nombre del antimilitarismo plantean desarmar a la clase obrera. Lenin defiende el derecho y la necesidad de la guerra revolucionaria, pues la lectura que hace de las guerras en el marco de la fase imperialista del capitalismo es que son inevitables.

EN HOLANDA, ESCANDINAVIA Y SUIZA, entre los socialdemócratas revolucionarios que luchan contra esa mentira socialchovinista de la «defensa de la patria» en la actual guerra imperialista, suenan voces a favor de la sustitución del antiguo punto del programa mínimo socialdemócrata: «milicia» o «armamento del pueblo», por uno nuevo: «desarme». *Jugend-Internationale*[21] ha abierto una discusión sobre este problema, y en su número tres ha publicado un editorial a favor del desarme. En las últimas tesis de R. Grimm[22] encontramos también, por desgracia, concesiones a la idea del «desarme». Se ha abierto una discusión en las revistas *Neues Leben*[23] y *Vorbote*.

Examinemos la posición de los defensores del desarme.

21. *Jugend-Internationale* (La Internacional de la Juventud): órgano de la Unión Internacional de Organizaciones Socialistas de la Juventud, adherida a la Izquierda de Zimmerwald. Salió de septiembre de 1915 a mayo de 1918 en Zúrich. Su director era W. Münzenberg.

22. Se refiere a las *Tesis sobre el problema militar* redactadas por R. Grimm y publicadas en los núms. 162 y 164 del periódico *Grütlianer*, del 14 y 17 de julio de 1916.

23. *Neues Leben* (Vida Nueva): revista mensual, órgano del Partido Social Demócrata Suizo; fue publicado en Berna de enero de 1915 a diciembre de 1917.

I

Como argumento fundamental se aduce que la reivindicación del desarme es la expresión más franca, decidida y consecuente de la lucha contra todo militarismo y contra toda guerra.

Pero precisamente en este argumento fundamental reside la equivocación fundamental de los partidarios del desarme. Los socialistas, si no dejan de serlo, no pueden estar contra toda guerra.

En primer lugar, los socialistas nunca han sido ni podrán ser enemigos de las guerras revolucionarias. La burguesía de las «grandes» potencias imperialistas es hoy reaccionaria de pies a cabeza, y nosotros reconocemos que la guerra que ahora hace esa burguesía es una guerra reaccionaria, esclavista y criminal. Pero ¿qué podría decirse de una guerra contra esa burguesía, de una guerra, por ejemplo, de los pueblos que esa burguesía oprime y que de ella dependen, o de los pueblos coloniales por su liberación? En el quinto punto de las tesis del grupo La Internacional leemos: «En la época de este imperialismo desenfrenado ya no puede haber guerras nacionales de ninguna clase», afirmación evidentemente errónea.

La historia del siglo XX, el siglo del «imperialismo desenfrenado», está llena de guerras coloniales. Pero lo que nosotros, los europeos, opresores imperialistas de la mayoría de los pueblos del mundo, con el repugnante chovinismo europeo que nos es propio, llamamos «guerras coloniales», son a menudo guerras nacionales o insurrecciones nacionales de esos pueblos oprimidos. Una de las propiedades más esenciales del imperialismo consiste, precisamente, en que acelera el desarrollo del capitalismo en los países más atrasados, ampliando y redoblando así la lucha contra la opresión nacional. Esto es un hecho. Y de él se deduce inevitablemente que, en muchos casos, el imperialismo tiene que engendrar guerras nacionales. *Junius*, que en un folleto suyo defiende las «tesis» arriba mencionadas, dice que en la época imperialista toda guerra nacional contra una de las grandes potencias imperialistas conduce a la intervención de otra gran potencia, también imperialista, que compite con la primera, y que, de este modo, toda guerra nacional se convierte en guerra imperialista. Mas también este argumento es falso. Eso puede suceder, pero no siempre sucede así. Muchas guerras coloniales, entre 1900 y 1914, han seguido otro camino. Y sería sencillamente ridículo decir que, por ejemplo, después de la guerra actual, si termina por un agotamiento extremo de los países beligerantes, «no puede» haber «ninguna» guerra nacional, progresista, revolucionaria, por parte de China, pongamos por caso, en unión de la India, Persia, Siam, etc., contra las grandes potencias.

Negar toda posibilidad de guerras nacionales bajo el imperialismo es teóricamente falso, erróneo a todas luces desde el punto de vista histórico y equivalente en la práctica al chovinismo europeo: ¡nosotros, que pertenecemos a naciones que oprimen a centenares de millones de personas en Europa, en África, en Asia, etc., tenemos que decir a los pueblos oprimidos que su guerra contra «nuestras» naciones es «imposible»!

En segundo lugar, las guerras civiles también son guerras. Quien admita la lucha de clases no puede menos de admitir las guerras civiles, que en toda sociedad clasista representan la continuación, el desarrollo y el recrudecimiento –naturales y en determinadas circunstancias inevitables– de la lucha de clases. Todas las grandes revoluciones lo confirman. Negar las guerras civiles u olvidarlas sería caer en un oportunismo extremo y renunciar a la revolución socialista.

En tercer lugar, el socialismo triunfante en un país no excluye en modo alguno, de golpe, todas las guerras en general. Al contrario, las presupone. El desarrollo del capitalismo sigue un curso extraordinariamente desigual en los diversos países. De otro modo no puede ser bajo el régimen de la producción mercantil. De aquí la conclusión irrefutable de que el socialismo no puede triunfar simultáneamente en todos los países. Empezará triunfando en uno o en varios países, y los demás seguirán siendo, durante algún tiempo, países burgueses o preburgueses. Esto habrá de provocar no solo rozamientos, sino incluso la tendencia directa de la burguesía de los demás países a aplastar al proletariado triunfante del Estado socialista. En tales casos, la guerra sería, de nuestra parte, una guerra legítima y justa. Sería una guerra por el socialismo, por liberar de la burguesía a los otros pueblos. Engels tenía completa razón cuando, en su carta a Kautsky del 12 de septiembre de 1882, reconocía inequívocamente la posibilidad de «guerras defensivas» del socialismo ya triunfante. Se refería precisamente a la defensa del proletariado triunfante contra la burguesía de los demás países.

Solo cuando hayamos derribado, cuando hayamos vencido y expropiado definitivamente a la burguesía en todo el mundo, y no solo en un país, serán imposibles las guerras. Y desde un punto de vista científico, sería completamente erróneo y antirrevolucionario pasar por alto o velar lo que tiene precisamente más importancia: el aplastamiento de la resistencia de la burguesía, que es lo más difícil, lo que más lucha exige durante *la transición* al socialismo. Los popes «sociales» y los oportunistas están siempre dispuestos a soñar con un futuro socialismo pacífico, pero se distinguen de los socialdemócratas revolucionarios precisamente en que no quieren pensar siquiera en la encarnizada lucha de clases y en *las guerras* de clases para alcanzar ese bello porvenir.

No debemos consentir que se nos engañe con palabras. Por ejemplo: a muchos les es odiosa la idea de la «defensa de la patria», porque los oportunistas y los kautskianos manifiestos encubren y velan con ella las mentiras de la burguesía en la actual guerra de rapiña. Esto es un hecho. Pero de él no se deduce que debamos perder la costumbre de meditar en el sentido de las consignas políticas. Aceptar la «defensa de la patria» en la guerra actual equivaldría a considerarla «justa», adecuada a los intereses del proletariado, y nada más, absolutamente nada más, porque la invasión no está descartada en ninguna guerra. Sería sencillamente una necedad negar la «defensa de la patria» por parte de los pueblos oprimidos en su guerra contra las grandes potencias imperialistas o por parte del proletariado victorioso en su guerra contra cualquier Galliffet de un Estado burgués.

Desde el punto de vista teórico, sería totalmente erróneo olvidar que toda guerra no es más que la continuación de la política con otros medios. La actual guerra imperialista es la continuación de la política imperialista de dos grupos de grandes potencias, y esa política es originada y nutrida por el conjunto de las relaciones de la época imperialista. Pero esta misma época ha de originar y nutrir también, inevitablemente, la política de lucha contra la opresión nacional y de lucha del proletariado contra la burguesía, y por ello mismo, la posibilidad y la inevitabilidad, en primer lugar, de las insurrecciones y de las guerras nacionales revolucionarias; en segundo lugar, de las guerras y de las insurrecciones del proletariado *contra* la burguesía; en tercer lugar, de la fusión de los dos tipos de guerras revolucionarias, etc.

II

A lo dicho hay que añadir la siguiente consideración de carácter general.

Una clase oprimida que no aspirase a aprender el manejo de las armas, a tener armas, esa clase oprimida solo merecería que se la tratara como a los esclavos. Nosotros, si no queremos convertirnos en pacifistas burgueses o en oportunistas, no podemos olvidar que vivimos en una sociedad de clases, de la que no hay ni puede haber otra salida que la lucha de clases. En toda sociedad de clases –ya fundada en la esclavitud, en la servidumbre o, como ahora, en el trabajo asalariado–, la clase opresora está armada. No solo el ejército regular moderno, sino también la milicia actual –incluso en las repúblicas burguesas más democráticas, como, por ejemplo, en Suiza– representan el armamento de la burguesía *contra* el proletariado. Esta es una verdad tan elemental que apenas si hay necesidad de detenerse en ella. Bastará recordar el empleo de tropas contra los huelguistas en todos los países capitalistas.

El armamento de la burguesía contra el proletariado es uno de los hechos más considerables, fundamentales e importantes de la actual sociedad capitalista. ¡Y ante semejante hecho se propone a los socialdemócratas revolucionarios que planteen la «exigencia» del «desarme»! Esto equivale a renunciar por completo al punto de vista de la lucha de clases, a renegar de toda idea de revolución. Nuestra consigna debe ser: armar al proletariado para vencer, expropiar y desarmar a la burguesía. Esta es la única táctica posible para la clase revolucionaria, táctica que se desprende de todo *el desarrollo objetivo* del militarismo capitalista y que es prescrita por este desarrollo. Solo *después* de haber desarmado a la burguesía podrá el proletariado, sin traicionar su misión histórica universal, convertir en chatarra toda clase de armas en general, y así lo hará indudablemente el proletariado, pero *solo entonces, de ningún modo antes.*

Si la guerra actual solo despierta en los reaccionarios socialistas cristianos y en los lloricones pequeñoburgueses susto y horror, solo repugnancia hacia todo empleo de las armas, hacia la sangre, la muerte, etc., nosotros, en cambio, debemos decir: la sociedad capitalista ha sido y es siempre un horror sin fin. Y si ahora la guerra actual, la más reaccionaria de todas las guerras, prepara a esa sociedad un fin con horror no tenemos ningún motivo para entregarnos a la desesperación. Y en una época en que, a la vista de todo el mundo, se está preparando por la misma burguesía la única guerra legítima y revolucionaria, a saber: la guerra civil contra la burguesía imperialista, la «exigencia» del desarme, o, mejor dicho, la ilusión del desarme es única y exclusivamente, por su significado objetivo, una prueba de desesperación.

Al que diga que esto es una teoría al margen de la vida, le recordaremos dos hechos de alcance histórico universal: el papel de los trusts y del trabajo de las mujeres en las fábricas, por un lado, y la Comuna de 1871 y la insurrección de diciembre de 1905 en Rusia, por otro.

La burguesía desarrolla los trusts, obliga a los niños y a las mujeres a ir a las fábricas, donde los tortura, los pervierte y los condena a la extrema miseria. Nosotros no «exigimos» semejante desarrollo, no lo «apoyamos», luchamos contra él. Pero *¿cómo* luchamos? Sabemos que los trusts y el trabajo de las mujeres en las fábricas son progresivos. No queremos volver atrás, a los oficios artesanos, al capitalismo premonopolista, al trabajo doméstico de la mujer. ¡Adelante, a través de los trusts, etc., y más allá, hacia el socialismo!

Este razonamiento, con las correspondientes modificaciones, es también aplicable a la actual militarización del pueblo. Hoy, la burguesía imperialista militariza no solo a todo el pueblo, sino también a la juventud. Mañana tal vez empiece a militarizar a las mujeres. Nosotros debemos decir ante esto: ¡Tanto mejor! ¡Adelante, rápidamente! Cuanto más rápidamente tanto más cerca se estará de la insurrección armada contra el capitalismo. ¿Cómo pueden los socialdemócratas dejarse intimidar por la militarización de la juventud, etc., si no olvidan el ejemplo de la Comuna? Eso no es una «teoría al margen de la vida», no es un sueño, sino un hecho. Y sería en verdad malísimo que los socialdemócratas, pese a todos los hechos económicos y políticos, comenzaran a dudar de que la época imperialista y las guerras imperialistas deben conducir inevitablemente a la repetición de tales hechos.

Un observador burgués de la Comuna escribía en mayo de 1871 en un periódico inglés: «¡Si en la nación francesa no hubiera más que mujeres, qué nación más horrible sería!». Mujeres y niños de trece años en adelante lucharon en los días de la Comuna al lado de los hombres. Y no podrá suceder de otro modo en las futuras batallas por el derrocamiento de la burguesía. Las mujeres proletarias no contemplarán pasivamente cómo la burguesía, bien armada, fusila a los obreros, mal armados o inermes. Tomarán las armas, como en 1871, y de las asustadas naciones de ahora, o mejor dicho, del actual movimiento obrero, desorganizado más por los oportunistas que por los gobiernos, surgirá indudablemente, tarde o temprano, pero de un modo absolutamente indudable, la unión internacional de las «horribles naciones» del proletariado revolucionario.

La militarización penetra ahora toda la vida social. El imperialismo es una lucha encarnizada de las grandes potencias por el reparto y la redistribución del mundo, y por ello tiene que conducir inevitablemente a un reforzamiento de la militarización en todos los países, incluso en los neutrales y pequeños. ¿¿Qué harán frente a esto las mujeres proletarias?? ¿Limitarse a maldecir toda guerra y todo lo militar, limitarse a exigir el desarme? Nunca se conformarán con el papel tan vergonzoso las mujeres de una clase oprimida que sea verdaderamente revolucionaria. Les dirán a sus hijos: «Pronto serás grande. Te darán un fusil. Tómalo y aprende bien a manejar las armas. Es una ciencia imprescindible para los proletarios, y no para disparar contra tus hermanos, los obreros de otros países, como sucede en la guerra actual y como te aconsejan que lo hagas los traidores al socialismo, sino para luchar contra la burguesía de tu propio país, para poner fin a la explotación, a la miseria y a las guerras, no con buenos deseos, sino venciendo a la burguesía y desarmándola».

De renunciar a esta propaganda, precisamente a esta propaganda, en relación con la guerra actual, mejor es no decir más palabras solemnes sobre la socialdemocracia revolucionaria internacional, sobre la revolución socialista, sobre la guerra contra la guerra.

III

Los partidarios del desarme se pronuncian contra el punto del programa referente al «armamento del pueblo», entre otras razones porque, según dicen, esta reivindicación conduce más fácilmente a las concesiones al oportunismo. Hemos examinado más arriba lo más importante: la relación entre el desarme, de un lado, y la lucha de clases y la revolución social, de otro. Veamos ahora qué relación guarda la exigencia del desarme con el oportunismo. Una de las razones más importantes de que esta exigencia sea inadmisible consiste precisamente en que ella y las ilusiones a que da origen debilitan y enervan inevitablemente nuestra lucha contra el oportunismo.

No cabe duda de que esta lucha es el principal problema inmediato de la Internacional. Una lucha contra el imperialismo que no esté indisolublemente ligada a la lucha contra el oportunismo es una frase vacía o un engaño. Uno de los principales defectos de Zimmerwald y de Kiental[24], una de las principales causas del posible fracaso de estos gérmenes de la III Internacional, consiste precisamente en que ni siquiera se ha planteado abiertamente el problema de la lucha contra el oportunismo, sin hablar ya de una solución de este problema que señale la necesidad de romper con los oportunistas. El oportunismo ha triunfado, temporalmente, en el seno del movimiento obrero europeo. En los países más importantes han aparecido dos matices fundamentales del oportunismo: primero, el socialimperialismo declarado, cínico, y por ello menos peligroso, de los señores Plejánov, Scheidemann, Legien, Albert Thomas y

---

24. Se refiere a las conferencias socialistas internacionales de Zimmerwald y de Kiental. La Conferencia de Zimmerwald o Primera Conferencia Socialista Internacional tuvo lugar del 5 al 8 de septiembre de 1915 con la asistencia de 38 delegados de los socialistas de 11 países europeos: Alemania, Francia, Italia, Rusia, Polonia, Rumania, Bulgaria, Suecia, Noruega, Holanda y Suiza. Al frente de la delegación del Comité Central del POSDR estuvo Lenin. La Conferencia de Kiental o Segunda Conferencia Socialista Internacional se reunió en el pueblo de Kiental (Suiza) del 24 al 30 de abril de 1916 con la asistencia de 43 delegados de los socialistas de 10 países: Rusia, Alemania, Francia, Italia, Suiza, Polonia, Noruega, Austria, Serbia y Portugal. Además, en calidad de invitados estuvieron un delegado de Inglaterra y uno del Secretariado de la Internacional de la Juventud. Los representantes del Partido Laborista Independiente de Inglaterra, y de los socialistas de los EEUU, Bulgaria, Rumania, Grecia y Suecia no pudieron recibir pasaportes, por cuya razón no asistieron a la conferencia; algunos representantes de la izquierda delegaron sus poderes en otros partidos. Por el Comité Central del POSDR asistieron a tres representantes con Lenin al frente. Los acuerdos de la conferencia fueron valorados por Lenin como un paso adelante en la cohesión de los internacionalistas en la lucha contra la guerra imperialista.

Semoat, Vandervelde, Hyndman, Henderson, etc.; segundo, el oportunismo encubierto, kautskiano: Kautsky-Haase y el Grupo Socialdemócrata del Trabajo, en Alemania; Longuet, Pressemanne, Mayéras, etc., en Francia; Ramsay MacDonald y otros jefes del Partido Laborista Independiente, en Inglaterra; Mártov, Chjeídze, etc., en Rusia; Treves y otros reformistas llamados de izquierda en Italia.

El oportunismo declarado está directa y abiertamente contra la revolución y contra los movimientos y explosiones revolucionarias que se están iniciando, y ha establecido una alianza directa con los gobiernos, por muy diversas que sean las formas de esta alianza, desde la participación en los ministerios hasta la participación en los comités de la industria de guerra (en Rusia). Los oportunistas encubiertos, los kautskianos, son mucho más nocivos y peligrosos para el movimiento obrero, porque la defensa que hacen de la alianza con los primeros la encubren con palabrejas igualmente «marxistas» y consignas pacifistas que suenan plausiblemente. La lucha contra estas dos formas de oportunismo dominante debe ser desarrollada en *todos* los terrenos de la política proletaria: parlamento, sindicatos, huelgas, esfera militar, etc. La particularidad principal que distingue a estas *dos* formas de oportunismo dominante consiste en que el problema concreto de *la relación entre la guerra actual y la revolución y otros problemas concretos de la revolución* se silencian y se encubren, o se tratan con la mirada puesta en las prohibiciones policíacas. Y eso a pesar de que antes de la guerra se había señalado infinidad de veces, tanto en forma extraoficial como con carácter oficial en el Manifiesto de Basilea[25], la relación que guardaba preci-

25. Manifiesto de Basilea: manifiesto acerca de la guerra adoptado en el Congreso Extraordinario Socialista Internacional celebrado en Basilea (Suiza) el 24 y el

samente esa guerra inminente con la revolución proletaria. Mas el defecto principal de la exigencia del desarme consiste precisamente en que se pasan por alto todos los problemas concretos de la revolución. ¿O es que los partidarios del desarme están a favor de un tipo completamente nuevo de revolución sin armas?

Prosigamos. En modo alguno estamos contra la lucha por las reformas. No queremos desconocer la triste posibilidad de que la humanidad –en el peor de los casos– pase todavía por una segunda guerra imperialista, si la revolución no surge de la guerra actual, a pesar de las numerosas explosiones de efervescencia y descontento de las masas y a pesar de nuestros esfuerzos. Nosotros somos partidarios de un programa de reformas que *también* debe ser dirigido contra los oportunistas. Los oportunistas no harían sino alegrarse en el caso de que les dejásemos por entero la lucha por las reformas y nos eleváramos a las nubes de un vago «desarme», para huir de una realidad lamentable. El «desarme» es precisamente la huida frente a una realidad detestable, y en modo alguno la lucha contra ella.

En semejante programa nosotros diríamos aproximadamente: «La consigna y el reconocimiento de la defensa de la patria en la guerra imperialista de 1914-1916 no sirven más que para corromper el movimiento obrero con mentiras burguesas». Esa respuesta concreta a cuestiones concretas sería teóricamente más justa, mucho más útil para el proletariado y más insoportable para los oportunistas que la exigencia del desarme y la renuncia a «toda» defensa de la patria. Y podríamos añadir: «La burguesía de todas las grandes potencias imperialistas, de Inglaterra, Francia, Alemania, Austria, Rusia, Italia, el Japón y Esta-

---

25 de noviembre de 1912. Asistieron al Congreso 555 delegados. El Comité Central del POSDR estuvo representado por seis delegados.

dos Unidos, es hoy hasta tal punto reaccionaria y está tan penetrada de la tendencia a la dominación mundial, que *toda* guerra por parte de la *burguesía* de estos países no puede ser más que reaccionaria. El proletariado no solo debe oponerse a toda guerra de este tipo, sino que debe desear la derrota de "su" gobierno en tales guerras y utilizar esa derrota para una insurrección revolucionaria, si no se logra la insurrección destinada a impedir la guerra».

En lo que se refiere a la milicia, deberíamos decir: no somos partidarios de una milicia burguesa, sino únicamente de una milicia proletaria. Por eso, «ni un céntimo ni un hombre» no solo para el ejército regular, sino tampoco para la milicia burguesa, incluso en países como Estados Unidos o Suiza, Noruega, etc. Además, porque en los países republicanos más libres (por ejemplo, en Suiza) observamos una adaptación cada vez mayor de la milicia al modelo prusiano, sobre todo en 1907 y 1911, y que se la prostituye para poder movilizar las tropas contra los huelguistas. Nosotros podemos exigir que los oficiales sean elegidos por el pueblo, que sea abolida toda justicia militar, que los obreros extranjeros tengan los mismos derechos que los obreros del país (punto de especial importancia para los Estados imperialistas que, como Suiza, explotan cada vez en mayor número y cada vez con mayor descaro a obreros extranjeros, sin otorgarles derechos). Y, además, que cada cien habitantes, por ejemplo, de un país tengan derecho a formar asociaciones libres para aprender el arte militar en todos sus detalles, eligiendo libremente instructores retribuidos por el Estado; etc. Solo en tales condiciones podría el proletariado aprender dicho arte efectivamente para *sí,* y no para sus esclavizadores, y los intereses del proletariado exigen, indiscutiblemente, ese aprendizaje. La Revolución rusa ha demostrado que todo éxito, incluso un éxito parcial, del movimiento revolucionario –por ejemplo, la conquista de una ciudad, un poblado fabril, una parte del ejército– obligará inevitablemente al proletariado vencedor a poner en práctica precisamente ese programa.

Por último, cae de su peso que contra el oportunismo no se puede luchar limitándose a redactar programas, sino tan solo vigilando sin descanso para que esos programas se pongan en práctica de una manera efectiva. El mayor error, el error fatal de la fracasada II Internacional, consistió en que sus palabras no correspondían con sus hechos, en que se cultivaba la costumbre de recurrir a la hipocresía y a una desvergonzada fraseología revolucionaria (véase la actitud de hoy de Kautsky y cía. ante el Manifiesto de Basilea). El desarme como idea social –es decir, como idea engendrada por determinado ambiente social, como idea capaz de actuar sobre determinado medio social, y no como simple extravagancia de un individuo– tiene su origen, evidentemente, en las condiciones particulares de vida, «tranquilas» como excepción, de algunos Estados pequeños, que durante un periodo bastante largo han estado al margen del sangriento camino mundial de las guerras y que confían en que podrán seguir apartados de él. Para convencerse de ello, basta reflexionar, por ejemplo, en los argumentos de los partidarios del desarme en Noruega: «Somos un país pequeño –dicen–, nuestro ejército es pequeño, nada podemos hacer contra las grandes potencias» (y por ello nada pueden hacer tampoco si se les impone por la fuerza una alianza imperialista con uno u otro grupo de grandes potencias)...; «queremos seguir en nuestro apartado rinconcito y proseguir nuestra política pueblerina, exigir el desarme, tribunales de arbitraje obligatorios, una neutralidad permanente, etc.» (¿«permanente», como la de Bélgica?).

La mezquina aspiración de los pequeños Estados a quedarse al margen, el deseo pequeñoburgués de estar lo más lejos posible de las grandes batallas de la historia mundial, de aprovechar su situación relativamente monopolista para seguir en una pasividad rutinaria, tal es el ambiente social *objetivo* que puede asegurar cierto éxito y cierta difusión a la idea del desarme en algunos pequeños Estados. Claro que semejante aspiración es reaccionaria y descansa solo en ilusiones, pues el imperialismo, de uno u otro modo, arrastra a los pequeños Estados a la vorágine de la economía mundial y de la política mundial.

A Suiza, por ejemplo, su situación en medio de Estados imperialistas le prescribe objetivamente *dos* líneas del movimiento obrero: los oportunistas, en alianza con la burguesía, aspiran a hacer de Suiza una federación republicana democrática que monopolice las ganancias procedentes de turistas representantes de la burguesía imperialista y a aprovechar del modo más lucrativo y más tranquilo posible esta «tranquila» situación monopolista.

Los verdaderos socialdemócratas de Suiza aspiran a utilizar la relativa libertad del país y su situación «internacional» para ayudar a la estrecha alianza de los elementos revolucionarios de los partidos obreros europeos a alcanzar la victoria. En Suiza no se habla, gracias a Dios, un idioma «propio», sino tres idiomas universales, los tres, precisamente, que se hablan en los países beligerantes que limitan con ella.

Si los 20.000 miembros del partido suizo contribuyeran semanalmente con dos céntimos como «impuesto extraordinario de guerra», obtendríamos al año 20.000 francos, cantidad más que suficiente para imprimir periódicamente y difundir en tres idiomas, entre los obreros y soldados de los países beligerantes, a pesar de las prohibiciones de los Estados Mayores Generales, todo cuanto diga la verdad sobre la indignación que comienza a cundir entre los obreros, sobre su confraternización en las trincheras, sobre sus esperanzas de utilizar revolucionariamente las armas contra la burguesía imperialista de sus «propios» países, etc.

Nada de esto es nuevo. Precisamente es lo que hacen los mejores periódicos, como *La Sentinelle*[26], *Volksrecht*[27] y *Bemer Tagwacht*, pero, por desgracia, en medida insuficiente. Solo semejante actividad puede hacer de la magnífica resolución del *Parteitag* en Aarau[28] algo más que una mera resolución magnífica.

La cuestión que ahora nos interesa se plantea en la forma siguiente: ¿corresponde la exigencia del desarme a la tendencia revolucionaria entre los socialdemócratas suizos? Es evidente que no. El «desarme» es, objetivamente, el programa más nacional, específicamente nacional, de los pequeños Estados, pero en manera alguna el programa internacional de la socialdemocracia revolucionaria internacional.

Escrito en alemán en septiembre de 1916.
Publicado por primera vez en septiembre y octubre de 1917, en los núms. 9 y 10 del periódico *Jugend-Internationale*.
Firmado: N. Lenin.

En ruso se publicó por primera vez en 1929, en el t. XIX de las ediciones 2 y 3 de las *Obras* de V. I. Lenin.
Se publica según el texto del periódico.

---

26. *La Sentinelle* (El Centinela): periódico, órgano de la organización socialdemócrata del cantón de Neuchatel (Suiza); se publicó en Chaux de Fonds desde 1890. De 1906 a 1910 no se publicó. El 13 de noviembre de 1914, en el núm. 265 del periódico fue publicado en forma reducida el manifiesto del Comité Central del POSDR *La guerra y la socialdemocracia de Rusia*.

27. *Volksrecht* (El Derecho del Pueblo): diario, órgano del Partido Socialdemócrata Suizo; fue publicado en Zúrich desde 1898.

28. Lenin se refiere al Congreso del Partido Socialdemócrata Suizo (en los cantones franceses e italianos se llamaba Partido Socialista suizo) celebrado en Aarau el 20 y el 21 de noviembre de 1915.

LAS TAREAS DEL PROLETARIADO EN LA PRESENTE REVOLUCIÓN

TESIS DE ABRIL

La revolución de febrero de 1917, que supuso el fin del régimen zarista, inauguró una nueva fase de lucha entre aquellas organizaciones y facciones que pretendían consolidar y colaborar con el carácter burgués de la revolución, y aquellas que pretendían traspasar sus límites, y aprovechando la fuerza de los sóviets, desarrollar una revolución socialista.

Estos propios límites del Gobierno Provisional de cariz burgués que se había instaurado, incapaz de resolver la situación de explotación en las fábricas e implementar una reforma agraria en el campo, y sobre todo incapaz de parar la masacre de jóvenes campesinos y obreros convertidos en soldados en el frente de la Primera Guerra Mundial, permitieron a los bolcheviques ir creciendo en influencia, sobre todo entre la clase obrera, en los siguientes meses.

Con el retorno de muchos dirigentes del exilio (Lenin entre ellos), las pugnas internas se intensificaron. Fue cuando Lenin planteó las famosas «tesis de abril», siguiendo sus planteamientos más revolucionarios que posteriormente desarrollaría en la obra *El Estado y la revolución*. Exponía la necesidad de retirar todo apoyo al

Gobierno Provisional y llevar a cabo la toma del poder por parte de los obreros y campesinos pobres a través de la república de los sóviets. Estas tesis no fueron aceptadas desde un inicio por la totalidad de los bolcheviques, y fue en el devenir de las luchas y debates de los siguientes meses que cada vez fueron más asumidas hasta llegar a la decisión de llevar a cabo la insurrección armada de octubre de 1917.

HABIENDO LLEGADO A PETROGRADO únicamente el 3 de abril por la noche, es natural que solo en nombre propio y con las consiguientes reservas, debidas a mi insuficiente preparación, pude pronunciar en la asamblea del 4 de abril un informe acerca de las tareas del proletariado revolucionario.

Lo único que podía hacer para facilitarme la labor –y facilitársela también a los opositores *de buena fe*– era preparar unas tesis *por escrito*. Las leí y entregué el texto al camarada Tsereteli. Las leí muy despacio y *por dos veces:* primero en la reunión de bolcheviques y después en la de bolcheviques y mencheviques.

Publico estas tesis personales mías acompañadas únicamente de brevísimas notas explicativas, que en mi informe fueron desarrolladas con mucha mayor amplitud.

TESIS

1. En nuestra actitud ante la guerra, que por parte de Rusia sigue siendo indiscutiblemente una guerra imperialista, de rapiña, también bajo el nuevo Gobierno de Lvov y cía., en virtud del carácter capitalista de este Gobierno, es intolerable la más pequeña concesión al «defensismo revolucionario».

El proletariado consciente solo puede dar su asentimiento a una guerra revolucionaria, que justifique verdaderamente el defensismo revolucionario, bajo las siguientes condiciones: a) paso del poder a manos del proletariado y de los sectores más pobres del campesinado a él adheridos; b) renuncia de hecho, y no de palabra, a todas las anexiones; c) ruptura completa de hecho con todos los intereses del capital.

Dada la indudable buena fe de grandes sectores de defensistas revolucionarios de filas, que admiten la guerra solo como una necesidad y no para fines de conquista, y dado su engaño por la burguesía, es preciso aclararles su error de un modo singularmente minucioso, paciente y perseverante; explicarles la ligazón indisoluble del capital con la guerra imperialista y demostrarles que sin derrocar el capital *es imposible* poner fin a la guerra con una paz verdaderamente democrática y no con una paz impuesta por la violencia.

Organizar la propaganda más amplia de este punto de vista en el ejército de operaciones.

Confraternización en el frente.

2. La peculiaridad del momento actual en Rusia consiste en *el paso* de la primera etapa de la revolución, que ha dado el poder a la burguesía por carecer el proletariado del grado necesario de conciencia y de organización, a su *segunda* etapa, que debe poner el poder en manos del proletariado y de las capas pobres del campesinado.

Este tránsito se caracteriza, de una parte, por el máximo de legalidad (Rusia es *hoy* el más libre de todos los países beligerantes); de otra parte, por la ausencia de violencia contra las masas y, finalmente, por la confianza inconsciente de estas en el Gobierno de los capitalistas, los peores enemigos de la paz y del socialismo.

Esta peculiaridad exige de nosotros habilidad para adaptarnos a las condiciones *especiales* de la labor de partido entre masas inusitadamente amplias del proletariado, que acaban de despertar a la vida política.

3. Ningún apoyo al Gobierno Provisional; explicar la completa falsedad de todas sus promesas, sobre todo de la renuncia a las anexiones. Desenmascarar a *este* Gobierno, que es un Gobierno de capitalistas, en vez de propugnar la inadmisible e ilusoria «exigencia» de que *deje* de ser imperialista.

4. Reconocer que, en la mayor parte de los sóviets de diputados obreros, nuestro partido está en minoría y, por el momento, en una minoría reducida, frente al *bloque de todos* los elementos pequeñoburgueses y oportunistas –sometidos a la influencia de la burguesía y que llevan dicha influencia al seno del proletariado–, desde los socialistas populares y los socialistas revolucionarios hasta el Comité de Organización (Chjeidze, Tsereteli, etc.), Steklov, etc., etc.

Explicar a las masas que los sóviets de diputados obreros son la *única* forma *posible* de Gobierno revolucionario y que, por ello, mientras este Gobierno se someta a la influencia de la burguesía, nuestra misión solo puede consistir en *explicar* los errores de su táctica de un modo paciente, sistemático, tenaz y adaptado especialmente a las necesidades prácticas de las masas.

Mientras estemos en minoría, desarrollaremos una labor de crítica y esclarecimiento de los errores, propugnando al mismo tiempo la necesidad de que todo el poder del Estado pase a los Sóviets de diputados obreros, a fin de que, sobre la base de la experiencia, las masas corrijan sus errores.

5. No una república parlamentaria –volver a ella desde los sóviets de diputados obreros sería dar un paso atrás–, sino una república de los sóviets de diputados obreros, braceros y campesinos en todo el país, de abajo arriba.

Supresión de la policía, del ejército y de la burocracia[29].

La remuneración de los funcionarios, todos ellos elegibles y *amovibles* en cualquier momento, no deberá exceder del salario medio de un obrero cualificado.

6. En el programa agrario, trasladar el centro de gravedad a los sóviets de diputados braceros.

Confiscación de todas las tierras de los latifundistas.

Nacionalización de *todas* las tierras del país, de las que dispondrán los sóviets locales de diputados braceros y campesinos. Creación de sóviets de diputados de los campesinos pobres. Hacer de cada gran finca (con una extensión de unas 100 a 300 deciatinas, según las condiciones locales y de otro género y a juicio de las instituciones locales) una hacienda modelo bajo el control del sóviet de diputados braceros y sobre bases colectivas.

7. Fusión inmediata de todos los bancos del país en un Banco Nacional único, sometido al control de los sóviets de diputados obreros.

8. No «implantación» del socialismo como nuestra tarea *inmediata,* sino pasar únicamente a la instauración inmediata del *control* de la producción social y de la distribución de los productos por los sóviets de diputados obreros.

29. Es decir, sustitución del ejército regular por el armamento general del pueblo. [Nota del autor]

9. Tareas del partido:

a) celebración inmediata de un congreso del partido;

b) modificación del programa del partido, principalmente:

1) sobre el imperialismo y la guerra imperialista,

2) sobre la posición ante el Estado y *nuestra* reivindicación de un «Estado-Comuna»[30],

3) reforma del programa mínimo, ya anticuado;

c) cambio de denominación del partido[31].

10. Renovación de la Internacional.

Iniciativa de constituir una Internacional revolucionaria, una Internacional contra los socialchovinistas y contra el «centro»[32].

Para que el lector comprenda por qué hube de resaltar de manera especial, como rara excepción, el «caso» de los opositores de buena fe, le invito a comparar estas tesis con la siguiente objeción del señor Goldenberg: Lenin –dice– «ha enarbolado la bandera de la guerra civil en el seno de la democracia revolucionaria». (Citado en el periódico *Edinstuo,* del señor Plejánov, núm. 5).

Una perla, ¿verdad?

Escribo, leo y machaco: «Dada la indudable buena fe de *grandes* sectores de defensistas revolucionarios de

30. Es decir, de un Estado cuyo prototipo dio la Comuna de París. [Nota del autor]

31. En lugar de «socialdemocracia» cuyos líderes oficiales han traicionado al socialismo en el mundo *entero,* pasándose a la burguesía (lo mismo los «defensistas» que los vacilantes «kautskianos»), debemos denominarnos *Partido Comunista.* [Nota del autor]

32. En la socialdemocracia internacional se llama «centro» a la tendencia que pendula entre los chovinistas (=«defensistas») y los internacionalistas, a saber: Kautsky y cía., en Alemania, Longuet y cía., en Francia, Chjeídze y cía., en Rusia, Turati y cía., en Italia, MacDonald y cía., en Inglaterra, etc. [Nota del autor]

filas... dado su engaño por la burguesía, es preciso aclararles su error de un modo *singularmente* minucioso, *paciente* y perseverante...».

Y esos señores de la burguesía, que se llaman socialdemócratas, que no pertenecen ni a los *grandes* sectores ni a los defensistas de *filas,* tienen la osadía de reproducir sin escrúpulos mis opiniones, interpretándolas así: «ha enarbolado (!) la bandera (!) de la guerra civil» (¡ni en las tesis ni en el informe se habla de ella para nada!) «en el seno (!!) de la democracia revolucionaria...».

¿Qué significa eso? ¿En qué se distingue de una incitación al pogromo?, ¿en qué se diferencia de *Rússkaya Volia*[33]?

Escribo, leo y machaco: «Los sóviets de diputados obreros son la *única* forma *posible* de Gobierno revolucionario y, por ello, nuestra misión solo puede consistir en *explicar* los errores de su táctica de un modo paciente, sistemático, tenaz y adaptado especialmente a las necesidades prácticas de las masas...».

Pero cierta clase de opositores exponen mis puntos de vista ¡¡como un llamamiento a la «guerra civil en el seno de la democracia revolucionaria»!!

He atacado al Gobierno Provisional por no señalar un plazo, ni próximo ni remoto, para la convocatoria de la Asamblea Constituyente y limitarse a simples promesas. Y he demostrado que sin los sóviets de diputados obreros y soldados no está garantizada la convocatoria de la Asamblea Constituyente ni es posible su éxito.

¡¡¡Y se me imputa que soy contrario a convocar lo antes posible la Asamblea Constituyente!!!

33. *Rússkaya Volia* (La Libertad Rusa): diario burgués fundado por el ministro zarista del Interior A. D. Protopópov y financiado por los grandes bancos. Se publicó en Petrogrado desde diciembre de 1916. El 25 de octubre (7 de noviembre) de 1917 fue clausurado por el Comité Militar Revolucionario adjunto al Sóviet de Petrogrado.

Calificaría todo eso de expresiones «delirantes» si decenas de años de lucha política no me hubiesen enseñado a considerar una rara excepción la buena fe de los opositores.

En su periódico, el señor Plejánov ha calificado mi discurso de «delirante». ¡Muy bien, señor Plejánov! Pero fíjese cuán torpón, inhábil y poco perspicaz es usted en su polémica. Si me pasé dos horas delirando, ¿por qué aguantaron cientos de oyentes ese «delirio»? ¿Y para qué dedica su periódico toda una columna a reseñar un «delirio»? Mal liga eso, señor, muy mal.

Es mucho más fácil, naturalmente, gritar, insultar y vociferar que intentar exponer, explicar y recordar cómo enjuiciaban Marx y Engels en 1871, 1872 y 1875 las experiencias de la Comuna de París y qué decían acerca del tipo de Estado que necesita el proletariado.

Por lo visto, el ex marxista señor Plejánov no desea recordar el marxismo.

He citado las palabras de Rosa Luxemburgo, que el 4 de agosto de 1914 denominó a la socialdemocracia *alemana* «cadáver maloliente». Y los señores Plejánov, Goldenberg y cía. se sienten «ofendidos»... ¿en nombre de quién? ¡En nombre de los chovinistas *alemanes,* calificados de chovinistas!

Los pobres socialchovinistas rusos, socialistas de palabra y chovinistas de hecho, se han armado un lío.

Escrito el 4 y el 5 (17 y 18) de abril de 1917.
Publicado el 7 de abril de 1917 en el periódico *Pravda,* núm. 26.
Firmado: N. Lenin.

Se publica según el texto del periódico.

A LA POBLACIÓN

Ha triunfado la Revolución de Octubre de 1917 en las dos principales ciudades del país: Petrogrado y Moscú. Los bolcheviques han liderado el derribo del Gobierno Provisional de cariz burgués. Y una vez hechas las proclamas de victoria, se produce el verdadero cambio de ciclo. El paso de instigar, preparar y realizar la insurrección, a la construcción y la defensa del nuevo Estado socialista.

Este escrito es uno de los primeros textos de Lenin después de la victoria de la insurrección, en el cual hace un llamamiento a todos los obreros, soldados y campesinos a defender el poder de los sóviets y a cuidar de los recursos del Estado, pues ahora han pasado a ser recursos de todo el pueblo.

Se inaugura el periodo de Lenin el constructor.

¡CAMARADAS OBREROS, SOLDADOS Y CAMPESINOS, TRABAJADORES TODOS!

La revolución obrera y campesina ha triunfado definitivamente en Petrogrado. Los últimos restos de un pequeño número de cosacos engañados por Kerenski han sido dispersados y capturados. La revolución ha triunfado también en Moscú. Antes de llegar algunos convoyes con fuerzas militares enviados desde Petrogrado, los cadetes y otros kornilovistas firmaron en Moscú las condiciones de paz, el desarme de los cadetes y la disolución del Comité de Salvación[34].

Cada día, cada hora llegan del frente y de las aldeas noticias confirmatorias del apoyo que la abrumadora mayoría de los soldados en las trincheras y los campesinos en los distritos prestan al nuevo Gobierno y sus leyes sobre la propuesta de paz y la entrega inmediata de la tierra a los campesinos. La victoria de la revolución de los

34. El Comité de Salvación o Comité de Seguridad Pública fue creado el 25 de octubre (7 de noviembre) de 1917 como organismo de la Duma Municipal de Moscú para la lucha armada contra los sóviets en dicha ciudad; dirigió la sublevación contrarrevolucionaria de los cadetes que comenzó el 28 de octubre (10 de noviembre). Esta sublevación fue sofocada el 2 (15) de noviembre. El Comité de Seguridad Pública capituló ante el Comité Militar Revolucionario de Moscú.

obreros y los campesinos es un hecho seguro, porque la mayoría del pueblo se ha alzado ya en su favor.

Es bien comprensible que los terratenientes y los capitalistas, los altos funcionarios y empleados estrechamente ligados a la burguesía, en suma, todos los acaudalados y su séquito acojan con hostilidad la nueva revolución, se resistan a su victoria, amenacen con bloquear la actividad bancaria, saboteen o interrumpan el funcionamiento de unas u otras instituciones, lo entorpezcan por todos los medios y lo frenen, directa o indirectamente. Todo obrero consciente comprendía muy bien que tropezaríamos inevitablemente con esa resistencia; toda la prensa del Partido Bolchevique lo había advertido reiteradamente. Ni un instante de temor causará a las clases trabajadoras esa resistencia, ni el menor temblor las amenazas y las huelgas de los partidarios de la burguesía.

Nos apoya la mayoría del pueblo. Nos apoya la mayoría de los trabajadores y oprimidos del mundo entero. La justicia está de nuestro lado. Nuestra victoria está asegurada.

La resistencia de los capitalistas y del alto funcionariado será vencida. No privaremos a nadie de sus bienes al margen de una ley especial del Estado –ley que se está preparando– relativa a la nacionalización de los bancos y los consorcios. Ni un solo trabajador ni operario perderá nada; por el contrario, se le prestará ayuda. Fuera de la contabilización y el control más rigurosos, fuera de la recaudación de los impuestos, sin ocultaciones, ya vigentes, el Gobierno no quiere decretar más medidas.

En nombre de estas justas demandas, la inmensa mayoría del pueblo ha cerrado filas en torno al Gobierno Provisional Obrero y Campesino.

¡Camaradas trabajadores! Recuerden que ahora ustedes mismos administran el Estado. Si ustedes mismos no se unen y no toman en sus manos todos los asuntos del Estado, nadie les ayudará. Sus sóviets son, desde ahora, organismos del poder del Estado, organismos decisorios, dotados de la plenitud del poder.

Únanse estrechamente alrededor de sus sóviets. Fortalézcanlos. Pongan manos a la obra desde abajo, sin esperar a nadie. Instauren el más riguroso orden revolucionario, repriman con mano firme las intentonas anárquicas de borrachos, gamberros, cadetes contrarrevolucionarios, kornilovistas y otros elementos semejantes.

Implanten el más estricto control de la producción y de su contabilización. Detengan y entreguen al veredicto revolucionario del pueblo a cuantos se atrevan a causar perjuicio a las pertenencias del pueblo, tanto si ese perjuicio se concreta en el sabotaje (deterioro, entorpecimiento, quebranto) de la producción como en ocultamiento de existencias de grano y provisiones, en la retención de cargamentos de grano, en la desorganización de las actividades ferroviarias, postales, telegráficas y telefónicas y, en general, en cualquier resistencia a la magna causa de la paz, a la entrega de la tierra a los campesinos, a la instauración del control obrero sobre la producción y sobre la distribución de las provisiones.

¡Camaradas obreros, soldados y campesinos, trabajadores todos! Pongan todo el poder en manos de sus sóviets. Cuiden, protejan como bienes intangibles la tierra, el grano, las fábricas, las herramientas, las provisiones, el transporte, porque todo ello es desde ahora íntegramente de ustedes, patrimonio de todo el pueblo. Poco a poco, con el acuerdo y la aprobación de la mayoría de los campesinos, guiándonos por lo que diga la experiencia práctica de estos y de los obreros, iremos avanzando firme e irreductiblemente hacia la victoria del socialismo, victoria que consolidarán los obreros de vanguardia de los países más civilizados, que dará a los pueblos una paz duradera y los liberará de todo yugo y de toda explotación.

5 de noviembre de 1917, Petrogrado.
V. Uliánov (Lenin), Presidente del Consejo de Comisarios del Pueblo.

Pravda, núm. 4 (edición vespertina), 19 (6) de noviembre de 1917.

Se publica según el manuscrito.

DEL DIARIO DE UN PUBLICISTA
(TEMAS A ELABORAR)

Este esquema, esbozo de ideas que Lenin escribió en Finlandia durante cuatro días de descanso a finales de diciembre de 1917, muestra la capacidad que tenía de analizar los diferentes elementos que condicionan la lucha de clases. Gran experto en los análisis de coyuntura y en la teoría revolucionaria, Lenin aplica su visión de conjunto para enumerar las cuestiones más importantes de la política interior y exterior del nuevo poder soviético.

Es consciente de que tendrá que bregar entre la reacción más virulenta de la burguesía expropiada, el titubeo de las opciones políticas moderadas, y la presión de los grupos más izquierdistas, que podrían poner en peligro el mantenimiento de este poder si se aplicaran unos planteamientos demasiados alejados de la voluntad y la capacidad de acción de las masas obreras y campesinas.

1. «Ahora no hay que temer al hombre del fusil».
1 bis. La vivienda y el abastecimiento de los pobres.
1 ter. Aspectos débiles del poder soviético insuficientemente desarrollados.
2. «La propaganda por la acción».
3. ¿El agitador o el fiscal?
4. El practicismo y el «trabajo positivo».
5. El trabajo de organización y los organizadores surgidos del pueblo.
5 bis. cf. *Pravda* antes del 4 de abril sobre los milagros de organización.
6. Nuestra actitud hacia los anarquistas.
6 bis. Los anarquistas por incomprensión = por impaciencia = por estado de ánimo = por instinto.
7. Los descontentos entre los obreros.
8. La burocracia y la negligencia de los intelectuales.
9. ¿Está vencida la resistencia de los capitalistas? (La frase histórica del buen Peshejónov[35]).

35. Lenin se refiere a la frase: «La resistencia de los capitalistas está, al parecer, vencida», del discurso pronunciado por A. V. Peshejónov el 5 (18) de junio de 1917 en el I Congreso de los Sóviets de diputados obreros y soldados de toda Rusia. Lenin menciona este discurso en «Los asustados por la quiebra de lo viejo y los que luchan por el triunfo de lo nuevo».

9 bis. La guerra civil, su significación, los sufrimientos que trae (los tránsfugas), su inevitabilidad en 1917-1918.
10. El chovinismo nacional en las naciones opresoras y en las oprimidas.
10 bis. El parasitismo de la pequeña burguesía y la traición de la socialdemocracia finesa.
11. ¿Cómo «ganar» para la República Socialista de los Sóviets de Rusia a las otras naciones en general y en particular a las naciones oprimidas hasta ahora por los rusos?
12. Aplastamiento de los explotadores.
13. ¿Cómo organizar la emulación?
14. Contabilidad y control, esencia del socialismo.
14 bis. Grupos móviles de inspectores.
14 ter. Los bribones en las revoluciones.
15. ¿Dirigir las empresas o discutir sobre el socialismo?
16. La disciplina de los obreros y las costumbres de los vagabundos.
16 bis. La pena de muerte y el fusilamiento de ladrones por los guardias rojos.
17. ¿En qué consisten las afinidades entre los vagabundos y los intelectuales?
17 bis. El «bolchevismo de derecha», ¿tiene cabida en nuestro partido?
18. La Asamblea Constituyente y la República Socialista de los Sóviets. Las oleadas de la revolución se suceden unas a otras no en forma fácil, uniforme ni idéntica.
18 bis. La democracia formal de la burguesía y *(versus)* el aparato para que el proletariado incorpore al pueblo a la guerra contra la burguesía.
18 ter. La democracia y *(versus)* la dictadura del proletariado.

19. Cita del discurso de Plejánov de 1903[36]. ¿En qué consiste el total fracaso ideológico «de ellos»? (de los pequeños burgueses, los socialistas-oportunistas, los mencheviques, los eseristas de derecha y los del tipo Chernov, los partidarios de *Nóvaya Zhizn* y cía.).

20. «La paz por separado», su peligro y su probable significación. ¿La paz por separado es un «acuerdo» («una conciliación») con los imperialistas?

20 bis. La paz por separado y nuestro deber para con el proletariado internacional. «*Die Deutschen brauchen eine Nieder lage*».

21. Los grados o etapas de la revolución. Evaluación de las fuerzas de clase y de los aliados. La paz y la tierra en Rusia.

22. La provocación de los imperialistas: ¡República de los Sóviets, danos un pretexto cómodo para estrangularte lo antes posible!

22 bis. *Pravda* del 24/XII: «El plan de ellos». Las palabras históricas de Lloyd George. «A expensas de Rusia[37]».

---

36. Se trata del discurso de G. V. Plejánov en el II Congreso del POSDR, el 30 de julio (12 de agosto) de 1903. En él mantuvo Plejánov que todos los principios democráticos deben subordinarse al beneficio exclusivo de la revolución, al beneficio de la clase obrera; que para lograr el éxito de la revolución puede la socialdemocracia acordar una restricción transitoria de tal o cual principio democrático y que en interés de la revolución pueden los socialdemócratas incluso oponerse al sufragio universal.

37. En el artículo «El plan de ellos», publicado el 24 de diciembre de 1917 (6 de enero de 1918) en *Prauda*, núm. 223, se decía: «Lloyd George se ha expresado en el sentido de que Rusia marque previamente su frontera futura con Alemania y Austria-Hungría, y luego llegará ya el turno de las negociaciones para una paz general». Más adelante informaba el artículo de que los publicistas oficiales de los países de la Entente también se manifestaban en el sentido de que para los aliados sería más ventajoso celebrar sin Rusia las negociaciones de paz. El autor del artículo colige que los aliados tanteaban el terreno para unas negociaciones de paz con Alemania, «pero que consideran más ventajoso dejar que Alemania salde antes sus cuentas con Rusia. Alemania debe... recompensarse a expensas de Rusia».

23. Paso de los revolucionarios internacionalistas al «defensismo».
24. La política internacional de la República Socialista de los Sóviets.
25. La frase revolucionaria y el deber revolucionario en el problema de la guerra revolucionaria.
26. ¿Cómo hay que «preparar» la guerra revolucionaria?
27. La guerra revolucionaria del proletariado que tiene en sus manos el poder puede ser solo una guerra para que se consolide el socialismo.
28. Ante todo vencer a la burguesía en Rusia, luego luchar contra la burguesía del exterior, extranjera, de países ajenos.
29. Dificultades de la revolución en les países «parásitos» de Europa Occidental.
31[38]. Las revoluciones-locomotoras de la historia. Imprimir velocidad a la locomotora y mantenerla en los carriles.
32. Alzar las capas más bajas a la creación histérica: *Mit dem Umfang der geschichtlichen Aktion wird auch der Umfang der Masse zunehmen, deren Aktion sie ist.* «Con la profundización de la acción histórica aumentará numéricamente la masa históricamente activa»[39].
33. Ya conquistado:
Máximo de democracia.
Concretización de los primeros pasos hacia el socialismo.
La paz y la tierra.
34. Finanzas y abastecimiento. El centro y las localidades.
35. «Acosar» a los especuladores y los saboteadores.
36. El dinero. Su papel. Cómo meterlo en el «tesoro».

38. El punto 30 no figura en el manuscrito.

39. Lenin cita la obra de Karl Marx y Friedrich Engels *La sagrada familia, o crítica de la crítica crítica.*

37. La nacionalización de la industria y el «deber» de los obreros en el trabajo.
38. El monopolio del Estado sobre el comercio exterior.
39. El fisco («tesoro») y la transformación de este concepto con la revolución socialista.
40. Los bancos - forma de contabilidad. (Artículo de Piatakov en *Pravda*[40]).
41. «Ganar tiempo» = paz por separado (*antes* de la revolución general europea).
42. Tres «fechas». Las «derrotas» del 20/IV y del 3/VII *versus* la victoria del 25/X.
43. Comparación de esa «derrota» con la paz por separado.
44. La distribución del trabajo y la distribución de los productos = ΣΣ[41].

Problemas económicos:
Problema nacional:
Problemas políticos:
Problemas de organización:
Política internacional:

Escrito entre el 24 y el 27 de diciembre de 1917 (6-9 de enero de 1918).
Publicado por primera vez en 1929, en «Recopilación leninista XI».

Se publica según el manuscrito.

---

40. Se refiere al artículo de P. Kíevski (Y. Piatakov) «El proletariado y la Banca», publicado el 5 (18) de diciembre de 1917 en *Pravda*, núm. 206-200.

41. *Summa summarum*: total general.

LOS ASUSTADOS POR LA QUIEBRA DE LO VIEJO Y LOS QUE LUCHAN POR EL TRIUNFO DE LO NUEVO

Dos meses después de la Revolución de Octubre la situación en Rusia era compleja. El nuevo poder soviético no controlaba todo el territorio; es más, se puede considerar que solo controlaba de forma efectiva una pequeña parte. La cuestión de la Primera Guerra Mundial todavía no estaba resuelta. Una gran parte de los funcionarios y técnicos especializados emprendían un boicot activo contra la nueva administración. Y el hambre amenazaba con causar estragos en aquellas capas de la población que eran los sujetos revolucionarios.

Las delegaciones diplomáticas extranjeras creían que los bolcheviques no aguantarían muchos días en el poder, que la Revolución de Octubre pronto se quedaría como el recuerdo de una revuelta, y que volvería el *statu quo* del régimen anterior en poco tiempo.

Ante tal adversidad, Lenin tenía claro que no se podían dar pasos atrás, y que había que justificar la violencia revolucionaria de la clase oprimida hacia la opresora para defender las conquistas y el mismo proyecto revolucionario.

«LOS BOLCHEVIQUES LLEVAN YA DOS MESES en el poder y, en vez del paraíso socialista, vemos el infierno del caos, de la guerra civil y de una ruina aún mayor». Así escriben, hablan y piensan los capitalistas, junto con sus adeptos conscientes y semiconscientes.

Los bolcheviques llevamos solo dos meses en el poder –respondemos nosotros– y se ha dado ya un paso gigantesco hacia el socialismo. No ven esto quienes no quieren ver o no saben valorar los acontecimientos históricos en su conexión. No quieren ver que, en unas semanas, han sido destruidos casi hasta sus cimientos los organismos no democráticos en el ejército, en el campo y en las fábricas. Y no hay ni puede haber otro camino hacia el socialismo que no pase por esa destrucción. No quieren ver que, en unas semanas, la mentira imperialista en política exterior –que prolongaba la guerra y encubría con los tratados secretos la expoliación y la conquista– ha sido sustituida por una verdadera política democrática revolucionaria de la paz auténticamente democrática, que ha proporcionado ya un éxito práctico tan grande como lograr el armisticio y multiplicar por cien la fuerza propagandística de nuestra revolución. No quieren ver que han comenzado a aplicarse el control obrero y la nacionalización de los bancos, y que esto constituye precisamente los primeros pasos hacia el socialismo.

No saben comprender la perspectiva histórica quienes están abatidos por la rutina del capitalismo; quienes están ensordecidos por la potente quiebra de lo viejo, por el crujido, el estruendo y el «caos» (un caos aparente) de las seculares estructuras zaristas y burguesas al desmoronarse y derrumbarse; quienes se asustan de que la lucha de clases llegue a una exacerbación extrema y se transforme en guerra civil, la única guerra legítima, la única justa, la única sagrada, no en el sentido clerical de la palabra sino en el sentido humano de guerra sagrada de los oprimidos contra los opresores para derrocar a estos últimos, para emancipar de toda opresión a los trabajadores. En el fondo, todos esos abatidos, ensordecidos y asustados burgueses, pequeños burgueses y «servidores de la burguesía» se guían, a menudo sin darse cuenta ellos mismos, por la vieja noción, absurda, sentimental y trivial a lo intelectual, sobre «la implantación del socialismo». Una noción que han asimilado «de oídas», tomando retazos de la doctrina socialista, repitiendo las adulteraciones de esta doctrina por ignorantes y adocenados y atribuyéndonos a nosotros, los marxistas, la idea e incluso el plan de «implantar» el socialismo.

A nosotros, los marxistas, nos son ajenas semejantes ideas, sin hablar ya de esos planes. Siempre hemos sabido, dicho y repetido que el socialismo no se puede «implantar», que surge en el curso de la lucha de clases y de la guerra civil más intensas y violentas, violentas hasta el frenesí y la desesperación; que entre el capitalismo y el socialismo media un largo periodo de «doloroso alumbramiento»; que la violencia es siempre la comadrona de la vieja sociedad; que al periodo de transición de la sociedad burguesa a la socialista corresponde un Estado especial (es decir, un sistema especial de violencia organizada sobre una clase determinada), a saber: la dictadura del proletariado. Y la dictadura presupone y significa un estado de guerra latente, un estado de medidas militares contra los enemigos del poder proletario. La Comuna fue la dictadura del proletariado, y Marx y Engels reprocharon a la Comuna, viendo en ello una de las causas de su derrota, que no empleara con suficiente energía su fuerza armada para vencer la resistencia de los explotadores.

En el fondo, todos esos aullidos propios de intelectual con motivo del aplastamiento de la resistencia de los capitalistas no son otra cosa, hablando «cortésmente», que un eructo del viejo «conciliacionismo». Pero si hablamos con la franqueza inherente al proletariado, habrá que decir: el persistente servilismo ante la caja de caudales es la esencia de los aullidos contra la violencia actual, obrera, que se aplica (por desgracia, aún con demasiada suavidad y poca energía) contra la burguesía, contra los saboteadores y contrarrevolucionarios. «La resistencia de los capitalistas ha sido vencida», proclamaba el bueno de Peshejónov, ministro de los conciliadores, en junio de 1917. Este bonachón no sospechaba siquiera que la resistencia debe ser, en efecto, vencida; que será vencida, y que eso se llama, en lenguaje científico, dictadura del proletariado; que todo un periodo histórico se caracteriza por el aplastamiento de la resistencia de los capitalistas; se caracteriza, en consecuencia, por la violencia sistemática contra toda una clase (la burguesía) y contra sus cómplices.

La codicia, la repugnante, ruin y furiosa codicia del ricachón; el acoquinamiento y el servilismo de sus paniaguados: ahí está la verdadera base social de los aullidos que lanzan ahora los intelectualillos, desde *Rech* hasta *Nóvaya Zhizn*, contra la violencia por parte del proletariado y del campesinado revolucionario. Tal es el significado objetivo de sus aullidos, de sus mezquinas palabras, de sus gritos de comediantes acerca de la «libertad» (la libertad de los capitalistas de oprimir al pueblo), etcétera, etcétera. Estarían «dispuestos» a reconocer el socialismo si la humanidad pasase a él de golpe, con un salto efectista, sin desavenencias, sin lucha, sin rechinar de dientes de los explotadores, sin múltiples tentativas por su parte de perpetuar los viejos tiempos o volver a ellos dando un rodeo en secreto, sin nuevas y nuevas «réplicas» de la violencia proletaria revolucionaria a esas tentativas. Estos paniaguados intelectuales de la burguesía están «dispuestos» a lavar la piel, como dice un conocido refrán alemán, pero a condición de que la piel quede siempre seca.

Cuando la burguesía y los funcionarios, empleados, médicos, ingenieros, etc., acostumbrados a servirla, recurren a las medidas de resistencia más extremas, los intelectualillos se horrorizan. Tiemblan de miedo y aúllan con mayor estridencia, proclamando la necesidad de retornar al «espíritu de conciliación». Pero a nosotros, como a todos los amigos sinceros de la clase oprimida, las medidas extremas de resistencia de los explotadores solo pueden alegrarnos, pues esperamos que el proletariado madure para el ejercicio del poder en la escuela de la vida, en la escuela de la lucha, y no en la escuela de las exhortaciones y los sermones, no en la escuela de las prédicas dulzarronas y de las declamaciones conceptuosas. Para convertirse en clase dominante y vencer definitivamente a la burguesía, el proletariado debe aprender eso, pues no tiene dónde encontrar en el acto esa capacidad. Y hay que aprender en la lucha. Y enseña solo la lucha seria, tenaz y encarnizada. Cuanto más extrema sea la resistencia de los explotadores, tanto más enérgica, firme, implacable y eficaz será su represión por los explotados. Cuanto más variados sean las tentativas y los esfuerzos de los explotadores por mantener lo viejo, con tanta mayor rapidez aprenderá el proletariado a expulsar a sus enemigos de clase de sus últimos escondrijos, a arrancar las raíces de su dominación y a liquidar el terreno mismo en que podían (y debían) crecer la esclavitud asalariada, la miseria de las masas, el lucro y la insolencia de los ricos.

A medida que aumenta la resistencia de la burguesía y de sus paniaguados crece también la fuerza del proletariado y del campesinado, que se une a él. Los explotados se fortalecen, maduran, crecen, aprenden, se despiden del Adán bíblico de la esclavitud asalariada a medida que aumenta la resistencia de sus enemigos: los explotadores. La victoria será de los explotados, pues tienen a su lado la vida, la fuerza del número, la fuerza de las masas, la fuerza de los veneros inagotables de todo lo abnegado, ideológico y honesto que pugna por avanzar y despierta para edificar lo nuevo; los veneros de toda la reserva gigantesca de energía y de talento del llamado «vulgo», de los obreros y de los campesinos. La victoria será suya.

Escrito entre el 24 y el 27 de diciembre de 1917
(6-9 de enero de 1918).
Publicado por vez primera el 22 de enero de 1929,
en el periódico *Provda,* núm. 18.
Firmado: Lenin.

Se publica según el manuscrito.

DECLARACIÓN DE LOS DERECHOS DEL PUEBLO TRABAJADOR Y EXPLOTADO

Elaborado en enero de 1918, es el documento que serviría de base para la realización de la primera Constitución Soviética.

En un principio tenía que ser destinado a su aprobación por la Asamblea Constituyente, el espacio de reivindicación histórica de los partidos que se opusieron al zarismo. Pero los bolcheviques, quienes habían llevado a cabo la Revolución de Octubre de 1917 ante la incapacidad de los otros partidos para resolver los problemas sociales, eran minoría entre los delegados que anteriormente se habían escogido para organizarla. A la vez, los bolcheviques habían visto cómo habían conseguido ser mayoría en los sóviets (consejos de obreros, soldados y campesinos), y cómo estos se habían convertido en un auténtico contrapoder de clase y confrontaban el parlamentarismo burgués en su conjunto.

El debate sobre esta declaración fue rechazado por los delegados de la Asamblea Constituyente, y finalmente fue asumida en el 3.º Congreso de los Sóviets de diputados obreros, soldados y campesinos de toda Rusia el mismo enero de 1918, el cual disolvió la Asamblea Constituyente.

La Asamblea Constituyente decreta:

I

1. Queda proclamada en Rusia la República de los Sóviets de diputados obreros, soldados y campesinos. Todo el poder, tanto en el centro como en las localidades, pertenece a dichos sóviets.
2. La República Soviética de Rusia se instituye sobre la base de la unión libre de naciones libres, como federación de Repúblicas Soviéticas nacionales.

II

Habiéndose señalado como misión esencial abolir toda explotación del hombre por el hombre, suprimir por completo la división de la sociedad en clases, sofocar de manera implacable la resistencia de los explotadores, instaurar una organización socialista de la sociedad y hacer triunfar el socialismo en todos los países, la Asamblea Constituyente decreta, además:

1. Queda abolida la propiedad privada de la tierra. Se declara patrimonio de todo el pueblo trabajador toda

la tierra, con todos los edificios, ganado de labor, aperos de labranza y demás accesorios agrícolas.

2. Se ratifica la ley soviética acerca del control obrero y del Consejo Superior de Economía Nacional, con objeto de asegurar el poder del pueblo trabajador sobre los explotadores y como primera medida para que las fábricas, minas, ferrocarriles y demás medios de producción y de transporte pasen por entero a ser propiedad del Estado obrero y campesino.
3. Se ratifica el paso de todos los bancos a propiedad del Estado obrero y campesino, como una de las condiciones de la emancipación de las masas trabajadoras del yugo del capital.
4. Queda establecido el trabajo general obligatorio, con el fin de suprimir los sectores parasitarios de la sociedad.
5. Se decreta el armamento de los trabajadores, la formación de un ejército rojo socialista de obreros y campesinos y el desarme completo de las clases poseedoras, con objeto de asegurar la plenitud del poder de las masas trabajadoras y eliminar toda posibilidad de restauración del poder de los explotadores.

III

1. Al expresar su inquebrantable decisión de arrancar a la humanidad de las garras del capital financiero y del imperialismo, que han anegado en sangre la tierra en la guerra actual, la más criminal de todas, la Asamblea Constituyente se solidariza por entero con la política aplicada por el poder de los sóviets, consistente en romper los tratados secretos, organizar la más extensa confraternización con los obreros y campesinos de los ejércitos actualmente en guerra y obtener, cueste lo que cueste, por procedimientos revolucionarios, una

paz democrática entre los pueblos, sin anexiones ni contribuciones, sobre la base de la libre autodeterminación de las naciones.

2. Con el mismo fin, la Asamblea Constituyente insiste en la completa ruptura con la bárbara política de la civilización burguesa, que basaba la prosperidad de los explotadores de unas pocas naciones elegidas en la esclavitud de centenares de millones de trabajadores en Asia, en las colonias en general y en los países pequeños.

   La Asamblea Constituyente aplaude la política del Consejo de Comisarios del Pueblo, que ha proclamado la completa independencia de Finlandia, ha comenzado a retirar las tropas de Persia y ha anunciado la libertad de autodeterminación de Armenia.

3. La Asamblea Constituyente considera la ley soviética de anulación de los empréstitos concertados por los gobiernos del zar, de los terratenientes y de la burguesía como un primer golpe asestado al capital bancario, financiero internacional, y expresa la seguridad de que el poder de los sóviets seguirá firmemente esta ruta hasta la completa victoria de la insurrección obrera internacional contra el yugo del capital.

IV

Elegida sobre la base de las listas de los partidos confeccionadas antes de la Revolución de Octubre, cuando el pueblo no podía aún alzarse en su totalidad contra los explotadores, no conocía toda la fuerza de la resistencia de éstos en la defensa de sus privilegios de clase ni había abordado aún en la práctica la creación de la sociedad socialista, la Asamblea Constituyente consideraría profundamente erróneo, incluso desde el punto de vista formal, contraponerse al poder de los sóviets.

En esencia, la Asamblea Constituyente estima que hoy, en el momento de la lucha final del pueblo contra sus explotadores, no puede haber lugar para estos últimos en ninguno de los órganos de poder. El poder debe pertenecer íntegra y exclusivamente a las masas trabajadoras y a sus representantes autorizados: los sóviets de diputados obreros, soldados y campesinos.

Al apoyar el poder de los sóviets y los decretos del Consejo de Comisarios del Pueblo, la Asamblea Constituyente estima que sus funciones no van más allá de establecer las bases cardinales de la transformación socialista de la sociedad.

Al mismo tiempo, en su propósito de crear una alianza efectivamente libre y voluntaria y, por consiguiente, más estrecha y duradera entre las clases trabajadoras de todas las naciones de Rusia, la Asamblea Constituyente limita su misión a estipular las bases fundamentales de la federación de Repúblicas Soviéticas de Rusia, concediendo a los obreros y campesinos de cada nación la libertad de decidir con toda independencia, en su propio Congreso de los Sóviets investido de plenos poderes, si desean, y en qué condiciones, participar en el Gobierno federal y en las demás instituciones soviéticas federales.

Escrito en enero, no más tarde del 3 (16), de 1918.

Publicado el 4 (17) de enero de 1918 en los periódicos *Pravda*, núm. 2 e *Izvestia VTsIK*, núm. 2.

Se publica según el manuscrito.

LAS TAREAS INMEDIATAS DEL PODER SOVIÉTICO

Tesis aprobadas por el Comité Central del Partido bolchevique el abril de 1918. Justo un mes antes se había aprobado el tratado de Paz de Brest-Litovsk con Alemania, a través del cual el Gobierno soviético podía retirar sus soldados del frente y evitar el adelanto de las tropas alemanas, a pesar de perder gran cantidad de territorio. El poder soviético se había fortalecido en gran parte del país, y las ramas más importantes de la economía se encontraban bajo control del nuevo estado obrero y campesino.

Pero otros peligros amenazaban de muerte la revolución. Al inicial boicot de gran parte del funcionariado administrativo y de diferentes sectores de la burguesía se sumaría una guerra civil provocada por el levantamiento en armas del que se denominaría «Ejército Blanco». Toda una serie de destacamentos armados, promovidos sobre todo por sectores monárquicos y burgueses, iniciarían una guerra despiadada contra el Gobierno soviético protegido por el reciente conformado Ejército Rojo. A nivel internacional, Rusia quedaba aislada de las relaciones políticas y económicas. Las potencias capitalistas, al ver que el poder soviético liderado por los bolcheviques se consolidaba, se dedicarían a financiar las diferentes facciones del Ejército Blanco, y aportarían tropas para invadir Rusia.

En medio de este contexto, Lenin traza las primeras medidas para organizar y desarrollar el nuevo proyecto socialista, basadas en la participación activa de las masas obreras y campesinas.

La situación internacional de la República Soviética de Rusia y las tareas fundamentales de la revolución socialista

Gracias a la paz lograda –pese a todos los sacrificios que implica y a lo efímera que es–, la República Soviética de Rusia obtiene durante cierto tiempo la posibilidad de concentrar todas sus fuerzas en el punto más importante.

Esa tarea ha sido planteada con claridad y precisión a todas las masas trabajadoras y oprimidas en el cuarto apartado (cuarta parte) de la resolución aprobada el 15 de marzo de 1918 por el Congreso Extraordinario de los Sóviets celebrado en Moscú, en el mismo apartado (o en la misma parte) de la resolución en que se habla de la autodisciplina de los trabajadores y de la lucha sin cuartel contra el caos y la desorganización.

Lo efímero de la paz lograda por la República Soviética de Rusia no depende, como es natural, de que esta piense reanudar ahora las hostilidades; excepto los contrarrevolucionarios burgueses y sus acólitos (los mencheviques y otros), ningún político que esté en su sano juicio piensa en ello. Lo efímero de la paz depende de que, en los países imperialistas, que limitan con el oeste y el este de Rusia y que poseen inmensa fuerza militar, puede triunfar de un momento a otro el partido belicista, tentado por la debilidad momentánea de Rusia y estimulado por los capitalistas, que odian el socialismo y se desviven por expoliar. En tal situación, la única garantía de paz, real y no sobre el papel, nos la ofrecen las disensiones entre las potencias imperialistas, que han alcanzado el punto culminante y que se manifiestan, por un lado, en la reanudación de la matanza imperialista entre los pueblos de Occidente y, por otro lado, en la competencia imperialista, exacerbada hasta el extremo, entre el Japón y Norteamérica por el dominio en el Océano Pacífico y sus costas.

Claro está que la situación internacional de nuestra República Socialista Soviética, con protección tan endeble, es sin duda crítica e insegura en extremo. Se necesita una extraordinaria tensión de todas nuestras fuerzas para aprovechar la tregua lograda en virtud de una concurrencia de circunstancias, con objeto de curar las profundas heridas que la guerra ha inferido a todo el organismo social de Rusia y para elevar el nivel económico del país, sin lo cual no puede ni hablarse de un aumento algo serio de nuestra capacidad defensiva.

Es claro también que en la medida en que sepamos resolver el problema de organización que tenemos planteado podremos prestar una ayuda seria a la revolución socialista en Occidente, que se ha retrasado en virtud de una serie de causas.

La condición fundamental para resolver con éxito el problema de organización, planteado ante nosotros en primer término, es que os dirigentes políticos del pueblo, es decir, los afiliados al Partido Comunista (bolchevique) de Rusia y, tras ellos, todos los representantes conscientes de las masas trabajadoras, comprendan perfectamente la diferencia radical existente, en el aspecto que estamos analizando, entre las revoluciones burguesas anteriores y la actual revolución socialista.

La misión principal de las masas trabajadoras en las revoluciones burguesas estribaba en llevar a cabo la labor negativa o destructora de aniquilamiento del feudalismo, de la monarquía, del régimen medieval. El trabajo positivo o constructivo de organización de la nueva sociedad lo realizaba la minoría poseedora, la minoría burguesa de la población. Y a pesar de la resistencia de los obreros y campesinos pobres, esa minoría cumplía dicha tarea con relativa facilidad no solo porque la resistencia de las masas explotadas por el capital era entonces, debido a su dispersión y atraso, débil en extremo, sino también porque la principal fuerza organizadora de la sociedad capitalista, sociedad anárquica, es el mercado nacional e internacional, que se amplía y ahonda de manera espontánea.

En cambio, la misión principal del proletariado y de los campesinos pobres, guiados por él, estriba en toda revolución socialista –por consiguiente, también en la revolución socialista comenzada por nosotros en Rusia el 25 de octubre de 1917– en el trabajo positivo o constructivo de formación de una red extraordinariamente compleja y sutil de nuevas relaciones de organización que abarquen la producción y distribución metódicas de los productos necesarios para la existencia de decenas de millones de hombres. Una revolución de esta naturaleza solo puede verse coronada por el éxito cuando la mayoría de la población y, ante todo, la mayoría de los trabajadores, demuestre una iniciativa creadora independiente en el plano histórico. La victoria de la revolución socialista quedará asegurada únicamente en el caso de que el proletariado y los campesinos pobres logren el grado suficiente de conciencia, firmeza ideológica, abnegación y tenacidad. Al crear un nuevo tipo de Estado, el Estado soviético, que ofrece a las masas trabajadoras y oprimidas la posibilidad de participar activamente en la construcción independiente de la nueva sociedad, no hemos resuelto más que una pequeña parte de un difícil problema. La dificultad principal reside en el terreno económico: llevar en todas partes una contabilidad y un control rigurosísimos de la producción y distribución de los productos, aumentar la productividad del trabajo, *socializar* la producción en *la práctica.*

El desarrollo del partido de los bolcheviques, que es en la actualidad el partido gobernante en Rusia, nos muestra de manera palmaria en especial en qué consiste el viraje histórico que estamos dando, viraje que constituye la peculiaridad del momento político actual y que exige una nueva orientación del poder soviético, es decir, un nuevo planteamiento de las nuevas tareas.

La primera tarea de todo partido del porvenir es la de convencer a la mayoría del pueblo de lo acertado de su programa y de su táctica. Esta tarea se colocaba en primer plano tanto en el régimen zarista como en el periodo de conciliación de los Chernov y los Tsereteli con los Kerenski y los Kishkín. Hoy día esta tarea que, como es lógico está lejos de haberse cumplido hasta el fin (y que jamás puede cumplirse hasta el fin), se ha cumplido en lo fundamental, pues, como lo ha demostrado de manera irrefutable el último Congreso de los Sóviets, celebrado en Moscú, la mayoría de los obreros y campesinos de Rusia apoya a todas luces a los bolcheviques.

La segunda tarea de nuestro partido consistía en conquistar el poder político y aplastar la resistencia de los explotadores. Esta tarea también se halla lejos de haber sido cumplida hasta el fin, y no se puede pasar por alto, pues los monárquicos y los demócratas constitucionalistas, por un lado, y sus acólitos y lacayos, los mencheviques y eseristas de derecha, por otro, persisten en sus tentativas de agruparse para derrocar el poder soviético. Pero, en lo fundamental, el problema de aplastar la resistencia de los explotadores ha sido resuelto ya en el periodo que media entre el 25 de octubre de 1917 y (aproximadamente) febrero de 1918 o la rendición de Bogaevski.

Ahora, la tercera tarea inmediata que se nos plantea, tarea que caracteriza el momento que atravesamos, es la de organizar la labor de *gobernar* a Rusia. Está claro que esta tarea se planteó y comenzó a cumplirse ya al día siguiente del 25 de octubre de 1917; pero hasta hoy, mientras la resistencia de los explotadores adquiría todavía la forma de guerra civil abierta, la tarea de gobernar el país *no podía* convertirse en la tarea *principal, central.*

Ahora se plantea ya así. Nosotros, el partido de los bolcheviques, hemos *convencido* a Rusia, se la hemos *ganado* a los ricos para los pobres, a los explotadores para los trabajadores. Ahora debemos *gobernarla.* Y toda la peculiaridad del momento en que vivimos, toda la dificultad consiste en saber comprender las *particularidades de la transición* de una tarea principal, como la de convencer al pueblo y aplastar por la fuerza militar la resistencia de los explotadores, a otra tarea principal, la de *gobernar.*

Por vez primera en la historia universal, un partido socialista ha logrado coronar, en términos generales, la conquista del poder y el aplastamiento de los explotadores y *abordar* de lleno la tarea de *gobernar* el país. Es necesario que resultemos dignos cumplidores de esta dificilísima (y muy grata) tarea de la transformación socialista. Es menester tomar en consideración que para poder gobernar con acierto hace falta, además de saber convencer, además de saber triunfar en la guerra civil, saber *organizar* de un modo *práctico.* Esta es la tarea más difícil, pues se trata de organizar de un modo nuevo las más profundas bases de la vida de decenas y decenas de millones de hombres, las bases económicas. Y esta es la tarea más grata de todas, pues únicamente *después* de cumplirla (en sus aspectos principales y fundamentales) podrá decirse que Rusia se ha *convertido* no solo en república soviética, sino también en república socialista.

La consigna general del momento

La situación objetiva que hemos descrito, debida a una paz extremadamente dura y efímera, a una ruina penosísima, al paro y al hambre que nos han legado la guerra y el dominio de la burguesía (representada por Kerenski y los mencheviques y eseristas de derecha que lo apoyaban): todo esto ha dado ineludiblemente lugar a un cansancio inmenso y ha llegado incluso a agotar las fuerzas de las grandes masas trabajadoras. Estas masas exigen imperiosamente –y no pueden menos que hacerlo– cierto descanso. Al orden del día se nos plantean las tareas de restablecer las fuerzas productivas, arruinadas por la guerra y por el mangoneo de la burguesía; curar las heridas inferidas por la guerra, por la derrota militar, la especulación y los intentos de la burguesía de restablecer el derrocado poder de los explotadores; elevar el nivel económico del país; mantener con firmeza un orden elemental. Puede parecer paradójico, pero, en realidad y en virtud de las condiciones objetivas indicadas, es absolutamente indudable que en estos momentos el poder soviético solo puede asegurar el paso de Rusia al socialismo en el caso de que cumpla en la práctica estas tareas, las más elementales, del mantenimiento del orden social, y las cumpla, a pesar de la resistencia de la burguesía, de los mencheviques y eseristas de derecha. Dadas las peculiaridades concretas de la situación actual y la existencia del poder soviético con sus leyes sobre la socialización de la tierra, el control obrero, etc., el cumplimiento práctico de estas tareas elementalísimas y la superación de las dificultades de organización de los primeros pasos hacia el socialismo constituyen ahora las dos caras de una misma medalla.

Lleva con puntualidad y honradez la cuenta del dinero, administra con economía, no seas perezoso, no robes, observa la mayor disciplina en el trabajo: estas son precisamente las consignas que, ridiculizadas con razón por el proletariado revolucionario cuando la burguesía encubría con ellas su dominio como clase explotadora, se transforman hoy día, después del derrocamiento de la burguesía, en las consignas principales e inmediatas del momento. Por un lado, la aplicación práctica de estas consignas por *la masa* de trabajadores constituye la *única* condición para salvar al país desangrado casi totalmente por la guerra imperialista y por los rapaces imperialistas (con Kerenski a la cabeza); y, por otro lado, la aplicación práctica de estas consignas por el poder *soviético,* con *sus* métodos, basándose en *sus* leyes, es necesaria y *suficiente* para asegurar la victoria definitiva del socialismo. Esto es lo que no pueden comprender quienes rechazan con desdén el planteamiento en primer plano de consignas tan «gastadas» y «triviales». En un país de pequeños campesinos, que apenas hace un año ha derrocado el zarismo y menos de medio año que se ha librado de los Kerenski, han quedado, naturalmente, bastantes elementos de anarquismo espontáneo, acrecentados por el embrutecimiento y la barbarie, eternos acompañantes de toda guerra prolongada y reaccionaria, y se ha propagado a escala bastante grande el espíritu de desesperación y de irritación abstracta, y si añadimos a esto la política provocadora de los lacayos de la burguesía (mencheviques, eseristas de derecha y otros) se comprenderá claramente cuántos prolongados y tenaces esfuerzos deben realizar los obreros y campesinos mejores y más conscientes para lograr un viraje completo en el estado de ánimo de las masas y su paso a un trabajo ordenado, consecuente y disciplinado. Este paso dado por la masa pobre (los proletarios y semiproletarios) es el único capaz de coronar la victoria sobre la burguesía y, particularmente, sobre la burguesía campesina, la más obstinada y numerosa.

Nueva fase de la lucha contra la burguesía

Hemos vencido a la burguesía, pero todavía no hemos logrado desarraigarla, aún no está aniquilada, ni siquiera quebrantada por completo. Por eso se plantea al orden del día una nueva forma de lucha contra la burguesía, una forma superior: la de pasar de la tarea elemental de la expropiación consecutiva de los capitalistas a una tarea mucho más compleja y difícil, la de crear unas condiciones que imposibiliten la existencia y el resurgimiento de la burguesía. Es evidente que esta tarea es incomparablemente más elevada y que el socialismo puede darse por inexistente si no se cumple.

Si tomamos por punto de referencia las revoluciones del Occidente de Europa, nosotros nos encontramos aproximadamente al nivel alcanzado en 1793 y 1871. Podemos estar orgullosos, y con plena razón, de haber alcanzado este nivel. Y, en cierto sentido, es indudable que hemos avanzado algo más, pues hemos decretado e implantado en toda Rusia *un tipo* superior de Estado: el poder soviético. Pero en modo alguno podemos darnos por satisfechos con lo que hemos logrado, pues estamos tan solo en el comienzo de la transición al socialismo, sin haber aplicado todavía las medidas decisivas en este sentido.

Lo decisivo en este caso es organizar la contabilidad y el control severísimos de la producción y distribución de los productos a cargo de todo el pueblo. Sin embargo, no hemos logrado todavía establecer esa contabilidad ni ese control en las empresas, en las diversas ramas de la economía e industria que hemos confiscado a la burguesía, sin lo cual no puede ni hablarse de la otra condición, la condición material de la realización del socialismo, tan sustancial como la anterior: el aumento de la productividad del trabajo a escala nacional.

Por eso, no sería posible definir la tarea del momento presente con una simple fórmula: continuar la ofensiva contra el capital. A pesar de que no cabe duda que no hemos rematado al capital y de que es incuestionablemente necesario continuar la ofensiva contra este enemigo de los trabajadores, el planteamiento de nuestras tareas no sería exacto ni concreto, pues no se tendría en cuenta la *peculiaridad* del momento presente, cuando en aras del éxito de la *ulterior* ofensiva hay que «interrumpir» *en estos momentos* la ofensiva.

Esto puede explicarse mediante la comparación de nuestra situación en la guerra contra el capital con la situación de un ejército victorioso que se ha apoderado, digamos, de la mitad o de los dos tercios del territorio enemigo y se ve obligado a interrumpir la ofensiva para acumular fuerzas, aumentar sus efectivos y pertrechos, reparar y reforzar las vías de comunicación, construir nuevos depósitos, reunir nuevas reservas, etc. Precisamente en aras de la reconquista del resto del territorio enemigo, o sea, de la victoria completa, la interrupción de la ofensiva del ejército victorioso es, en las condiciones descritas, una necesidad. Quien no haya comprendido que tal es, precisamente, el carácter de la «interrupción» de la ofensiva contra el capital, impuesta por la situación objetiva del momento actual, no ha comprendido nada del momento político que vivimos.

Por supuesto, de una «interrupción» de la ofensiva contra el capital puede hablarse solo entre comillas, es decir, solo en metáfora. En una guerra corriente puede darse una orden general sobre la interrupción de la ofensiva y se puede, efectivamente, detener el avance. En la guerra contra el capital no es posible detener el avance y no cabe ni hablar de que renunciemos a seguir expropiando al capital. Se trata de cambiar el *centro de gravedad* de nuestra labor económica y política. Hasta ahora se destacaban *en primer plano* las medidas encaminadas a la expropiación inmediata de los expropiadores. Hoy colocamos *en primer plano* la organización de la contabilidad y del control en las haciendas y empresas ya expropiadas a los capitalistas y en todas las demás.

Si quisiéramos hoy continuar expropiando al capital al ritmo anterior, sufriríamos, sin duda, un fracaso, puesto que nuestra labor en el terreno de la organización de la contabilidad y del control proletarios se ha *retrasado* a todas luces (esto es evidente para toda persona que piense) de la labor de directa «expropiación de los expropiadores». Si ahora aplicamos todas nuestras fuerzas a organizar la contabilidad y el control, podremos resolver este problema, recuperaremos lo perdido, ganaremos *toda* nuestra «campaña» contra el capital.

Pero reconocer que hay que recuperar lo perdido ¿no implica, acaso, reconocer algún error cometido? En modo alguno. Hagamos de nuevo una comparación de carácter militar. Si podemos derrotar y hacer retroceder al enemigo empleando solo destacamentos de caballería ligera, debemos hacerlo. Ahora bien, si esto puede hacerse con éxito solo hasta cierto límite, es lógico pensar que, a partir de ese límite, surgirá la necesidad de traer la artillería pesada. Al reconocer que ahora hay que recuperar lo perdido en cuanto a la utilización de la artillería pesada, en modo alguno reconocemos que la carga victoriosa de la caballería ha sido un error.

Los lacayos de la burguesía nos han reprochado con frecuencia que atacábamos al capital a lo «Guardia Roja». Reproche absurdo, digno justamente de los lacayos de la bolsa de oro. Pues, *en su tiempo*, el ataque a lo «Guardia Roja» contra el capital estuvo dictado categóricamente por las circunstancias: primero, el capital oponía *entonces* una resistencia militar, personificada en Kerenski y Krasnov, Sávinkov y Gots (aún hoy Gueguechkori resiste de esta manera), Dútov y Bogaevski. Una resistencia militar no puede romperse más que por medios militares, y los guardias rojos realizaban la obra histórica más noble y grande de liberar a los trabajadores y explotados del yugo de los explotadores.

Segundo, por entonces no hubiésemos podido colocar en primer plano los métodos de gobierno en lugar de los de represión, aunque solo fuese porque el arte de gobernar no es innato en los hombres, sino producto de la experiencia. Entonces no poseíamos esta experiencia, ahora sí.

Tercero, entonces no podíamos tener a nuestra disposición a especialistas de las diferentes ramas de la ciencia y de la técnica, pues estos especialistas luchaban en las filas de los Bogaevski o tenían aún la posibilidad de oponer, mediante el *sabotaje*, una resistencia pasiva regular y tenaz. Ahora, este sabotaje ha sido vencido. El ataque a lo «Guardia Roja» contra el capital ha sido eficaz y victorioso porque hemos vencido tanto la resistencia militar del capital como la que éste oponía mediante el sabotaje.

¿Quiere decir esto, acaso, que el ataque a lo «Guardia Roja» contra el capital es apropiado *siempre*, en *todas* las circunstancias que *no* poseemos otros medios de combatirlo? Sería infantil pensar así. Hemos vencido con caballería ligera, pero también disponemos de artillería pesada. Hemos vencido reprimiendo, pero también sabremos vencer gobernando. Hay que saber variar los métodos de lucha contra el enemigo cuando cambian las circunstancias. No renunciaremos ni por un instante a aplastar a lo «Guardia Roja» a los señores Sávinkov y Gueguechkori, así como a todos los demás terratenientes y burgueses contrarrevolucionarios. Pero no seremos tan tontos que pongamos en primer plano los métodos a lo «Guardia Roja» cuando, en lo fundamental, ha terminado la época en que eran necesarios los ataques de este tipo (y ha terminado en nuestro triunfo), y cuando llama a la puerta la época de la utilización de los especialistas burgueses por el Poder estatal proletario para remover el terreno de manera que en él no pueda crecer en absoluto ninguna burguesía. Es una época peculiar o, más bien, una fase peculiar del desarrollo, y, para vencer definitivamente al capital, tenemos que saber adoptar las formas de nuestra lucha a las condiciones peculiares de esta fase.

Sin la dirección de las diversas ramas de la ciencia, de la técnica, de la práctica por parte de los especialistas es imposible la transición al socialismo, ya que el socialismo exige un avance consciente y masivo hacia una productividad del trabajo superior a la del capitalismo y basada en lo alcanzado por este. El socialismo debe impulsar este avance *a su manera*, con métodos propios, y para ser más concretos, con métodos *soviéticos*. Pero, debido a las condiciones de la vida social que ha permitido a los especialistas hacerse especialistas, estos pertenecen por fuerza y en masa a la burguesía. Si después de tomar el poder, nuestro proletariado resolviera rápidamente el problema de la contabilidad, del control y de la organización a escala que abarque a todo el pueblo (todo esto era irrealizable a causa de la guerra y del atraso de Rusia), entonces, una vez vencido el sabotaje y llevando a cabo una contabilidad y un control generales, subordinaríamos también por completo a los especialistas burgueses. Como vamos muy «atrasados» en la contabilidad y el control en general, pese a haber conseguido vencer el sabotaje, *no* hemos creado *todavía* las condiciones que puedan poner a nuestra disposición a los especialistas burgueses. El grueso de los saboteadores «acepta el empleo», pero los mejores organizadores y los más grandes especialistas pueden ser utilizados por el Estado, ya sea a la antigua, a lo burgués (es decir, mediante una elevada remuneración), o a lo nuevo, a lo proletario (es decir, creando las condiciones que permitan ejercer la contabilidad y el control desde abajo, por todo el pueblo, condiciones que, por sí solas, subordinarían y atraerían inevitablemente a los especialistas).

Hemos tenido que recurrir ahora al viejo método, al método burgués, y aceptar los «servicios» de los especialistas burgueses más reputados a cambio de una remuneración muy elevada. Quienes conocen la situación lo comprenden; pero no todos se detienen a meditar sobre el significado de semejante medida tomada por un Estado proletario. Es evidente que tal medida constituye un compromiso, una desviación de los principios sustentados por la Comuna de París y por todo poder proletario, que exigen la reducción de los sueldos al nivel del salario del obrero medio, que exigen se combata el arribismo con hechos y no con palabras.

Pero esto no es todo. Es evidente que semejante medida no es solo una interrupción –en cierto terreno y en cierto grado– de la ofensiva contra el capital (ya que el capital no es una simple suma de dinero, sino determinadas relaciones sociales), sino también *un paso atrás* de nuestro poder estatal socialista, soviético, que desde el primer momento proclamó y comenzó a poner en práctica la política de reducción de los sueldos elevados hasta el nivel del salario del obrero medio[42].

Naturalmente, los lacayos de la burguesía, sobre todo los de poca monta, como los mencheviques, los de *Nóvaya Zhizn* y los eseristas de derecha, sonreirán malignamente por haber reconocido nosotros que damos un paso atrás. Pero no debemos hacer caso de esas sonrisitas. Debemos estudiar las peculiaridades del camino, tortuoso en extremo y nuevo, que lleva al socialismo, sin velar nuestros errores ni debilidades, sino procurando coronar a tiempo lo que aún nos queda por hacer. Ocultar a las masas que la incorporación de los especialistas burgueses mediante sueldos muy elevados es apartarse de los principios de la Comuna sería descender al nivel de los politicastros burgueses y engañar a las masas. En cambio, explicar abiertamente cómo y por qué hemos dado este paso atrás, discutir públicamente los medios de que disponemos para recuperar lo perdido significa educar a las masas y, con la experiencia reunida, aprender junto a ellas a construir el socialismo. No es probable que la historia conozca una sola campaña militar victoriosa en

42. El Consejo de Comisarios del Pueblo aprobó el 18 de noviembre (1 de diciembre) de 1917, a propuesta de Lenin, el decreto «Sobre las proporciones de la remuneración a los comisarios del pueblo y altos empleados y funcionarios», publicado el 23 de noviembre (6 de diciembre) de 1917 en el núm. 16 de *Gazeta Vrémennogo Rabóchego y Krestiánskogo Pravitelstva* (Periódico del Gobierno Provisional Obrero y Campesino). En este decreto se estipulaba que el sueldo mensual máximo de los comisarios del pueblo fuese de 500 rublos con un plus de 100 rublos por cada miembro de la familia no apto para el trabajo. Esta suma equivalía, aproximadamente, al salario medio de un obrero. El 2 (15) de enero de 1918, el Consejo de Comisarios del Pueblo, respondiendo a una interpelación del comisario del Trabajo, A. G. Shliápnikov, aclaró que el decreto del 18 de noviembre (1 de diciembre) de 1917 no prohibía retribuir a los especialistas por encima del límite señalado, dando así su aprobación a que se pagasen sueldos más elevados a los especialistas de la ciencia y la técnica.

la que el vencedor no haya cometido algunos errores, no haya sufrido derrotas parciales, no haya tenido que retroceder temporalmente en algo y en alguna parte. Y la «campaña» contra el capitalismo, comenzada por nosotros, es un millón de veces más difícil que la más dura expedición militar; por lo tanto, sería necio y bochornoso dejarse dominar por el abatimiento a causa de una retirada particular y parcial.

Abordemos ahora la cuestión desde el lado práctico. Admitamos que, para dirigir el trabajo del pueblo con objeto de alcanzar el más rápido ascenso económico del país, la República Soviética de Rusia necesita mil especialistas y sabios de primera fila en los diversos dominios de la ciencia, la técnica y la práctica. Admitamos que a cada una de estas «estrellas, de primera magnitud» (la mayoría de ellas está tanto más corrompida por las costumbres burguesas cuanto más grato le es vociferar sobre la corrupción de los obreros) hay que pagarle 25.000 rublos al año. Admitamos que esta suma (25 millones de rublos) tiene que ser duplicada (en concepto de pago de primas por el cumplimiento más rápido y mejor de los encargos técnicos y de organización más importantes) o, incluso, cuadruplicada (por haber invitado a varios centenares de especialistas extranjeros, que exigen más). Cabe preguntar: ¿puede considerarse excesivo o imposible para la República Soviética el gasto de cincuenta o cien millones de rublos al año para reorganizar el trabajo del pueblo según la última palabra de la ciencia y de la técnica? Claro que no. La inmensa mayoría de los obreros y campesinos conscientes aprobará este gasto; aleccionados por la práctica, saben que nuestro atraso nos hace perder miles de millones de rublos y que *no* hemos alcanzado *aún* el grado suficiente de organización, contabilidad y control en *nuestro* trabajo para lograr la participación general y voluntaria de las «estrellas» de la intelectualidad burguesa.

Por supuesto, el problema tiene también otro aspecto. Es indiscutible que los sueldos altos influyen también, corrompiendo, tanto en el poder soviético (con tanto mayor motivo que la rapidez de la revolución no ha podido impedir que se arrime a este poder cierto número de aventureros y granujas, que, junto con algunos comisarios ineptos o sin escrúpulos, no tienen inconveniente en llegar a «estrellas» de... la malversación de fondos públicos) como en las masas obreras. Pero todos los obreros y campesinos pobres, honrados y que piensan convendrán con nosotros y reconocerán que no podemos librarnos de golpe y porrazo de la herencia nociva del capitalismo, que no podemos librar a la República Soviética del «tributo» de cincuenta o cien millones de rublos (tributo que pagamos por nuestro atraso en la organización de la contabilidad y del control ejercidos *desde abajo por todo el pueblo*), sino únicamente organizándonos, disciplinándonos más, depurando nuestras filas de cuantos «guardan la herencia del capitalismo» y «siguen las tradiciones del capitalismo», es decir, de los haraganes, de los parásitos y de los malversadores de fondos públicos (ahora toda la tierra, todas las fábricas, todas las vías férreas constituyen el «tesoro» de la República Soviética). Si los obreros y los campesinos pobres conscientes y avanzados, ayudados por las instituciones soviéticas, logran en un año organizarse, disciplinarse, poner sus fuerzas en tensión y crear una fuerte disciplina del trabajo, podremos librarnos en un año de este «tributo» que incluso podrá ser reducido antes... proporcionalmente a los éxitos de la disciplina laboral y organización nuestras, de obreros y campesinos. Cuanto antes aprendamos nosotros mismos, los obreros y campesinos, a tener una disciplina laboral mejor y una técnica del trabajo más elevada, aprovechando para ello a los especialistas burgueses, tanto antes nos libraremos de todo «tributo» a estos especialistas.

Nuestro trabajo, dirigido por el proletariado, de organización de la contabilidad y el control de la producción y distribución de los productos por todo el pueblo se halla muy rezagado de nuestra labor directa de expropiación de los expropiadores. Es este un principio fundamental para comprender las peculiaridades del momento presente y las tareas del poder soviético que de aquí se derivan. El centro de gravedad en la lucha contra la burguesía se desplaza hacia la organización de esta contabilidad y de este control. Únicamente partiendo de esto podremos determinar con acierto las tareas inmediatas de la política económica y financiera en el terreno de la nacionalización de los bancos, de la monopolización del comercio exterior, del control del Estado sobre la circulación fiduciaria, del establecimiento de un impuesto sobre los bienes y los ingresos aceptable desde el punto de vista proletario, de la implantación del trabajo obligatorio.

En todos estos dominios (que son muy esenciales, esencialísimos), nuestra labor de transformación socialista se ha retrasado de un modo extraordinario, y el retraso se debe precisamente a la insuficiente organización de la contabilidad y del control en general. Por supuesto, esta es una de las tareas más difíciles, que, con el desbarajuste causado por la guerra, solo admite una solución a la larga; pero no hay que olvidar que es aquí justamente donde la burguesía –sobre todo la pequeña burguesía y la burguesía campesina, particularmente numerosas– nos presenta una batalla muy seria, socavando el control que vamos estableciendo, socavando, por ejemplo, el monopolio de cereales, conquistando posiciones para la especulación y el trapicheo. Estamos aún lejos de haber llevado suficientemente a la práctica lo que ya ha sido decretado, y la tarea principal del momento consiste precisamente en concentrar todos los esfuerzos en la *realización* práctica, efectiva, de las bases de las transformaciones que se han convertido ya en leyes (pero que no son todavía una realidad).

Para proseguir la nacionalización de los bancos y marchar tesoneros hacia la transformación de los mismos en puntos centrales de la contabilidad social en el régimen socialista, es necesario, ante todo y sobre todo, lograr éxitos reales en el aumento del número de sucursales del Banco Nacional, atraer las imposiciones, facilitar al público las operaciones de depósito y entrega de dinero, acabar con las «colas», detener y *fusilar* a los concusionarios y granujas, etc. Hay que empezar por poner en práctica con eficacia lo más simple, organizar de manera satisfactoria lo existente y, luego ya, preparar lo complicado.

Afianzar y poner en orden los monopolios del Estado (del cereal, el cuero, etc.) ya implantados y, con ello, preparar la monopolización del comercio exterior por el Estado sin la cual no podremos «librarnos» del capital extranjero mediante el pago de «tributos»[43]. Ahora bien, todas las posibilidades de la construcción socialista dependen de que logremos poner a salvo durante cierto periodo de transición nuestra independencia económica interior,

---

43. El control del comercio exterior empezó a ejercerse desde los primeros días del poder soviético. Al principio, este comercio lo regulaba el Comité Militar Revolucionario de Petrogrado, que estudiaba los pedidos de exportación e importación de mercancías y vigilaba la labor de las aduanas. Por decreto del Consejo de Comisarios del Pueblo del 29 de diciembre de 1917 (11 de enero de 1918), el comercio exterior fue puesto bajo el control del Comisariado del Pueblo de Comercio e Industria. Pero la organización del control y de la protección aduanera no podía por sí sola defender de modo seguro la economía soviética frente al capital extranjero. Ya en diciembre de 1917, Lenin planteó la necesidad de implantar el monopolio estatal del comercio exterior. El decreto correspondiente fue aprobado por el Consejo de Comisarios del Pueblo el 22 de abril de 1918.

pagando cierto tributo al capital extranjero. En cuanto a la recaudación de impuestos en general, y de los establecidos sobre los bienes e ingresos en particular, también llevamos mucho retraso. La imposición de contribuciones a la burguesía –medida que, en principio, es absolutamente aceptable y que merece la aprobación del proletariado– nos demuestra que, en este terreno, nos hallamos todavía más cerca de los métodos de ganar (Rusia a los ricos para los pobres) que de los métodos de gobernar. Pero, para fortalecernos y pisar más firmes, debemos pasar a estos últimos métodos, debemos sustituir la contribución exigida a la burguesía por un impuesto sobre los bienes e ingresos, aplicado con regularidad y acierto, impuesto que rendirá *más* al Estado proletario y que requiere de nosotros precisamente una organización mayor de la contabilidad y del control y más orden en su ejercicio[44].

Nuestro retraso en la implantación del trabajo obligatorio nos demuestra una vez más que es precisamente la labor preparatoria y de organización la que se plantea al orden del día, labor que, por un lado, debe consolidar

44. En los primeros meses del poder soviético una de las principales fuentes de ingresos del presupuesto, sobre todo en las localidades, eran las contribuciones y los impuestos extraordinarios. Con el fortalecimiento del poder soviético se planteó el problema de pasar a un sistema de pago regular de impuestos, en el que el papel principal debían desempeñarlo los impuestos progresivos de utilidades y bienes, que permitían descargar el peso fundamental de las contribuciones sobre los sectores pudientes de la población. En el informe presentado al I Congreso de toda Rusia de Representantes de las Secciones de Hacienda de los Sóviets, Lenin señaló: «Nos hemos planteado muchas cosas en esta esfera, descombrado el suelo para poner los cimientos de este edificio, pero aún no los hemos puesto. Ahora llega ese momento». El congreso aprobó la proposición de Lenin sobre la necesidad de establecer el impuesto de utilidades y bienes y eligió una comisión especial para redactar la disposición correspondiente, tomando como base las tesis de Lenin. El 17 de junio de 1918, el Consejo de Comisarios del Pueblo aprobó el decreto sobre los cambios y adiciones al del 24 de noviembre de 1917 sobre la exacción de los impuestos directos que determinó un orden riguroso del cobro de los impuestos de utilidades y bienes.

definitivamente lo conquistado y, por otro, es necesaria para preparar la operación que «cercará» al capital y le obligará a «entregarse». Deberíamos comenzar inmediatamente la implantación del trabajo obligatorio, pero hay que hacerlo de una manera muy gradual y cautelosa, comprobando cada paso en la práctica y, naturalmente, implantándolo en primer término *para los ricos*. La implantación de la cartilla de trabajo y de la presupuestaria y de consumo para todo burgués, incluida la burguesía rural, representaría un avance serio hacia el «cerco» total del enemigo y hacia la creación de una contabilidad y de un control verdaderamente populares de la producción y de la distribución de los productos.

Importancia de la lucha por una contabilidad y un control de todo el pueblo

El Estado, que ha sido durante siglos un órgano de opresión y expoliación del pueblo, nos ha dejado en herencia un odio y una desconfianza inmensos de las masas por todo lo estatal. Vencerlos es una tarea ardua que solo está al alcance del poder soviético, pero que también requiere de este largo tiempo y gran perseverancia. Sobre el problema de la contabilidad y del control –problema cardinal con que la revolución socialista se enfrenta ya al otro día de haber derrocado a la burguesía–, esta «herencia» se deja sentir con mucha agudeza. Pasará inevitablemente cierto tiempo hasta que las masas, que se vieron libres por primera vez después del derrocamiento de los terratenientes y de la burguesía, comprendan –no por los libros, sino por su propia experiencia, experiencia *soviética*– y sientan que sin una contabilidad y un control muy amplios y ejercidos por el Estado sobre la producción y la distribución de los productos, el poder de los trabajadores, la libertad de los trabajadores *no* puede sostenerse y que el retorno al yugo del capitalismo es *ineludible.*

Todos los hábitos y todas las tradiciones de la burguesía en general, especialmente de la pequeña burguesía, se oponen también al control *estatal* y defienden la inviolabilidad de la «sacrosanta propiedad privada», de la «sacrosanta» empresa privada. Hoy vemos con la mayor claridad hasta qué grado es exacta la tesis marxista de que el anarquismo y el anarcosindicalismo son corrientes *burguesas*; de que están en pugna inconciliable con el socialismo, la dictadura del proletariado, el comunismo. La lucha por inculcar a las masas la idea de la contabilidad y del control ejercidos por el Estado, de la contabilidad y del control *soviéticos*, la lucha por llevar a la práctica dicha idea, por romper con el maldito pasado que ha acostumbrado a la gente a tener la conquista del pan y del vestido por asunto «privado», la compraventa por un negocio que «solo a mí me incumbe», es una lucha grandiosa, de importancia histórica universal, de la conciencia socialista contra la espontaneidad anárquica burguesa.

Hemos implantado el control obrero como una ley; pero en la práctica cotidiana, y aun en la conciencia de las grandes masas proletarias, no hace más que empezar a penetrar. En nuestra agitación hablamos poco, y nuestros obreros y campesinos avanzados piensan y hablan poco, de que el no llevar la contabilidad ni ejercer el control sobre la producción y la distribución de los productos es la muerte de los gérmenes del socialismo, es malversar los fondos públicos (ya que todos los bienes pertenecen al tesoro, y el tesoro es precisamente el poder soviético, el poder de la mayoría de los trabajadores), y que la negligencia en la contabilidad y en el control significa una complicidad directa con los Kornílov alemanes y rusos, que solo pueden derrocar el poder de los trabajadores en caso de que no logremos resolver el problema de la contabilidad y del control, y que con ayuda de toda la burguesía campesina, con ayuda de los demócratas constitucionalistas, los mencheviques y los eseristas de derecha nos «acechan» en espera del momento propicio. Pero en tanto el control obrero no sea un hecho, en tanto los obreros avanzados no hayan organizado y llevado a efecto su cruzada victoriosa e implacable contra los infractores de este control o contra los negligentes en este dominio no podremos, después de haber dado este primer paso (el del control obrero), dar el segundo hacia el socialismo, es decir, pasar a la regulación de la producción por los obreros.

El Estado socialista puede surgir únicamente como una red de comunas de producción y consumo que calculen concienzudamente su producción y consumo, economicen el trabajo, aumenten incesantemente la productividad del mismo y consigan con ello reducir la jornada laboral hasta siete, seis y aún menos horas. Aquí no es posible eludir la organización de una contabilidad y un control completos rigurosísimos, ejercidos por todo el pueblo, sobre *el cereal* y *la obtención del cereal* (y, a continuación, de los demás productos indispensables). El capitalismo nos ha legado organizaciones de masas capaces de facilitar el tránsito a la contabilidad y al control a vasta escala de la distribución de productos: las cooperativas de consumo. En Rusia están menos desarrolladas que en los países avanzados, pero, no obstante, han abarcado a más de diez millones de asociados. El decreto promulgado hace unos días sobre las cooperativas de consumo[45] tiene

45. El Decreto sobre las Cooperativas de Consumo se publicó con la firma de Lenin en los periódicos *Pravda*, núm. 71, del 13 de abril, e *Izvestia VTsIK*, núm. 75, del 16 de abril. El primer proyecto de decreto, escrito por Lenin, tropezó con la resistencia de los cooperativistas burgueses que defendían la

una significación extraordinaria y demuestra palpablemente la peculiaridad de la situación y de las tareas de la República Socialista Soviética en el momento presente.

El decreto es un acuerdo concertado con las cooperativas burguesas y con las cooperativas obreras que siguen manteniendo un punto de vista burgués. El acuerdo o compromiso consiste, primero, en que los representantes de estas instituciones no solo han participado en la discusión del decreto, sino que, de hecho, han gozado durante la discusión del derecho de voto, pues las partes del decreto a las que dichas cooperativas se oponían con denuedo, fueron suprimidas. Segundo, el compromiso consiste, en realidad, en que el poder soviético renuncia al principio del ingreso gratuito en las cooperativas (único principio consecuentemente proletario), así como a la asociación de toda la población de un lugar dado en *una sola* cooperativa. Al renunciar a este principio, único principio socialista que responde al objetivo de la supresión de las clases, se ha autorizado a las «cooperativas obreras de clase» (que se llaman «de clase» en este caso únicamente porque se subordinan a los intereses de clase de la burguesía) para seguir subsistiendo. Por último, la propuesta del poder soviético de excluir totalmente a la burguesía de las directivas de las cooperativas también ha sido muy debilitada, y la prohibición de entrar en las directivas de las cooperativas se ha hecho extensiva solo a los propie-

independencia de las cooperativas respecto de los órganos de poder soviético. Con el fin de utilizar el mecanismo cooperativista existente para organizar el registro y el control de la distribución de comestibles, el Consejo de Comisarios del Pueblo hizo algunas concesiones a los cooperativistas burgueses durante las conversaciones sostenidas con ellos (marzo-principios de abril de 1918). El 9 y el 10 de abril el Consejo de Comisarios del Pueblo discutió el proyecto de decreto presentado por los cooperativistas. Lenin hizo muchas enmiendas y adiciones al proyecto (además escribió completos los puntos 11, 12 y 13). El decreto fue aprobado por el Consejo de Comisarios del Pueblo, con las enmiendas de Lenin, y luego ratificado por el CEC de toda Rusia.

tarios de las empresas comerciales e industriales de tipo capitalista privado.

No habría necesidad de tales compromisos si el proletariado hubiese conseguido, a través del poder soviético, organizar la contabilidad y el control a escala nacional o, aunque solo fuese, sentar las bases de dicho control. Mediante las secciones de abastecimiento de los sóviets y los organismos similares anejos a los sóviets agruparíamos a la población en una cooperativa única, dirigida por el proletariado y sin la ayuda de las cooperativas burguesas, sin hacer concesiones al principio puramente burgués de que la cooperativa obrera ha de seguir subsistiendo como tal *al lado* de la cooperativa burguesa *en vez* de supeditar totalmente la cooperativa burguesa, uniendo las dos y *asumiendo* toda la dirección, tomando en sus manos el control del consumo de los ricos.

Al concertar semejante acuerdo con las cooperativas burguesas, el poder soviético ha determinado de un modo concreto sus tareas tácticas y sus métodos peculiares de obrar en la presente fase de desarrollo, a saber: aprovechar y dirigir a los elementos burgueses, haciéndoles algunas concesiones parciales, con lo cual creamos las condiciones para un avance que será más lento de lo que en un comienzo suponíamos, pero que, al mismo tiempo, será más firme, tendrá mejor aseguradas la base y las vías de comunicación y mejor fortificadas las posiciones conquistadas. Por lo demás, los sóviets pueden (y *deben*) evaluar hoy día sus éxitos en la obra de la edificación del socialismo con un criterio extraordinariamente claro, sencillo y práctico: en qué número exacto de comunidades (comunas, pueblos o barrios, etc.) y en qué grado se aproxima el desarrollo de las cooperativas a abarcar a toda la población.

El aumento de la productividad del trabajo

En toda revolución socialista, una vez resuelto el problema de la conquista del poder por el proletariado y en la medida en que se va cumpliendo en lo fundamental la tarea de expropiar a los expropiadores y aplastar su resistencia, va colocándose necesariamente en primer plano una tarea cardinal: la de crear un tipo de sociedad superior a la del capitalismo, es decir, la tarea de aumentar la productividad del trabajo y, en relación con esto (y para esto), dar al trabajo una organización superior. Nuestro poder soviético se encuentra precisamente en una situación en que, gracias a las victorias sobre los explotadores, desde Kerenski hasta Kornílov, ha obtenido la posibilidad de abordar de lleno esta tarea y entregarse a ella por entero. Y aquí es donde se ve en el acto que, si bien es posible apoderarse en pocos días del poder central del Estado, si bien es posible aplastar en pocas semanas la resistencia militar (y el sabotaje) de los explotadores, incluso en los diversos confines de un país grande, no lo es menos que para cumplir con eficacia la tarea de elevar la productividad del trabajo, se necesitan, en todo caso (especialmente después de una guerra de las más penosas y devastadoras), varios años. Lo prolongado de esta labor se debe sin duda a circunstancias objetivas.

El aumento de la productividad del trabajo exige, ante todo, que se asegure la base material de la gran industria: el incremento de la extracción de combustible y de la fabricación de hierro, maquinaria y productos químicos. En este sentido, la República Soviética de Rusia se encuentra en condiciones favorables porque dispone, incluso después de la Paz de Brest, de gigantescas reservas de minerales (en los Urales); de combustible en Siberia Occidental (hulla), en el Cáucaso y sureste (petróleo) y en el centro (turba); posee también inmensas riquezas forestales, energía hidráulica y materias primas para la industria química (Kara Bogas), etc. La explotación de estas riquezas naturales con los medios técnicos modernos echará los cimientos para un progreso jamás visto de las fuerzas productivas.

Otra de las condiciones del aumento de la productividad del trabajo es, en primer lugar, elevar el nivel de cultura e instrucción de las grandes masas de la población. Esta elevación marcha ahora con enorme celeridad, cosa que no ven los obcecados por la rutina burguesa, incapaces de comprender cuán grande es el ansia de luz y el espíritu de iniciativa que se extiende hoy entre las capas «bajas» del pueblo gracias a la organización soviética. En segundo lugar, condiciones del fomento de la economía son también el fortalecimiento de la disciplina de los trabajadores, la elevación de la maestría y de la aplicación en el trabajo, el aumento de la intensidad y una organización mejor del mismo.

En este aspecto, de creer a quienes se han dejado intimidar por la burguesía o la sirven, guiados por intereses egoístas, las cosas marchan entre nosotros muy mal e incluso no tienen solución. Estas gentes no comprenden que no ha habido ni puede haber una revolución en la que los partidarios del viejo régimen no griten a voz en cuello sobre el desbarajuste, la anarquía, etc. Es natural que en las masas, que se acaban de sacudir un yugo de increíble salvajismo, haya una profunda y amplia efervescencia y agitación; que el proceso de formación por las masas de las nuevas bases de la disciplina laboral sea muy largo y que ni siquiera pudiera comenzarse antes de la victoria completa sobre los terratenientes y la burguesía.

Pero, sin dejarnos llevar en absoluto de la desesperación, a menudo fingida, que propagan los burgueses y los intelectuales burgueses (que han perdido las esperanzas de poder defender sus viejos privilegios), nosotros en modo alguno debemos encubrir un mal evidente. Todo lo contrario, lo iremos poniendo de manifiesto y reforzaremos los métodos soviéticos de lucha contra este mal, ya que el triunfo del socialismo es inconcebible sin el triunfo de la disciplina proletaria consciente sobre la anarquía espontánea pequeñoburguesa, verdadera premisa de que pueda ser restaurado el régimen de Kerenski o de Kornílov.

La vanguardia más consciente del proletariado de Rusia se ha planteado ya la tarea de fortalecer la disciplina en el trabajo. Por ejemplo, el Comité Central del Sindicato de Obreros Metalúrgicos y el Consejo Central de los Sindicatos han comenzado a redactar las medidas y proyectos de decretos respectivos[46]. Esta labor debe ser apoyada e impulsada con todas las fuerzas. Se debe poner al orden del día la aplicación práctica y el ensayo de la remuneración por unidad de trabajo realizado[47], el aprovechamiento de lo mucho que hay de científico y progresista en el sistema Taylor, la observancia de las proporciones entre el salario y los resultados generales de la producción de artículos o de la explotación del transporte ferroviario, marítimo, fluvial, etc., etc.

El ruso es un mal trabajador comparado con los de las naciones adelantadas. Y no podía ser de otro modo en el

---

46. La organización de la producción social según los principios socialistas exigió nuevas reglas de orden interno para las empresas nacionalizadas, un nuevo reglamento sobre la disciplina laboral y la incorporación al trabajo socialmente útil de todas las personas aptas para el mismo. Estas cuestiones adquirieron especial importancia en el periodo de la tregua pacífica de la primavera de 1918.

47. Después de la Revolución Socialista de Octubre, en casi todas las empresas el pago a destajo se sustituyó con el pago por horas. El pago a destajo comenzó a aplicarse en las primeras empresas nacionalizadas. En el periodo de la tregua pacífica, el pago a destajo tuvo amplia difusión en la industria. Por ejemplo, en las empresas de Petrogrado, hacia julio de 1918 la cuarta parte de los obreros había pasado al trabajo a destajo. El principio del pago a destajo fue ratificado definitivamente por el Código Laboral publicado en diciembre de 1918.

régimen zarista, dada la vitalidad de los restos del régimen de la servidumbre. La tarea que el poder soviético debe plantear con toda amplitud al pueblo es la de aprender a trabajar. La última palabra del capitalismo en este terreno –el sistema Taylor–, al igual que todos los progresos del capitalismo, reúne toda la refinada ferocidad de la explotación burguesa y varias conquistas científicas de sumo valor concernientes al estudio de los movimientos mecánicos durante el trabajo, la supresión de movimientos superfluos y torpes, la adopción de los métodos de trabajo más racionales, la implantación de los sistemas óptimos de contabilidad y control, etc. La República Soviética debe adquirir a toda costa las conquistas más valiosas de la ciencia y de la técnica en este dominio. La posibilidad de realizar el socialismo quedará precisamente determinada por el grado en que logremos combinar el poder soviético y la forma soviética de administración con los últimos progresos del capitalismo. Hay que organizar en Rusia el estudio y la enseñanza del sistema Taylor, su experimentación y adaptación sistemáticas. Al mismo tiempo, y con el propósito de elevar la productividad del trabajo, hay que tener presentes las peculiaridades del periodo de transición del capitalismo al socialismo que reclaman, por un lado, el establecimiento de las bases de la organización socialista de la emulación y, por otro, la aplicación de medidas coercitivas para que la consigna de la dictadura del proletariado no quede empañada por una blandenguería del poder proletario en la práctica.

La organización de la emulación

Al cúmulo de absurdos que la burguesía difunde gustosa sobre el socialismo pertenece también el de que los socialistas niegan la importancia de la emulación. Pero, en realidad, solo el socialismo, al suprimir las clases y, en consecuencia, la esclavización de las masas, abre por vez primera el camino para la emulación a escala amplia de verdad. Y es precisamente el régimen soviético el que, pasando de la democracia formal de la república burguesa a la verdadera participación de las masas trabajadoras en el *gobierno*, plantea por primera vez a gran escala el problema de la emulación. Es mucho más fácil plantearlo en el terreno político que en el económico; pero, para el éxito del socialismo, este último es precisamente el que importa.

Examinemos el problema de la publicidad como medio de organizar la emulación. La república burguesa la garantiza únicamente de una manera formal, subordinando de hecho la prensa al capital, distrayendo al «populacho» con nimiedades políticas picantes, ocultando lo que sucede en los talleres, en las transacciones comerciales, en los suministros, etc., bajo el manto del «secreto comercial» que cubre la «sacrosanta propiedad». El poder soviético ha suprimido el secreto comercial[48] y emprendido una nueva senda; pero aún no hemos hecho casi nada para aprovechar la publicidad en beneficio de la emulación económica. Debe procurarse periódicamente que, al mismo tiempo que se reprime sin piedad la prensa burguesa, impregnada totalmente de falsedades y calumnias descaradas, se cree una prensa que no se

48. Secreto comercial: derecho protegido por las leyes burguesas a mantener en secreto las operaciones de producción, comercio y finanzas, así como toda la documentación referente a ellas de las empresas privadas capitalistas. La resolución «Sobre la situación económica», aprobada en el VI Congreso del POSD(b)R, exigió, como medida imprescindible para aplicar el control obrero, la abolición del secreto comercial. Después de la Revolución de Octubre, el secreto comercial fue abolido por el «Reglamento sobre el control obrero», aprobado por el CEC de toda Rusia y el Consejo de Comisarios del Pueblo el 14 (27) de noviembre de 1917.

dedique a distraer y embaucar a las masas con anécdotas picantes y nimiedades políticas, sino que someta al juicio de las masas los problemas económicos cotidianos y les ayude a estudiarlos en serio. Cada fábrica y cada aldea es una comuna de producción y consumo que tiene el derecho y el deber de aplicar a su manera las leyes soviéticas generales («a su manera» no en el sentido de infringirlas, sino de la diversidad de formas de su aplicación), resolver a su manera el problema de la contabilidad de la producción y la distribución de los productos. En el capitalismo, esto era un «asunto privado» de cada capitalista, de cada terrateniente o kulak. En el poder soviético, esto no es un asunto privado, sino público y de la mayor importancia.

Apenas si hemos comenzado aún la inmensa, difícil y, a la vez, grata labor de organizar la emulación entre las comunas, de implantar la rendición de cuentas y la publicidad en la producción del cereal, del vestido, etc., de convertir los balances burocráticos, escuetos y sin vida, en ejemplos vivos, unas veces repulsivos y otras atrayentes. Con el modo capitalista de producción la importancia de cada ejemplo por separado, digamos, de una cooperativa cualquiera de producción, quedaba sin falta limitada hasta el último grado, y solo la fantasía pequeñoburguesa podía soñar con «corregir» el capitalismo con la influencia de los ejemplos de las instituciones rebosantes de virtudes. Después de pasar el poder político a manos del proletariado, después de la expropiación de los expropiadores, la situación cambia de raíz y –conforme a las reiteradas indicaciones de socialistas destacados– la fuerza del ejemplo adquiere por vez primera la posibilidad de ejercer su influencia a vasta escala. Las comunas modelo deben servir y servirán de ejemplo educador, instructivo y estimulante para las comunas atrasadas. La prensa debe ser un instrumento de la construcción del socialismo que difunde con lujo de pormenores los éxitos de las comunas modelo, analiza las causas de estos éxitos y los métodos de organización de la hacienda de las mismas y pone, por otro lado, en la picota a las comunas que se obstinan en conservar las «tradiciones del capitalismo», es decir, de la anarquía, la holgazanería, el desorden, la especulación. En la sociedad capitalista, la estadística era de la incumbencia exclusiva de los funcionarios públicos o de profesionales; nosotros debemos llevarla a las masas, popularizarla para que los trabajadores vayan aprendiendo poco a poco a comprender y ver ellos mismos cómo y cuánto hay que trabajar, cómo y cuánto se puede descansar; para que la *comparación de los balances económicos* de la hacienda de las distintas comunas se transforme en objeto de interés y estudio para todos, para que las comunas que se destaquen sean recompensadas en el acto (reduciéndoles la jornada de trabajo durante cierto tiempo, aumentando en ellas la retribución, concediéndoles mayores bienes y valores culturales o estéticos, etc.).

Cuando en el escenario histórico entra una clase nueva como jefe y dirigente de la sociedad, por un lado, siempre hay un periodo de grandes «sacudidas», conmociones, luchas y tempestades, y, por otro lado, tampoco falta un periodo de titubeos, experimentos, vacilaciones y dudas respecto a la elección de nuevos métodos correspondientes a la nueva situación objetiva. La nobleza feudal agonizante se vengaba de la burguesía que triunfaba y que la desplazaba; se vengaba no solo mediante conspiraciones e intentos de insurrección y restauración, sino también mediante torrentes de burlas a costa de la incapacidad, la torpeza y los errores de esos «advenedizos» e «insolentes» que se atrevían a empuñar el «sagrado timón» del Estado sin poseer la preparación secular que para ello tienen los príncipes, barones, nobles y aristócratas. Del mismo modo, los Kornílov y los Kerenski, los Gots y los Mártov, toda esa cofradía de héroes de la chalanería y del escepticismo burgueses, se están vengando ahora de la clase obrera de Rusia por su «atrevido» intento de tomar el poder.

Se requieren, por supuesto, largos meses y años, y no semanas, para que la nueva clase social, una clase hasta ahora oprimida y aplastada por la miseria y la ignorancia, pueda familiarizarse con la nueva situación, orientarse, organizar su trabajo y destacar a sus organizadores. Se comprende que el partido que dirige al proletariado revolucionario no podía adquirir la experiencia ni los hábitos de las grandes medidas destinadas a organizar a millones y decenas de millones de ciudadanos, que el rehacer los viejos hábitos, que se reducían casi exclusivamente a la agitación, es una obra muy larga. Pero en esto no hay nada imposible, y lo conseguiremos en cuanto tengamos la clara conciencia de que ese cambio es necesario, la firme decisión de realizarlo, la constancia imprescindible en la lucha por este objetivo grande y difícil. Es inmenso el número de organizadores de talento que existen en el «pueblo», es decir, entre los obreros y los campesinos que no explotan trabajo ajeno; el capital los oprimía, los aplanaba y lanzaba por la borda por millares. Nosotros aún no sabemos descubrirlos, animarlos, ponerlos en pie, destacarlos. Pero lo aprenderemos si nos aplicamos a ello con todo el entusiasmo revolucionario, sin el cual no puede haber revoluciones victoriosas.

No ha habido ningún movimiento popular profundo y caudaloso en la historia que no llevara esa inmunda espuma de aventureros y granujas, de fanfarrones y vocingleros que se arriman a los innovadores sin experiencia; no ha habido movimiento sin ajetreos absurdos, sin confusión, sin agitación vana, sin que algunos «jefes» intenten hacer veinte cosas a la vez y no acabar ninguna. Que ladren y gruñan los gozques de la sociedad burguesa, desde Belorússov hasta Mártov, a propósito de cada astilla que salte al talar ese bosque grande y vetusto. Para eso son gozques, para ladrarle al elefante proletario[49]. Que ladren.

Nosotros seguiremos nuestro camino, tratando de poner a prueba y estudiar pacientemente, con el mayor cuidado posible, a los verdaderos organizadores, a los hombres de mente clara y visión práctica, a los hombres que reúnan la fidelidad al socialismo con la capacidad de organizar sin alboroto (y a pesar del desorden y del alboroto) el trabajo unido, solidario y común de gran número de personas en el marco de la organización soviética. Solo a hombres así, después de probarlos diez veces y pasarlos de los trabajos más sencillos a los más complejos, debemos llevarlos a los puestos de responsabilidad de dirigentes del trabajo del pueblo, de dirigentes administrativos. Todavía no hemos aprendido a hacerlo. Pero aprenderemos.

«Buena organización» y dictadura

La tarea primordial del momento que plantea la resolución del último Congreso de los Sóviets, celebrado en Moscú, es crear una «buena organización» y fortalecer la disciplina. Hoy todos «votan» y «suscriben» gustosos resoluciones de este género; mas, por lo común, no se paran a pensar que su aplicación requiere el empleo de la coerción, y, precisamente, de una coerción en forma de dictadura. Sin embargo, sería la mayor torpeza y la más absurda utopía suponer que se puede pasar del capitalis-

49. De la fábula *El elefante y el gozque*, del poeta ruso I. A. Krylov.

mo al socialismo sin coerción y sin dictadura. La teoría marxista se ha pronunciado hace mucho, y del modo más rotundo, contra esta absurdidad democrática pequeñoburguesa y anarquista. La Rusia de 1917-1918 confirma con tal evidencia y de un modo tan palpable y convincente la teoría de Marx sobre el particular que solo tontos de remate o empeñados en volver la espalda a la verdad pueden todavía desorientarse en este terreno. O dictadura de Korník (si lo tomamos por el tipo ruso del Cavaignac burgués) o dictadura del proletariado: no puede haber otra salida para un país que se desarrolla con extraordinaria rapidez, con virajes de excepcional brusquedad y en medio del terrible desbarajuste económico originado por la más penosa de las guerras. Todas las soluciones intermedias serán o un fraude al pueblo, cometido por la burguesía, que no puede decir la verdad, no puede declarar que necesita a Kornílov; o una manifestación de la estupidez de los demócratas pequeñoburgueses, de los Chernov, Tsereteli y Mártov, con su charlatanería acerca de la unidad de la democracia, de la dictadura de la democracia, del frente democrático general y demás tonterías por el estilo. Hay que considerar perdidos sin remedio a quienes no han aprendido siquiera en el curso de la Revolución rusa de 1917-1918 que las soluciones intermedias son imposibles.

Por otra parte, no es difícil convencerse de que, en toda transición del capitalismo al socialismo, la dictadura es imprescindible por dos razones esenciales o en dos aspectos fundamentales. Primero, es imposible vencer y desarraigar el capitalismo sin aplastar sin piedad la resistencia de los explotadores, que no pueden ser privados de golpe de sus riquezas, de las ventajas que les proporcionan su organización y sus conocimientos y que, en consecuencia, se esforzarán inevitablemente, durante un periodo bastante prolongado, por derrocar el odiado poder de los pobres. Segundo, toda gran revolución, especialmente la revolución socialista, es inconcebible sin guerra interior, es decir, sin guerra civil, aunque no exista una guerra exterior. Y la guerra civil lleva implícita una ruina mayor aún que la ocasionada por la guerra exterior; significa millares y millones de vacilaciones y de deserciones de un campo a otro, un estado de terrible incertidumbre, de desequilibrio y de caos. Como es natural, todos los elementos de descomposición de la sociedad vieja, fatalmente numerosísimos y ligados, sobre todo, a la pequeña burguesía (pues es la primera en quedar arruinada y aniquilada por toda guerra y toda crisis), no pueden menos de «manifestarse» en una conmoción tan profunda. Y los elementos de descomposición *solo* pueden «manifestarse» en un aumento de la delincuencia, de la golfería, del soborno, de la especulación y de toda clase de escándalos. Para acabar con todo eso se requiere tiempo y hace falta *mano de hierro.*

La historia no conoce ninguna gran revolución en la que el pueblo no haya sentido eso por instinto y no haya mostrado una firmeza salvadora, fusilando a los ladrones en el acto. La desgracia de las revoluciones precedentes consistió en que el entusiasmo revolucionario de las masas, que las tenía en tensión y les daba energías para reprimir sin piedad a los elementos corruptores, duraba poco.

La causa social, es decir, de clase, de esa falta de solidez del entusiasmo revolucionario de las masas residía en la debilidad del proletariado, *único* capaz (cuando es bastante numeroso, consciente y disciplinado) de atraer *a la mayoría* de los trabajadores y explotados (a la mayoría de los pobres, empleando un término más sencillo o popular) y sujetar el poder en sus manos el tiempo suficiente para aplastar por completo a todos los explotadores y a todos los elementos corruptores.

Esta experiencia histórica de todas las revoluciones, esta enseñanza –económica y política– de alcance histórico universal fue resumida por Marx en su fórmula breve, tajante, precisa y brillante: la dictadura del proletariado. Y la marcha triunfal de la organización soviética por todos los pueblos y naciones de Rusia ha *demostrado* que la Revolución rusa ha abordado con acierto esta tarea de alcance histórico universal. Pues el poder soviético no es otra cosa que la forma de organización de la dictadura del proletariado, de la dictadura de la clase de vanguardia, que eleva a una nueva democracia y a la participación efectiva en el gobierno del Estado a decenas y decenas de millones de trabajadores y explotados, los cuales aprenden de su misma experiencia a considerar que su jefe más seguro es la vanguardia disciplinada y consciente del proletariado.

Pero la palabra dictadura es una gran palabra. Y las grandes palabras no deben vocearse al viento. La dictadura es un poder férreo, de audacia y rapidez revolucionarias, implacable en la represión tanto de los explotadores como de los malhechores. Sin embargo, nuestro poder es demasiado blando y, en infinidad de ocasiones, se parece más a la gelatina que al hierro. No debe olvidarse ni por un instante que el elemento burgués y pequeñoburgués lucha contra el poder soviético de dos maneras: por un lado, actuando desde fuera con los métodos de los Sávinkov, Gots, Gueguechkori y Kornílov, con conspiraciones y alzamientos, con su inmundo reflejo «ideológico», con torrentes de mentiras y calumnias difundidas en la prensa de los demócratas constitucionalistas, de los eseristas de derecha y de los mencheviques; por otro lado, este elemento actúa desde dentro, aprovechando todo factor de descomposición y toda flaqueza, a fin de practicar el soborno y aumentar la indisciplina, el libertinaje y el caos. Cuanto más nos acercamos al total aplastamiento militar de la burguesía, más peligroso se hace para nosotros el elemento de la anarquía pequeñoburguesa. Y contra este elemento no se puede luchar únicamente con la propaganda, la agitación, la organización de la emulación o la selección de organizadores; hay que oponerle también la coerción.

A medida que la tarea fundamental del poder deje de ser la represión militar para convertirse en la labor administrativa, la manifestación típica de la represión y coerción no será el fusilamiento en el acto, sino el tribunal. Después del 25 de octubre de 1917, las masas revolucionarias emprendieron el camino justo en este terreno y demostraron la vitalidad de la revolución, empezando a organizar sus propios tribunales obreros y campesinos, sin esperar que se promulgasen los decretos de disolución del mecanismo judicial burocrático burgués. Pero nuestros tribunales revolucionarios y populares son de una debilidad extraordinaria e increíble. Se nota que aún no se ha borrado del todo la opinión que el pueblo tiene de los tribunales como de algo burocrático y ajeno, opinión heredada de la época en que existía el yugo de los terratenientes y de la burguesía. Todavía no se comprende bastante que el tribunal es un órgano llamado a incorporar precisamente a todos los pobres a la gestión pública del Estado (pues la actividad judicial es una de las funciones administrativas del Estado), que el tribunal es *un órgano de poder* del proletariado y de los campesinos pobres, que el tribunal es un instrumento para *inculcar la disciplina.* No se comprende bastante el hecho simple y evidente de que si el hambre y el paro son las mayores plagas de Rusia, estas plagas no podrán ser vencidas con ningún movimiento impulsivo, sino solo con una organización y una disciplina en todos los órdenes, extensivas a todo y a todo el pueblo, que permitan aumentar la producción de pan para la gente y de pan para la industria (combustible), transportarlo a tiempo y distribuirlo acertadamente; que, por eso, cuantos infringen la disciplina del trabajo en cualquier fábrica, en cualquier empresa o en cualquier obra son los *culpables* de los tormentos causados por el hambre y el paro; que es necesario saber descubrir a los culpables, entregarlos a los tribunales y castigarlos sin piedad. El elemento pequeñoburgués, contra el que habremos de luchar ahora con el mayor tesón, se manifiesta precisamente en la insuficiente comprensión de la relación económica y política existente entre el hambre y el paro, por un lado, y el relajamiento de todos y cada uno en el terreno de la organización y la disciplina, por otro; en que sigue muy arraigado el punto de vista del *pequeño propietario*: sacar la mayor tajada posible y, después, ¡lo que sea sonará!

En el transporte ferroviario –que tal vez sea donde se plasman con mayor evidencia los vínculos económicos del organismo creado por el gran capitalismo– se manifiesta con singular relieve esta lucha entre el elemento relajador pequeñoburgués y el espíritu proletario de organización. El elemento «administrativo» proporciona en gran abundancia saboteadores y concusionarios; la mejor parte del elemento proletario lucha por la disciplina; pero en uno y otro hay, como es natural, muchos vacilantes, muchos «débiles», incapaces de no caer en la «tentación» de especular, dejarse sobornar y sacar provecho personal a costa de deteriorar todo el mecanismo, de cuyo buen funcionamiento depende el triunfo sobre el hambre y el paro. Es sintomática la lucha entablada en este terreno en torno al último decreto sobre la administración de los ferrocarriles, sobre la concesión de poderes dictatoriales (o «ilimitados») a ciertos dirigentes[50]. Los representantes

50. Se refiere al decreto del Consejo de Comisarios del Pueblo «Sobre la centralización de la administración, la protección de los ferrocarriles y la elevación de su capacidad de tráfico». Después de analizar, el 18 de marzo de 1918, el proyecto de decreto propuesto por el Comisariado del Pueblo de Vías de

conscientes (y en su mayoría, probablemente, inconscientes) del relajamiento pequeñoburgués han querido ver en la concesión de poderes «ilimitados» (es decir, dictatoriales) a ciertas personas una abjuración de la norma de dirección colectiva, de la democracia y de los principios del poder soviético. En algunos lugares, entre los eseristas de izquierda se emprendió una agitación francamente propia de maleantes contra el decreto sobre los poderes dictatoriales, es decir, una agitación en la que se apelaba a los bajos instintos y al afán del pequeño propietario de «sacar» la mayor tajada posible. La cuestión planteada tiene, en efecto, inmensa importancia: primero, se trata de una cuestión de principio, de saber si el nombramiento de determinadas personas investidas de poderes dictatoriales ilimitados es, en general, compatible con los principios cardinales del poder soviético; segundo, de saber qué relación guarda este caso –este precedente, si se quiere– con las tareas especiales del poder en el momento concreto actual. Ambas cuestiones deben ser examinadas con la mayor atención. La experiencia irrefutable de la historia muestra que la dictadura de ciertas personas ha sido con mucha frecuencia, en el curso de los movimientos revolucionarios, la expresión de la dictadura de las clases revolucionarias, su portadora y su vehículo. No ofrece

---

Comunicación sobre la no interferencia de las diversas instituciones en los asuntos del Departamento de Ferrocarriles, el Consejo de Comisarios del Pueblo encargó a una comisión especial rehacer el decreto sobre la base de las siguientes tesis de Lenin: «1. Mayor centralización. 2. Nombramiento de responsables ejecutivos en cada centro local, a elección de las organizaciones ferroviarias. 3. Cumplimiento obligatorio de sus órdenes. 4. Derechos dictatoriales a los destacamentos de protección militar encargados de mantener el orden. 5. Medidas para inventariar sin demora el material rodante y su ubicación. 6. Medidas para crear la sección técnica. 7. Combustible». El proyecto fue presentado por la comisión y examinado el 21 de marzo en el Consejo de Comisarios del Pueblo. El 23 de marzo fue aprobado definitivamente el decreto por el Gobierno y el día 26 del mismo mes publicado con la firma de Lenin en el núm. 57 de *Izvestia VTsIK*.

duda alguna que la dictadura personal ha sido compatible con la democracia burguesa. Pero los detractores burgueses del poder soviético, así como sus segundones pequeñoburgueses, recurren siempre al escamoteo y dan pruebas de gran destreza en este punto: por una parte, declaran que el poder soviético es algo simplemente absurdo, anárquico, salvaje, eludiendo con el mayor cuidado todos nuestros paralelos históricos y las pruebas teóricas de que los sóviets son la forma superior de democracia, más aún, el comienzo de la forma *socialista* de democracia; por otra parte, exigen de nosotros una democracia superior a la burguesa y dicen: la dictadura personal es absolutamente incompatible con su democracia soviética, bolchevique (o sea, no burguesa, sino *socialista*).

Los razonamientos no pueden ser peores. Si no somos anarquistas, debemos admitir la necesidad del Estado, es decir, la *coerción*, para pasar del capitalismo al socialismo. La forma de coerción está determinada por el grado de desarrollo de la clase revolucionaria correspondiente, por circunstancias especiales –como es, por ejemplo, la herencia recibida de una guerra larga y reaccionaria– y por las formas de resistencia de la burguesía y de la pequeña burguesía. Así pues, *no existe* absolutamente ninguna contradicción de principio entre la democracia soviética (es decir, socialista) y el ejercicio del poder dictatorial por ciertas personas. La dictadura proletaria se diferencia de la dictadura burguesa en que la primera dirige sus golpes contra la minoría explotadora, a favor de la mayoría explotada; además en que la primera es ejercida –*también por conducto de ciertas personas*– no solo por las masas trabajadoras y explotada sino asimismo por organizaciones estructuradas de manera que pueden despertar precisamente a esas masas y elevarlas a hacer la historia (a este género de organizaciones pertenecen los sóviets).

Por lo que se refiere a la segunda cuestión (el significado precisamente del poder dictatorial unipersonal desde el punto de vista de las tareas específicas del momento presente), debemos decir que toda gran industria maquinizada –es decir, precisamente el origen y la base material, de producción, del socialismo– requiere *una unidad de voluntad* absoluta y rigurosísima que dirija el trabajo común de centenares, miles y decenas de miles de personas. Esta necesidad es evidente desde tres puntos de vista –técnico, económico e histórico–, y cuantos pensaban en el socialismo la han tenido siempre por una condición para llegar a él. Pero ¿cómo puede asegurarse la más rigurosa unidad de voluntad? Supeditando la voluntad de miles de personas a la de una sola.

Si quienes participan en el trabajo común poseen una conciencia y una disciplina ideales, esta supeditación puede recordar más bien la suavidad con que conduce un director de orquesta. Si no existen esa disciplina y esa conciencia ideales la supeditación puede adquirir las formas tajantes de la dictadura. Pero, de uno u otro modo, la *supeditación incondicional* a una voluntad única es absolutamente necesaria para el buen éxito de los procesos del trabajo, organizado al estilo de la gran industria maquinizada. Para los ferrocarriles, ello es el doble y el triple necesario. Y esta transición de una tarea política a otra, que no se le parece en nada por fuera, constituye la peculiaridad del momento que vivimos. La revolución acaba de romper las cadenas más antiguas, más fuertes y pesadas, con las que se sometía a las masas por la fuerza. Eso sucedía ayer. Pero hoy, esa misma revolución, en beneficio precisamente de su desarrollo y robustecimiento, en beneficio del socialismo, exige la *supeditación incondicional* de las masas a la *voluntad única* de los dirigentes del proceso de trabajo. Está claro que semejante transición es inconcebible de golpe. Está claro que solo puede llevarse a cabo a costa de enormes sacudidas y conmociones, con retornos a lo viejo, mediante una tensión colosal de las energías de la vanguardia proletaria que conduce al pueblo hacia lo nuevo. En esto no piensan quienes se dejan arrastrar por el histerismo pequeñoburgués de *Nóvaya Zhizn* o *Vperiod*[51], *Delo Naroda* o *Nash Vek*[52].

Tomemos la psicología del individuo medio, de base, de la masa trabajadora y explotada y comparémosla con las condiciones objetivas, materiales, de la vida social del mismo. Hasta la Revolución de Octubre *no* había visto aún en la práctica que las clases poseedoras las clases explotadoras le hubiesen sacrificado o cedido realmente algo de importancia para ellas. No había visto *aún* que esas clases le hubiesen dado la tierra y la libertad, tantas veces prometidas, que le hubiesen dado la paz, que hubiesen renunciado a sus intereses de «nación dominante» y a los tratados secretos imperialistas, que hubiesen sacrificado algo de su capital y de sus ganancias. Lo ha visto

51. *Vperiod* (Adelante): diario menchevique; se publicó en Moscú desde marzo de 1917 como órgano de la organización menchevique de Moscú y más tarde como órgano de los comités del POSDR de la organización de Moscú y de la Región Central. A partir del 2 de abril de 1918 fue asimismo órgano del Comité Central de los mencheviques; integraban su redacción L. Mártov, F. I. Dan y A. S. Martínov. Después de la Revolución de Octubre la publicación fue suspendida en dos ocasiones por su labor contrarrevolucionaria, y el 10 de mayo de 1918 fue clausurado por decreto de la Cheka y sus dirigentes fueron procesados. El 14 de mayo reapareció con el título de *Vsegdá Vperiod!* (¡Siempre Adelante!), pero salió solo un número, y reanudó su publicación en enero de 1919. En febrero de 1919, por decreto del CEC de toda Rusia, fue clausurado definitivamente.

52. *Nash Vek* (Nuestro Siglo): uno de los nombres del periódico *Rech*, órgano central del Partido Demócrata Constitucionalista, que después de clausurado por orden del Comité Militar Revolucionario de Petrogrado, del 26 de octubre (8 de noviembre) de 1917, siguió apareciendo hasta agosto de 1918 con las denominaciones de *Nasha Rech* (Nuestra Palabra), *Svobódnaya Rech* (La Palabra Libre), *Vek* (El Siglo), *Nóvaya Rech* (La Nueva Palabra) y *Nash Vek* (Nuestro Siglo).

únicamente *después* del 25 de octubre de 1917, cuando él mismo hubo de conquistarlo todo esto por la fuerza y defenderlo también por la fuerza frente a los Kerenski, los Gots, los Gueguechkori, los Dútov y los Kornílov. Se comprende que, durante cierto tiempo, toda su atención, todos sus pensamientos, todas sus fuerzas espirituales hayan tendido a una sola cosa: a respirar libremente, a erguirse, explayarse y gozar de los bienes inmediatos que le ofrecía la vida y le negaban los explotadores derrocados. Se comprende que haga falta cierto tiempo para que el individuo de las masas vea, se convenza y, además, sienta que no se puede simplemente «tomar», echar el guante a algo y llevárselo, que esto aumenta el desbarajuste, el desastre, que trae de vuelta a los Kornílov. El viraje correspondiente en las condiciones de vida (y, por tanto, en la psicología también) de las masas trabajadoras sencillas no hace más que empezar. Y toda nuestra misión, la misión del Partido Comunista (bolchevique), intérprete consciente del afán de emancipación de los explotados, es conocer este viraje, comprender que es necesario, ponerse a la cabeza de las masas cansadas, que buscan con ansiedad una salida, guiarlas por el buen camino, por el camino de la disciplina laboral, enseñarles a compaginar las discusiones públicas *acerca* de las condiciones de trabajo con el sometimiento incondicional a la voluntad del dirigente soviético, del dictador, *durante* el trabajo.

Los burgueses, los mencheviques, los de *Nóvaya Zhizn,* que solo ven caos, desorden y explosiones de egoísmo de pequeños propietarios, se burlan de las «discusiones públicas» o las denigran, furiosos, con más frecuencia aún. Pero sin las discusiones públicas, la masa de oprimidos jamás podría pasar de la disciplina impuesta por los explotadores a la disciplina consciente y voluntaria.

Las discusiones públicas son, precisamente, la verdadera democracia, el enderezamiento, el despertar de los trabajadores a la nueva vida; son los primeros pasos que dan por un terreno que ellos mismos han limpiado de reptiles (explotadores, imperialistas, terratenientes y capitalistas) y que ellos mismos quieren aprender a organizar a su manera, para sí, respaldándose en los principios de su propio poder, del poder *soviético*, y no de un poder ajeno, señorial o burgués. Ha sido precisa la victoria conquistada en octubre por los trabajadores sobre los explotadores, ha sido precisa toda una etapa histórica de discusión inicial por los propios trabajadores de las nuevas condiciones de vida y de las nuevas tareas, para poder pasar con firmeza a formas superiores de la disciplina de trabajo, a una asimilación consciente de la idea de que es necesaria la dictadura del proletariado, a un sometimiento incondicional a las órdenes personales de los representantes del poder soviético en las horas de trabajo.

Esta transición ha comenzado ahora.

Hemos cumplido con éxito la primera tarea de la revolución, hemos visto cómo preparan las masas trabajadoras en su propio seno la condición fundamental para el triunfo de esa revolución: la unificación de los esfuerzos contra los explotadores a fin de lograr su derrocamiento. Etapas como las de octubre de 1905[53] y febrero y octubre de 1917 tienen una importancia histórica universal.

Hemos cumplido con éxito la segunda tarea de la revolución: despertar y alzar a esos mismos «sectores bajos» de la sociedad que los explotadores habían echado al fondo y que solo después del 25 de octubre de 1917 obtuvieron la plena libertad de derrocar a esos explotadores y

---

53. Octubre de 1905: periodo de apogeo de la primera Revolución rusa de 1905-1907.

de comenzar a orientarse y a organizar la vida a su manera. Esta segunda gran etapa de la revolución estriba en las discusiones públicas precisamente de las masas trabajadoras más oprimidas, más atrasadas y menos preparadas, el paso de estas a los bolcheviques, la instauración por ellas de su organización soviética en todas partes.

Empieza la tercera etapa. Hay que afianzar lo conquistado por nosotros mismos, lo que hemos decretado, legalizado, discutido y proyectado: hay que afianzarlo mediante formas estables de una *disciplina de trabajo diaria.* Es la tarea más difícil, pero también la más grata, pues únicamente su cumplimiento nos permitirá implantar el orden socialista. Hay que aprender a conjugar la democracia de las discusiones públicas de las masas trabajadoras, que fluye tumultuosa como las aguas primaverales desbordadas, con la disciplina férrea durante el trabajo, con el *sometimiento incondicional* a la voluntad de una sola persona, del dirigente soviético, en las horas de trabajo.

Todavía no hemos aprendido a hacerlo.

Pero aprenderemos.

La amenaza de restauración de la explotación burguesa, personificada por los Kornílov, los Gots, los Dútov, los Gueguechkori y los Bogaevski, se cernía ayer sobre nosotros. Pero los hemos vencido. Esta restauración, esta misma restauración nos amenaza hoy bajo otra forma, bajo la forma del elemento de relajación y anarquismo pequeñoburgués, del espíritu del pequeño propietario: «Eso no reza conmigo»; bajo la forma de ataques e incursiones cotidianos, pequeños, pero numerosos, de este elemento contra la disciplina proletaria. Debemos vencer este elemento de anarquía pequeñoburguesa, y lo venceremos.

El desarrollo de la organización soviética

El carácter socialista de la democracia soviética –es decir, *proletaria*, en su aplicación concreta presente– consiste, primero, en que los electores son las masas trabajadoras y explotadas, y queda excluida la burguesía; segundo, en que desaparecen todas las formalidades y restricciones burocráticas en las elecciones: las propias masas determinan las normas y el plazo de las elecciones, gozando de plena libertad para revocar a los elegidos; tercero, en que se crea la mejor organización de masas de la vanguardia trabajadora, del proletariado de la gran industria, la cual le permite dirigir a las más vastas masas de explotados, incorporarlas a una vida política independiente y educarlas en el aspecto político, basándose en su propia experiencia; en que, de este modo, se aborda por vez primera la tarea de que aprenda a gobernar y comience a gobernar realmente toda la población.

Tales son los principales rasgos distintivos de la democracia aplicada en Rusia, que constituye un tipo superior de democracia, que significa la ruptura con la deformación burguesa de la misma y el paso a la democracia socialista y a condiciones que permitan el comienzo de la extinción del Estado.

Por supuesto, el elemento de la desorganización pequeñoburguesa (que se dejará sentir *inevitablemente*, bajo una u otra forma, en *toda* revolución proletaria, y que en nuestra revolución se manifiesta con fuerza singular en virtud del carácter pequeñoburgués del país, de su atraso y de las consecuencias de la guerra reaccionaria) no puede menos de imprimir también su sello en los sóviets. Hay que trabajar infatigablemente para desarrollar la organización de los sóviets y el poder soviético. Existe la tendencia pequeñoburguesa de convertir a los miembros de los en sóviets en «parlamentarios» o de otro lado en burócratas. Hay que luchar contra esto, haciendo participar prácticamente a *todos* los miembros de los sóviets en el gobierno del país. En muchos lugares, las secciones de los sóviets se están transformando en órganos que se funden paulatinamente con los comisariados. Nuestro objetivo es hacer participar prácticamente a *toda la población pobre* en el gobierno del país; y todos los pasos que se den para lograr este objetivo –cuanto más variados, tanto mejor– deben ser registrados, analizados y sistematizados minuciosamente, deben ser contrastados con una experiencia más amplia y refrendados por la ley. Nuestro objetivo es lograr que *cada* trabajador, después de «cumplir la tarea» de ocho horas de trabajo productivo, desempeñe *sin retribución* las funciones estatales. El paso a este sistema es particularmente difícil, pero solo en él está la garantía de que se consolide definitivamente el socialismo. Como es natural, la novedad y la dificultad del cambio motivan la abundancia de pasos que se dan a tientas, por decirlo así; originan multitud de errores y titubeos, sin los cuales no puede haber ningún avance rápido. Toda la originalidad de la situación actual consiste, desde el punto de vista de muchos que desean considerarse socialistas, en que la gente se ha acostumbrado a oponer en forma abstracta el capitalismo al socialismo, intercalando entre uno y otro, con aire grave, la palabra «salto» (algunos, recordando fragmentos aislados de cosas leídas en las obras de Engels, agregaban con aire aún más grave: «salto del reino de la necesidad al reino de la libertad»[54]). La mayoría de los llamados socialistas, que del socialismo «han leído en los libros», pero que jamás han profundizado en serio en este problema, no saben pensar que los maestros del socialismo denominaban «salto» al cambio

54. Lenin se refiere y cita la obra de F. Engels *Anti-Dühring*.

brusco, considerado desde el punto de vista de los virajes de la historia universal, y que los saltos de esta naturaleza abarcan periodos de diez e incluso más años. Es lógico que la famosa «intelectualidad» suministre en momentos como este una infinidad de plañideras: una llora por la Asamblea Constuyente; otra, por la disciplina burguesa; la tercera, por el orden capitalista; la cuarta, por el terrateniente civilizado; la quinta, por el espíritu imperialista de nación dominante, etc., etc.

El verdadero interés de la época de los grandes saltos consiste en que la abundancia de escombros de lo viejo, amontonados a veces con mayor rapidez que despuntan los brotes de lo nuevo (no siempre perceptibles al primer golpe de vista), requiere que se sepa destacar lo más esencial en la línea o en la cadena del desarrollo. Hay momentos históricos en que lo más importante para asegurar el éxito de la revolución consiste en amontonar la mayor cantidad posible de escombros, es decir, hacer saltar el mayor número de instituciones caducas; hay momentos en que, logrado esto en grado suficiente, se plantea a la orden del día la labor «prosaica» («tediosa» para el revolucionario pequeñoburgués) de descombrar el terreno; hay momentos en que lo más importante es cuidar con solicitud los brotes de lo nuevo, que surgen de entre los escombros en un terreno aún mal descombrado.

No basta con ser revolucionario y partidario del socialismo o comunista en general. Es necesario saber encontrar en cada momento peculiar el eslabón particular al cual hay que aferrarse con todas las fuerzas para sujetar toda la cadena preparar sólidamente el paso al eslabón siguiente. El orden de los eslabones, su forma, su engarce, la diferencia entre unos y otros no son tan simples ni tan burdos en la cadena histórica de los acontecimientos como en una cadena corriente forjada por un herrero.

La lucha contra la deformación burocrática de la organización soviética está garantizada por la solidez de los vínculos de los sóviets con el «pueblo» –entendiendo por tal a los trabajadores y explotados–, por la flexibilidad y elasticidad de esos vínculos. Los pobres jamás consideran instituciones suyas los parlamentos burgueses, ni siquiera en la república capitalista más democrática del mundo. Los sóviets, en cambio, son instituciones «propias», y no ajenas, para la masa de obreros y campesinos. A los actuales «socialdemócratas» del matiz de Scheidemann o, lo que es casi igual, de Mártov les repugnan los sóviets y les atrae el respetable Parlamento burgués o la Asamblea Constituyente, del mismo modo que a Turguénev, hace sesenta años, le atraía la moderada constitución monárquica y aristocrática y le repugnaba el espíritu democrático «plebeyo» de Dobroliúbov y Chernishevski.

Es precisamente esta proximidad de los sóviets al «pueblo» trabajador la que crea formas especiales de control desde abajo –derecho de revocación, etc.–, que deben ser desarrolladas ahora con un celo singular. Por ejemplo, los Consejos de Instrucción Pública como conferencias periódicas de los electores soviéticos con sus delegados para discutir y controlar la labor de las autoridades soviéticas en este terreno son dignos de la mayor simpatía y apoyo. No hay nada más necio que transformar los sóviets en algo anquilosado que se basta por sí solo. Cuanto mayor sea la decisión con que debamos defender hoy la necesidad de un poder firme e implacable, de dictadura de ciertas personas *para determinados procesos de trabajo,* en determinados momentos del ejercicio de funciones *puramente ejecutivas,* tanto más variadas habrán de ser las formas y los métodos de control desde abajo, a fin de paralizar toda sombra de posible deformación del poder soviético, a fin de arrancar reiterada y constantemente la mala hierba burocrática.

Conclusión

Una situación internacional extraordinariamente dura, difícil y peligrosa; la necesidad de maniobrar y replegarse; un periodo de espera de nuevas explosiones revolucionarias, que maduran con agobiante lentitud en los países occidentales; dentro del país, un periodo constructivo lento y de implacable «acicate», de lucha prolongada y tenaz de una severa disciplina proletaria contra los elementos amenazadores de la relajación y de la anarquía pequeñoburguesas: tales son, en pocas palabras, los rasgos distintivos de la etapa peculiar de la revolución socialista que estamos atravesando. Tal es el eslabón de la cadena histórica de los acontecimientos al que debemos aferrarnos ahora con todas nuestras fuerzas para estar a la altura de nuestras tareas hasta el momento de pasar al eslabón siguiente, eslabón que nos atrae por su singular esplendor, por el esplendor de las victorias de la revolución proletaria internacional.

Intentemos comparar con el concepto corriente, habitual, del «revolucionario» las consignas que surgen de las condiciones peculiares de la etapa que atravesamos: maniobrar, replegarse, esperar, construir lentamente, espolear implacablemente, disciplinar con severidad, combatir la relajación... ¿Qué hay de extraño en que, al oír esto, algunos «revolucionarios» sean presa de una noble indignación y comiencen a «fulminarnos», acusándonos de haber olvidado las tradiciones de la Revolución de Octubre, de conciliarnos con los especialistas burgueses, de concertar compromisos con la burguesía, de tener un espíritu pequeñoburgués, de haber caído en el reformismo, etc., etc.?

La desgracia de estos malhadados revolucionarios consiste en que ni siquiera los impulsados por las mejores intenciones del mundo ni los adictos por completo a la causa del socialismo llegan a comprender el estado singular y particularmente «desagradable» por el que debe pasar sin falta un país atrasado, devastado por una guerra reaccionaria y maldita y que ha iniciado la revolución socialista mucho antes que los países más adelantados, consiste en que les falta la firmeza imprescindible en los momentos difíciles de una difícil transición. Naturalmente, la oposición «oficial» de este género a nuestro partido se la hace el partido de los eseristas de izquierda. Es evidente que existen y existirán siempre excepciones individuales que se apartan de los modelos típicos de un grupo o de una clase. Pero los tipos sociales quedan. En un país donde el predominio de los pequeños propietarios sobre la población puramente proletaria es enorme, la diferencia entre el revolucionario proletario y el revolucionario pequeñoburgués tiene que reflejarse de manera ineludible (y en ciertas ocasiones con extraordinario contraste). El revolucionario pequeñoburgués duda y vacila ante cada giro de los acontecimientos; pasa de un revolucionarismo furibundo, en marzo de 1917, a glorificar la «coalición» en mayo, a odiar a los bolcheviques (o lamentar su «aventurerismo») en julio, a apartarse temeroso de ellos a fines de octubre, a apoyarles en diciembre y, por último, a decir en marzo y abril de 1918, haciendo una mueca despectiva: «No soy de los que cantan loas al trabajo "orgánico", al practicismo y al avance pasito a paso».

La base social de semejantes tipos es el pequeño propietario exasperado por los horrores de la guerra, por la ruina súbita, por los insoportables sufrimientos del hambre y el desbarajuste económico y que se debate histéricamente, buscando salida y salvación, vacilando entre la confianza y el apoyo al proletariado, por un lado, y los accesos de desesperación, por otro. Hay que comprender claramente y recordarlo muy bien que con tal base social no es posible construir el socialismo. Solo la clase que sigue su camino sin vacilaciones, que no se desanima ni desespera en los tránsitos más duros, difíciles y peligrosos puede dirigir a las masas trabajadoras y explotadas. No necesitamos accesos de histeria. Lo que necesitamos es el paso acompasado de los batallones de hierro del proletariado.

Escrito entre el 13 y el 26 de abril de 1918.
Publicado el 28 de abril de 1918 en *Pravda,* núm. 83, y en el suplemento al periódico *Izvestia VTsIK,* núm. 85.
Firmado: N. Lenin.

TESIS E INFORME SOBRE LA DEMOCRACIA BURGUESA Y LA DICTADURA DEL PROLETARIADO

Lenin y los bolcheviques siempre habían presentado la revolución socialista como algo de alcance mundial. Por eso, desde la creación del partido, habían participado en diferentes congresos internacionales. Sobre todo a partir de las diferencias entre facciones socialistas a causa del posicionamiento hacia la Primera Guerra Mundial, se había hecho patente que la división era inevitable y que bien pronto se constituiría una nueva internacional de los sectores más revolucionarios.

Una vez los bolcheviques aseguraron cierta estabilidad de la revolución y del Gobierno soviético, impulsaron esta nueva internacional. El 2 de marzo se inauguró la Conferencia Comunista Internacional en Petrogrado, a la cual asistieron 52 delegados de organizaciones comunistas y socialistas de diferentes Estados europeos, asiáticos y norteamericanos. Se constituyó la llamada III Internacional o Internacional Comunista, con las siguientes tesis principales: inevitabilidad de la sustitución del sistema social capitalista por el comunista; necesidad de la lucha revolucionaria del

proletariado para el derrocamiento de los gobiernos burgueses; destrucción del Estado burgués y sustitución de este por un Estado proletario siguiendo el ejemplo de los sóviets.

El siguiente texto es el informe presentado por Lenin en el congreso, donde expone la necesidad de la dictadura proletaria frente a la dictadura burguesa, y donde confronta la idea de los sóviets como organización genuinamente obrera con la idea de asambleas constituyentes vinculadas al parlamentarismo burgués. Igualmente, justifica la represión política hacia otras organizaciones socialistas como los mencheviques y los socialistas revolucionarios rusos, debido a su participación en la contrarrevolución.

1. El desarrollo del movimiento revolucionario del proletariado en todos los países ha originado forcejeos convulsivos de la burguesía y sus agentes en las organizaciones obreras para hallar argumentos ideológicos y políticos en defensa de la dominación de los explotadores. Entre esos argumentos se esgrime sobre todo la condena de la dictadura y la defensa de la democracia. La falsedad y la hipocresía de este argumento, repetido de mil maneras en la prensa capitalista y en la Conferencia de la Internacional amarilla de Berna, celebrada en febrero de 1919, son evidentes para todos los que no quieren hacer traición a los principios fundamentales del socialismo.
2. Ese argumento opera ante todo con los conceptos de «democracia en general» y «dictadura en general», sin mencionar siquiera la clase de que se trata. Ese planteamiento del problema al margen de las clases o por encima de las clases, hecho presuntamente desde el punto de vista de todo el pueblo, es un escarnio directo de la teoría principal del socialismo, a saber, de la teoría de la lucha de clases, teoría que reconocen de palabra y olvidan en la práctica los socialistas que se han pasado al lado de la burguesía. Pues en ningún país capitalista civilizado existe «democracia en gene-

ral», sino únicamente democracia burguesa, y de lo que se trata no es de la «dictadura en general», sino de la dictadura de la clase oprimida, es decir, del proletariado, sobre los opresores y los explotadores, es decir, sobre la burguesía, con el fin de vencer la resistencia que los explotadores oponen en la lucha por su dominación.

3. La historia enseña que ninguna clase oprimida llegó ni pudo llegar a dominar sin un periodo de dictadura, es decir, sin conquistar el poder político y aplastar por la fuerza la resistencia más desesperada y más rabiosa que, sin detenerse ante ningún crimen, siempre han opuesto los explotadores. La burguesía, cuya dominación defienden hoy los socialistas, al impugnar la «dictadura en general» y desgañitarse abogando en pro de la «democracia en general», conquistó el poder en los países adelantados mediante una serie de insurrecciones y guerras civiles, aplastando por la violencia a los reyes, a los señores feudales, a los esclavistas y sus tentativas de restauración. En sus libros y folletos, en las resoluciones de sus congresos y en sus discursos de agitación, los socialistas de todos los países han explicado miles y millones de veces al pueblo el carácter de clase de esas revoluciones burguesas, de esa dictadura burguesa. Por eso, la defensa encubierta que hoy hacen de la democracia burguesa con sus discursos sobre la «democracia en general» y los alaridos y voces que hoy lanzan contra la dictadura del proletariado, haciendo creer que van dirigidos contra la «dictadura en general», son una franca traición al socialismo, el paso virtual al lado de la burguesía, la negación del derecho del proletariado a su revolución, a la revolución proletaria, la defensa del reformismo burgués en un momento histórico en el que dicho reformismo ha

fracasado en todo el mundo y en el que la guerra ha creado una situación revolucionaria.

4. Al explicar el carácter de clase en la civilización burguesa, de la democracia burguesa, del parlamentarismo burgués, todos los socialistas han expresado la idea formulada con la máxima precisión científica por Marx y Engels cuando dijeron que la república burguesa, aun la más democrática, no es más que una máquina para la opresión de la clase obrera por la burguesía, de la masa de los trabajadores por un puñado de capitalistas[55]. No hay ni un solo revolucionario, ni un solo marxista de los que hoy vociferan contra la dictadura y claman a favor de la democracia que no haya jurado y perjurado ante los obreros que reconoce esa máxima fundamental del socialismo; pero ahora, cuando el proletariado revolucionario empieza a agitarse y a ponerse en movimiento para destruir esa máquina de opresión y para conquistar la dictadura proletaria, esos traidores al socialismo presentan las cosas como si la burguesía hubiera ofrendado a los trabajadores la «democracia pura», como si la burguesía hubiera renunciado a la resistencia y estuviese dispuesta a someterse a la mayoría de los trabajadores, como si en la república democrática no hubiera habido y no hubiese máquina estatal alguna para la opresión del trabajo por el capital.

5. La Comuna de París, honrada de palabra por cuantos se las dan de socialistas, porque saben que las masas obreras simpatizan con ella ardiente y sinceramente, mostró con particular evidencia el convencionalismo histórico y el valor limitado del parlamentarismo burgués y de la

55. Véase la *Introducción* de F. Engels a la obra de K. Marx *La guerra civil en Francia.*

democracia burguesa, instituciones progresistas en alto grado en comparación con el medievo, pero que exigen de manera indefectible un cambio radical en la época de la revolución proletaria. Precisamente Marx, que aquilató mejor que nadie la trascendencia histórica de la Comuna, mostró, al analizarla, el carácter explotador de la democracia burguesa y del parlamentarismo burgués, bajo los cuales las clases oprimidas obtienen el derecho a decidir una vez en varios años qué miembros de las clases poseedoras han de «representar y aplastar» (*ver- und zertreten*) al pueblo en el Parlamento[56]. Justamente ahora, cuando el movimiento soviético, que se extiende a todo el mundo, lleva adelante a la vista de todos la causa de la Comuna, los traidores al socialismo olvidan la experiencia concreta y las enseñanzas concretas de la Comuna de París, repitiendo la vieja cantilena burguesa de la «democracia en general». La Comuna fue una institución no parlamentaria.

6. La importancia de la Comuna consiste, además, en que intentó destruir, demoler hasta los cimientos la máquina del Estado burgués, los cuerpos burocrático, judicial, militar y policíaco, sustituyéndolos con una autogestión de las masas obreras desconocedora de la división entre el poder legislativo y el ejecutivo. Todas las repúblicas burguesas contemporáneas, incluida la alemana, dominada por los traidores al socialismo, haciendo burla de la verdad, república proletaria, conservan esa máquina estatal. Por tanto, se confirma una y otra vez con toda evidencia que los gritos en defensa de la «democracia en general» son de hecho defensa de la burguesía y de sus privilegios de explotadora.

56. Véase K. Marx, *La guerra civil en Francia.*

7. La «libertad de reunión» puede ser tomada como modelo de las reivindicaciones de la «democracia pura». Todo obrero consciente que no haya roto con su clase comprenderá enseguida que sería absurdo prometer la libertad de reunión a los explotadores en un periodo y en una situación en que ellos se resisten a su derrocamiento y defienden sus privilegios. Ni en la Inglaterra de 1649 ni en la Francia de 1793 dio la burguesía, cuando era revolucionaria, «libertad de reunión» a los monárquicos y a los nobles, que llamaban en su ayuda tropas extranjeras y «se reunían» para organizar intentonas de restauración. Si la burguesía de hoy, reaccionaria ya desde hace mucho tiempo, exige del proletariado que garantice de antemano la «libertad de reunión» para los explotadores, a despecho de la resistencia que los capitalistas opongan a su expropiación, los obreros no podrán sino reírse del fariseísmo de la burguesía.

Por otra parte, los obreros saben perfectamente que la «libertad de reunión» es, incluso en la república burguesa más democrática, una frase vacía, ya que los ricos tienen a su disposición todos los mejores locales públicos y privados, así como suficiente tiempo libre para sus reuniones y la protección de estas por las autoridades burguesas. Los proletarios de la ciudad y el campo, así como los pequeños campesinos, es decir, la mayoría gigantesca de la población, no cuentan ni con lo primero, ni con lo segundo, ni con lo tercero. Mientras las cosas marchen así, la «igualdad», es decir, la «democracia pura», es un engaño. Para conquistar la verdadera igualdad, para que haya democracia de verdad para los trabajadores es preciso quitar primero a los explotadores todos los locales públicos y sus lujosas mansiones, hay que dar primero asueto a los trabajadores, hace falta que la libertad de sus reuniones esté protegida por obreros armados, y no por señoritos de la nobleza ni capitalistas con graduación militar mandando a soldados embrutecidos.

Solo después de tal cambio se podrá hablar de libertad de reunión e igualdad sin mofarse de los obreros, de los trabajadores, de los pobres. Pero ese cambio solo puede realizarlo la vanguardia de los trabajadores, el proletariado, que derroca a los explotadores, a la burguesía.

8. La «libertad de imprenta» es asimismo una de las principales consignas de la «democracia pura». Y de nuevo son los obreros quienes saben, y los socialistas de todos los países lo han reconocido millones de veces, que esa libertad será un engaño mientras las mejores imprentas y las mayores reservas de papel se hallen en manos de los capitalistas y mientras exista el poder del capital sobre la prensa, poder que se manifiesta en todo el mundo con tanta mayor claridad, nitidez y cinismo cuanto más desarrollados están la democracia y el régimen republicano, como ocurre, por ejemplo, en Norteamérica. A fin de conquistar la igualdad efectiva y la verdadera democracia para los trabajadores, para los obreros y los campesinos, hay que quitar primero al capital la posibilidad de contratar a escritores, comprar editoriales y sobornar periódicos, y para ello es necesario derrocar el yugo del capital, derrocar a los explotadores y aplastar su resistencia. Los capitalistas siempre han llamado «libertad» a la libertad de lucro para los ricos, a la libertad de morirse de hambre para los obreros. Los capitalistas llaman libertad de imprenta a la libertad de soborno de la prensa por los ricos, a la libertad de utilizar la riqueza para fabricar y falsear la llamada opinión pública. Los defenso-

res de la «democracia pura» vuelven a manifestarse prácticamente en este caso como defensores del más inmundo y venal sistema de dominio de los ricos sobre los medios de ilustración de las masas, resultan ser burladores del pueblo que lo distraen con frases plausibles, bellas y falsas de cabo a rabo de la histórica tarea concreta de librar a la prensa del yugo del capital. Libertad e igualdad verdaderas serán el orden de cosas que están instaurando los comunistas, y en el que será imposible enriquecerse a costa de otros, no habrá posibilidad objetiva de someter directa o indirectamente la prensa al poder del dinero, no habrá obstáculo para que cada trabajador (o grupo de trabajadores, sea cual fuere su número) posea y ejerza el derecho igual de utilizar las imprentas y el papel, que pertenecerán a la sociedad.

9. La historia de los siglos XIX y XX nos mostró ya antes de la guerra qué es de hecho la cacareada «democracia pura» bajo el capitalismo. Los marxistas han dicho siempre que cuanto más desarrollada y más «pura» es la democracia, tanto más descubierta, enconada e implacable se hace la lucha de clases, con tanta mayor «pureza» oprimen el yugo del capital y la dictadura de la burguesía. El caso Dreyfus en la Francia republicana, las sangrientas represalias de los destacamentos mercenarios, armados por los capitalistas, contra los huelguistas en la libre y democrática República de Norteamérica son hechos que, como miles de otros análogos, exhiben la verdad que la burguesía trata en vano de ocultar, o sea, que en las repúblicas más democráticas imperan en la práctica el terror y la dictadura de la burguesía, que se manifiestan abiertamente toda vez que a los explotadores empiece a parecerles ver tambalearse el poder del capital.

10. La guerra imperialista de 1914-1918 ha revelado definitivamente hasta a los obreros atrasados el verdadero carácter de la democracia burguesa, que es, hasta en las repúblicas más libres, una dictadura de la burguesía. En aras del enriquecimiento del grupo alemán o inglés de millonarios o multimillonarios perecieron decenas de millones de hombres, y en las repúblicas más libres se instauró la dictadura militar de la burguesía. Esta dictadura militar sigue en pie en los países de la Entente incluso después de la derrota de Alemania. Precisamente la guerra es lo que más ha abierto los ojos a los trabajadores, ha arrancado las falsas flores a la democracia burguesa y ha mostrado al pueblo cuán hondo ha sido el abismo de la especulación y el lucro durante la guerra y con motivo de la guerra. La burguesía hizo esa guerra en nombre de «la libertad y la igualdad», y en nombre de «la libertad y la igualdad» han amasado riquezas inauditas los proveedores de la guerra. Ningún esfuerzo de la Internacional amarilla de Berna podrá ocultar a las masas el carácter explotador, hoy definitivamente desenmascarado, de la libertad burguesa, de la igualdad burguesa, de la democracia burguesa.
11. En Alemania, el país capitalista más desarrollado del continente europeo, los primeros meses de plena libertad republicana, traída por la derrota de la Alemania imperialista, han mostrado a los obreros alemanes y al mundo entero cuál es la verdadera esencia de clase de la república democrática burguesa. El asesinato de Karl Liebknecht y Rosa Luxemburgo es un acontecimiento de importancia histórica mundial no solo porque han perecido trágicamente las mejores personalidades y jefes de la Internacional Comunista, Internacional verdaderamente proletaria, sino también

porque se ha descubierto hasta el fin la esencia de clase de un Estado adelantado de Europa, de un Estado –puede afirmarse sin temor a exagerar– adelantado en escala mundial. El hecho de que unos detenidos, es decir, gente que el poder del Estado toma bajo su custodia, hayan podido ser asesinados impunemente por oficiales del ejército y capitalistas, bajo un gobierno de socialpatriotas, tiene por consecuencia que la república democrática en que ha sido posible tal cosa es una dictadura de la burguesía. La gente que expresa su indignación por el asesinato de Karl Liebknecht y Rosa Luxemburgo, pero no comprende esa verdad, únicamente revela con ello su torpeza o su hipocresía. La «libertad» en una de las repúblicas más libres y adelantadas del mundo, en la República Alemana, es la libertad de asesinar impunemente a los jefes del proletariado detenidos. Y no puede ser de otro modo mientras subsista el capitalismo, pues el desarrollo de la democracia no embota, sino agudiza la lucha de clases, la cual ha alcanzado, en virtud de todos los resultados e influjos de la guerra y sus consecuencias, el punto de ebullición.

Hoy se deporta, persigue y encarcela a les bolcheviques en todo el mundo civilizado, como ha ocurrida en Suiza, una de las repúblicas burguesas más libres, en Norteamérica, donde se organizan pogromos contra ellos, etc. Desde el punto de vista de la «democracia en general» o de la «democracia pura», es verdaderamente ridículo que países adelantados, civilizados, democráticos, armados hasta los dientes, teman la presencia en ellos de un puñado de personas de la atrasada, hambrienta y arruinada Rusia, tildada de salvaje, criminal, etc., en las decenas de millones de ejemplares de los periódicos burgueses. Está claro que la situación social que ha podido dar lugar a tan flagrante contradicción es, de hecho, la dictadura de la burguesía.

12. Con tal estado de cosas, la dictadura del proletariado es no solo legítima por completo como medio para derrocar a los explotadores y aplastar su resistencia, sino también absolutamente necesaria para toda la masa trabajadora como única defensa contra la dictadura de la burguesía, que ha llevado a la guerra y está gestando nuevas contiendas.

    Lo principal que no comprenden los socialistas y que constituye su miopía teórica, su cautiverio de los prejuicios burgueses y su traición política al proletariado es que, en la sociedad capitalista, cuando la lucha de clases implícita en ella se encona de manera algo seria, no puede haber por medio nada que no sea la dictadura de la burguesía o la dictadura del proletariado. Todo sueño en una tercera solución es un reaccionario gimoteo propio del pequeño burgués. Así lo evidencian tanto la experiencia de más de cien años de desarrollo de la democracia burguesa y del movimiento obrero en todos los países adelantados como, particularmente, la experiencia del último lustro. Así lo atestigua también toda la ciencia de la economía política, todo el contenido del marxismo, que pone en claro la indefectibilidad económica de la dictadura de la burguesía en toda economía mercantil, dictadura que nadie puede sustituir, excepto la clase que está siendo desarrollada, multiplicada, agrupada y fortalecida por el propio desarrollo del capitalismo, es decir, la clase de los proletarios.

13. Otro error teórico y político de los socialistas consiste en que no comprenden que las formas de democracia han ido cambiando inevitablemente en el transcurso de los milenios, empezando por sus gérmenes en la

antigüedad, a medida que una clase dominante iba siendo sustituida por otra. En las antiguas repúblicas de Grecia, en las ciudades del medievo y en los países capitalistas adelantados la democracia presenta distintas formas y se aplica en grado distinto. Sería una solemne necedad creer que la revolución más profunda de la historia de la humanidad, el paso del poder de manos de la minoría explotadora a manos de la mayoría explotada –paso que se registra por primera vez en el mundo– puede producirse en el viejo marco de la vieja democracia burguesa, parlamentaria, sin los cambios más radicales, sin crear nuevas formas de democracia, nuevas instituciones que materialicen las nuevas condiciones de su aplicación, etc.

14. Lo que tiene de común la dictadura del proletariado con la dictadura de las otras clases es que está motivada, como cualquier otra dictadura, por la necesidad de aplastar a viva fuerza la resistencia de la clase que pierde la dominación política. La diferencia radical entre la dictadura del proletariado y la dictadura de las otras clases –la dictadura de los terratenientes en la Edad Media, la dictadura de la burguesía en todos los países capitalistas civilizados– consiste en que la dictadura de los terratenientes y la burguesía ha sido el aplastamiento a viva fuerza de la resistencia de la inmensa mayoría de la población, concretamente de los trabajadores. La dictadura del proletariado, por el contrario, es el aplastamiento a viva fuerza de la resistencia que ofrecen los explotadores, es decir, la minoría ínfima de la población, los terratenientes y los capitalistas.

De ahí dimana, a su vez, que la dictadura del proletariado no solo debe llevar implícito inevitablemente un cambio de las formas y las instituciones de la democracia, hablando en general, sino precisamente un cambio que dé una extensión aún no vista en el mundo al goce efectivo de la democracia por los hombres que el capitalismo oprimiera, por las clases trabajadoras.

En efecto, la forma de dictadura del proletariado que ha sido forjada ya en la práctica –el poder soviético en Rusia, el *Räte-System* en Alemania, los *Shop Stewards Committees* y otras instituciones análogas a los sóviets en otros países– significa y materializa precisamente para las clases trabajadoras, o sea, para la inmensa mayoría de la población, una posibilidad efectiva, real, de gozar de las libertades y los derechos democráticos, posibilidad que nunca existió, ni siquiera aproximadamente, en las mejores y más democráticas repúblicas burguesas.

La esencia del poder soviético consiste en que la base permanente y única de toda la potestad, de toda la máquina del Estado es la organización masiva precisamente de las clases oprimidas antes por el capitalismo, es decir, de los obreros y los semiproletarios (los campesinos que no explotan trabajo ajeno y que recurren constantemente a la venta, aunque solo sea en parte, de su fuerza de trabajo). Precisamente las masas que, aun siendo iguales en derechos ante la ley, hasta en las repúblicas burguesas más democráticas, se han visto apartadas, en realidad, por medio de mil procedimientos y artimañas, de la participación en la vida política y del goce de los derechos y libertades democráticas, son hoy las que tienen necesariamente una participación constante e ineludible y, además, decisiva en la dirección democrática del Estado.

15. La igualdad de los ciudadanos, independientemente de su sexo, religión, raza y nacionalidad, que la democracia burguesa ha prometido siempre y en todas partes, pero que no ha dado en ningún sitio ni ha podido

dar, debido a la dominación del capitalismo, la otorga en el acto y por completo el poder soviético, o sea, la dictadura del proletariado, pues eso puede hacerlo únicamente el poder de los obreros, que no están interesados en la propiedad privada de los medios de producción ni en la lucha por repartirlos una y otra vez.

16. La vieja democracia, es decir, la democracia burguesa, y el parlamentarismo estaban organizados de manera que fueran precisamente las masas trabajadoras las que se vieran más apartadas que nadie del mecanismo de gobierno. El poder soviético, es decir, la dictadura del proletariado, está, por el contrario, organizado de manera que aproxima las masas trabajadoras al mecanismo de gobierno. El mismo fin persiguen la unión del poder legislativo y el ejecutivo en la organización soviética del Estado y la sustitución de las circunscripciones electorales territoriales por las unidades de producción, como son las fábricas.

17. El ejército ha sido un cuerpo de opresión no solo en las monarquías. Sigue siéndolo en todas las repúblicas burguesas, incluso en las más democráticas. Solo el poder soviético, organización estatal permanente de las clases oprimidas antes por el capitalismo, está en condiciones de acabar con la subordinación del ejército al mando burgués y de fundir en realidad al proletariado con el ejército, de llevar efectivamente a cabo el armamento del proletariado y el desarme de la burguesía, sin lo cual es imposible la victoria del socialismo.

18. La organización soviética del Estado está adaptada al papel dirigente del proletariado, la clase más concentrada e ilustrada por el capitalismo. La experiencia de todas las revoluciones y de todos los movimientos de las clases oprimidas, así como la del movimiento socialista mundial, nos enseña que solo el proletariado es

capaz de unir y llevar en pos de sí a los sectores dispersos y atrasados de la población trabajadora y explotada.

19. Solo la organización soviética del Estado puede en realidad demoler de golpe y destruir definitivamente la vieja máquina, es decir, la máquina burocrática y judicial burguesa, que se ha mantenido y debía inevitablemente mantenerse bajo el capitalismo, incluso en las repúblicas más democráticas, siendo, en efecto, la mayor traba que se podía poner a la democracia para los obreros y los trabajadores. La Comuna de París dio el primer paso de importancia histórica mundial por ese camino; y el poder soviético, el segundo.
20. La destrucción del poder del Estado es un fin que se plantearon todos los socialistas, entre ellos, y a la cabeza de ellos, Marx. La verdadera democracia, es decir, la igualdad y la libertad, es irrealizable si no se alcanza ese fin. Pero a él solo lleva prácticamente la democracia soviética, o proletaria, pues, al hacer que las organizaciones de masas de los trabajadores participen con carácter permanente e ineludible en la gestión pública, empieza a preparar enseguida la extinción completa de todo Estado.
21. La bancarrota absoluta de los socialistas que se han reunido en Berna, su absoluta incomprensión de la nueva democracia, es decir, de la democracia proletaria, se ve sobre todo en lo que sigue. El 10 de febrero de 1919, Branting clausuró en Berna la Conferencia de la Internacional amarilla. El 11 de febrero del mismo año, *Die Freiheit,* periódico que editan en Berlín los adeptos de dicha Internacional, publicó un llamamiento del partido de los «independentistas» al proletariado. En este llamamiento se reconoce el carácter burgués del Gobierno Scheidemann, se reprocha a este el deseo de anular los Consejos, a los que se llama *Träger*

und Schützer der Revolution –portadores y defensores de la revolución– y se propone legalizar los Consejos, concederles derechos estatales y el de suspender las decisiones de la Asamblea Nacional, sometiendo los asuntos públicos a votación de todo el pueblo.

Esa propuesta es la plena bancarrota ideológica de los teóricos que defendían la democracia y no comprendían su carácter burgués. La ridícula tentativa de unir el sistema de los Consejos, es decir, la dictadura del proletariado, con la Asamblea Nacional, o sea, la dictadura de la burguesía, desenmascara por completo la indigencia mental tanto de los socialistas como de los socialdemócratas amarillos, su carácter político reaccionario, propio de pequeños burgueses, y sus cobardes concesiones a la fuerza, en crecimiento incontenible, de la nueva democracia, de la democracia proletaria.

22. Al condenar el bolchevismo, la mayoría de la Internacional amarilla de Berna, que no se ha atrevido a votar formalmente la correspondiente resolución por miedo a las masas obreras, ha procedido con acierto desde el punto de vista de clase. Precisamente esta mayoría se solidariza por entero con los mencheviques y los socialistas revolucionarios rusos y con los Scheidemann en Alemania. Cuando los mencheviques y los socialistas revolucionarios rusos se quejan de que los bolcheviques los persiguen, intentan ocultar que eso ocurre porque participan en la guerra civil al lado de la burguesía, contra el proletariado. De la misma manera, los Scheidemann y su partido han demostrado ya en Alemania que participan asimismo en la guerra civil al lado de la burguesía, contra los obreros.

Es completamente natural, por ello, que la mayoría de los hombres de la Internacional amarilla de Berna se haya pronunciado en pro de condenar a los bolcheviques. Eso no ha sido una defensa de la «democracia pura», sino la autodefensa de gentes que saben y perciben que en la guerra civil están al lado de la burguesía, en contra del proletariado.

Por eso, desde el punto de vista de clase, no puede menos de tenerse por acertada la decisión de la mayoría de la Internacional amarilla. El proletariado debe mirar sin temer cara a cara a la verdad y sacar de ello todas las conclusiones políticas.

Camaradas, quisiera añadir algo más a los dos últimos puntos. Creo que los camaradas que deben informarnos de la Conferencia de Berna nos hablarán de ello con mayor detalle.

En toda la Conferencia de Berna no se ha dicho ni una sola palabra sobre la importancia del poder soviético. En Rusia llevamos ya dos años discutiendo esta cuestión. En la Conferencia del partido, celebrada en abril de 1917, planteamos ya en teoría y en política la cuestión «¿Qué es el poder soviético, cuál es su contenido, en qué consiste su importancia histórica?». Llevamos casi dos años discutiendo esta cuestión, y en el Congreso de nuestro partido hemos adoptado una resolución sobre ello[57].

Die Freiheit, de Berlín, publicó el 11 de febrero un llamamiento al proletariado alemán, firmado no solo por los líderes de los socialdemócratas independentistas de Alemania, sino también por todos los miembros de su minoría parlamentaria. En agosto de 1918, Kautsky, el mayor teórico de

57. Se alude a la resolución adoptada por el VII Congreso del PC(b)R, celebrado del 6 al 8 de marzo de 1918, sobre el cambio de nombre del partido y la modificación de su programa.

dichos independentistas, declaró en su folleto *La dictadura del proletariado* que era partidario de la democracia y de los Consejos, pero que estos debían tener únicamente un carácter de gestión económica y en modo alguno debían reconocerse como organizaciones estatales. Kautsky repite lo mismo en los números de *Die Freiheit* del 11 de noviembre y del 12 de enero. El 9 de febrero apareció un artículo de Rudolf Hilferding, también considerado gran autoridad teórica de la II Internacional. Hilferding propone unir el sistema de los Consejos con la Asamblea Nacional por vía jurídica, mediante la legislación del Estado. Eso ocurrió el 9 de febrero. El 11 del mismo mes, dicha propuesta fue aceptada por todo el partido de los independentistas y publicada en forma de llamamiento.

A pesar de que la Asamblea Nacional existe ya, incluso después de que la «democracia pura» es ya un hecho y de que los mayores teóricos de los socialdemócratas independentistas han declarado que los Consejos no deben ser organizaciones estatales, a pesar de todo eso ¡vuelven a vacilar! Ello demuestra que, en realidad, esos señores no han comprendido nada del nuevo movimiento ni de las condiciones de su lucha. Demuestra otra cosa, además: ¡que debe haber condiciones, causas que motiven esa vacilación! Después de todos esos acontecimientos, después de casi dos años de revolución triunfante en Rusia, cuando se nos ofrecen resoluciones como las adoptadas en la Conferencia de Berna, en las que no se dice nada de los sóviets ni de su importancia; cuando vemos que en esa Conferencia ningún delegado ha dicho siquiera una palabra sobre el particular en sus discursos, podemos afirmar con sobrada razón que, como socialistas y como teóricos, todos esos señores han muerto para nosotros.

Pero, en la práctica, desde el punto de vista de la política, eso es, camaradas, una demostración de que entre las masas se está produciendo un gran cambio, pues, de otro modo, esos independentistas, que estaban en teoría y por principio contra estas organizaciones estatales, no hubieran propuesto de buenas a primeras una necedad como eso de unir «pacíficamente» la Asamblea Nacional con el sistema de los Consejos, es decir, unir la dictadura de la burguesía con la dictadura del proletariado. Vemos que todos ellos están en bancarrota como socialistas y como teóricos y el enorme cambio que se está produciendo en las masas. ¡Las masas atrasadas del proletariado alemán se acercan a nosotros, se han venido con nosotros! Por tanto, la importancia del Partido Socialdemócrata Independiente de Alemania, lo mejor de la Conferencia de Berna, es, desde el punto de vista de la teoría y del socialismo, igual a cero; sin embargo, continúa teniendo cierta importancia, y consiste esta en que esos elementos vacilantes nos sirven de indicador del estado de ánimo de los sectores atrasados del proletariado. En ello reside, a mi entender, la grandísima importancia histórica de esa Conferencia. Nosotros hemos visto algo parecido en nuestra revolución. Nuestros mencheviques recorrieron casi exactamente el mismo camino de desarrollo que los teóricos de los independentistas en Alemania. Al principio, cuando tenían la mayoría en los sóviets, se pronunciaban por estos. Entonces solo se oían gritos de «¡Vivan los sóviets!», «¡Por los sóviets!», «¡Los sóviets son la democracia revolucionaria!». Cuando los bolcheviques ganamos la mayoría en los sóviets, ellos entonaron otras coplas, diciendo que los sóviets no debían existir paralelamente a la Asamblea Constituyente; y distintos teóricos mencheviques hacían propuestas casi idénticas, como la de unir el sistema de los sóviets con la Asamblea Constituyente e incluirlos en la organización estatal. Esto evidencia una vez más que el curso general de la revolución proletaria es igual en todo el mundo. Primero, la formación espontánea de los Consejos; luego, su propagación y desarrollo; más tarde se plantea prácticamente la cuestión: Consejos, o Asamblea Nacional, o Asamblea Constituyente, o parlamentarismo burgués; completo desconcierto entre los jefes y, por último, la revolución proletaria. Pero yo creo que después de casi dos años de revolución no debemos plantear la cuestión así, sino que debemos tomar acuerdos concretos, ya que la propagación del sistema de los Consejos es para nosotros, y sobre todo para la mayoría de los países de Europa Occidental, la más importante de las tareas.

Quisiera citar aquí una sola resolución, la de los mencheviques. Pedí al camarada Obolenski que la tradujera al alemán. Me prometió que lo haría, pero, desgraciadamente, no está aquí. Trataré de reproducirla de memoria, pues no tengo el texto íntegro.

A un extranjero que no haya oído nada de bolchevismo le será muy difícil hacerse una idea de nuestras cuestiones litigiosas. Todo lo que afirman los bolcheviques lo disputan los mencheviques, y viceversa. Naturalmente, en tiempos de lucha no puede ser de otro modo, por ello es de suma importancia que la última Conferencia del partido de los mencheviques, celebrada en diciembre de 1918, aprobara una extensa y detallada resolución, que fue publicada íntegra en el periódico menchevique *Gazeta Pechátnikov*[58]. En esa resolución, los propios mencheviques exponen concisamente la historia de la lucha de clases y de la guerra civil. La resolución dice que ellos condenan a los grupos de su partido que están aliados a

58. *Gazeta Pechátnikov* (El Periódico de los Tipógrafos): publicación del sindicato de obreros tipógrafos de Moscú; comenzó a aparecer el 8 de diciembre de 1918. En aquel tiempo el sindicato se encontraba bajo la influencia de los mencheviques. Fue clausurado en marzo de 1919 por agitación antisoviética.

las clases poseedoras en los Urales, en el sur, Crimea y Georgia, y se enumeran todas estas zonas. Ahora la resolución condena a los grupos del partido menchevique que, aliados a las clases poseedoras, han luchado contra el poder soviético; y el último punto condena también a los que se han pasado a los comunistas. De ahí se desprende que los mencheviques se ven obligados a confesar que en su partido no hay unidad y que están unos al lado de la burguesía y otros al lado del proletariado. La mayor parte de los mencheviques se pasó al lado de la burguesía y durante la guerra civil combatió contra nosotros. Naturalmente, nosotros perseguimos a los mencheviques, e incluso los fusilamos, cuando participan en la guerra que se nos hace, combaten contra nuestro Ejército Rojo y fusilan a nuestros jefes militares rojos. A la guerra de la burguesía respondimos con la guerra del proletariado: no puede haber otra salida. Así pues, desde el punto de vista político, todo eso no es más que hipocresía menchevique. Desde el punto de vista de la historia no se comprende cómo en la Conferencia de Berna, hombres que oficialmente no han sido declarados dementes, pudieron, por encargo de los mencheviques y los eseristas, hablar de la lucha de los bolcheviques contra ellos, pero silenciar que ellos luchan al lado de la burguesía contra el proletariado.

Todos ellos nos atacan encarnizadamente, pues nosotros los perseguimos. Eso es cierto. ¡Pero no dicen ni una sola palabra de la participación que tuvieron en la guerra civil! Creo que debo proporcionar para el acta el texto íntegro de la resolución, y ruego a los camaradas extranjeros que le presten atención, pues es un documento histórico que plantea con acierto el problema y ofrece los mejores elementos de juicio para apreciar la disensión entre las tendencias «socialistas» existentes en Rusia. Entre el proletariado y la burguesía hay gente que tan pronto se inclina a un lado como al otro; así ha sido siempre en todas las revoluciones, y es absolutamente imposible que entre el proletariado y la burguesía, que forman en la sociedad capitalista dos campos hostiles, no existan capas intermedias. La existencia de esos elementos vacilantes es inevitable desde el punto de vista histórico y, por desgracia, esos elementos, que no saben ellos mismos al lado de quién van a luchar mañana, seguirán existiendo mucho tiempo todavía.

Quiero hacer una propuesta práctica, consistente en que aprobemos una resolución en la que deben señalarse especialmente tres puntos.

Primero: Una de las tareas más importantes para los camaradas de los países de Europa Occidental consiste en aclarar a las masas la significación, la importancia y la necesidad del sistema de los sóviets. Se ve que este problema no se comprende lo suficiente. Si bien es verdad que Kautsky e Hilferding han fracasado como teóricos, los últimos artículos publicados en *Die Freiheit* demuestran, sin embargo, que reflejan fielmente el estado de ánimo de los sectores atrasados del proletariado alemán. En Rusia pasó lo mismo: en los primeros ocho meses de la Revolución rusa, el problema de la organización soviética se discutió muchísimo, y para los obreros no estaba claro en qué consistía el nuevo sistema ni si se podría formar el Estado con los sóviets. Nosotros no avanzamos en nuestra revolución por el camino de la teoría, sino por el de la práctica. El problema de la Asamblea Constituyente, por ejemplo, no lo planteábamos antes en teoría ni decíamos que no reconocíamos esta institución. No decidimos disolverla hasta más tarde, cuando los sóviets se hubieron extendido por todo el país y hubieron conquistado el poder político. Ahora vemos que en Hungría y Suiza se plantea el mismo problema de manera mucho más acuciante. Por una parte, eso está muy bien, pues nos da firme seguridad de que la revolución avanza con más rapidez en los países de Europa Occidental y nos traerá grandes victorias. Por otra parte, ello entraña cierto peligro, y es el de que la lucha se despliegue con tanta impetuosidad que la conciencia de las masas obreras se rezague de ese desarrollo. La importancia del sistema de los Consejos sigue incluso hoy sin estar clara para grandes masas de obreros alemanes avezados en la política, pues han sido educados en el espíritu del parlamentarismo y en los prejuicios burgueses.

Segundo: Sobre la propagación del sistema de los Consejos. Las noticias de la rapidez con que se propaga la idea de los Consejos en Alemania e incluso en Inglaterra son para nosotros una importantísima prueba de que la revolución proletaria vencerá. Su marcha puede ser detenida únicamente por breve tiempo. Otra cosa es cuando los camaradas Albert y Platten nos comunican que entre los obreros agrícolas y los pequeños campesinos de las aldeas de su país apenas si hay Consejos. He leído en *Die Rote Fahne* un artículo contra los Consejos campesinos, pero, con mucho acierto, a favor de los Consejos de braceros y campesinos pobres[59]. La burguesía y sus lacayos, como Scheidemann y cía., han lanzado ya la consigna de los Consejos campesinos. Pero nosotros necesitamos solo Consejos de braceros y campesinos pobres. Por desgracia, de los informes de los camaradas Albert, Platten y otros colegimos que, a excepción de Hungría, se hace muy poco para propagar el sistema de los Consejos en el campo. Tal vez resida en ello el peligro, aún real y

59. Lenin se refiere al artículo de R. Luxemburgo «Der Anfang» (El Comienzo), publicado en el periódico *Die Rote Fahne* (La Bandera Roja), núm. 3, del 18 de noviembre de 1918.

bastante grande, de que el proletariado alemán no pueda conquistar una victoria segura. La victoria podrá considerarse garantizada únicamente cuando no solo estén organizados los obreros de la ciudad, sino también los proletarios del campo, y además, organizados no como antes, en sindicatos y cooperativas, sino en Consejos. A nosotros nos fue más fácil conseguir la victoria porque en octubre de 1917 marchábamos con el campesinado, con todo el campesinado. En este sentido, nuestra revolución era entonces burguesa. El primer paso de nuestro Gobierno proletario fue reconocer en una ley que promulgó al día siguiente de la revolución, el 26 de octubre de 1917 (según el viejo calendario), las viejas reivindicaciones de todo el campesinado, expresadas ya bajo Kerenski por los sóviets campesinos y las asambleas rurales. En eso consistía nuestra fuerza, por eso nos fue tan fácil conquistar una mayoría aplastante. Para el campo, nuestra revolución continuaba siendo una revolución burguesa. Y solo más tarde, al cabo de seis meses, nos vimos obligados, en el marco de la organización del Estado, a comenzar en las aldeas la lucha de clases, a instituir en cada aldea comités de campesinos pobres, de semiproletarios, y a luchar sistemáticamente contra la burguesía rural. En Rusia eso fue inevitable, dado su atraso. En Europa Occidental, las cosas se producirán de modo diferente, y por eso debemos hacer hincapié en que es absolutamente necesario propagar el sistema de los Consejos en formas adecuadas, quizás nuevas, también entre la población rural.

Tercero: Debemos decir que la conquista de una mayoría comunista en los Consejos constituye la tarea fundamental en todos los países donde el poder de los Consejos aún no ha vencido. Nuestra comisión redactora de las resoluciones discutió ayer este problema. Quizás otros camaradas hablen todavía de ello, pero yo quisiera proponer que estos tres puntos se adoptasen como resolución especial. Naturalmente, no estamos en condiciones de prescribir el camino que ha de seguir el desarrollo. Es muy probable que la revolución empiece muy pronto en muchos países europeos occidentales, pero nosotros, la parte organizada de la clase obrera, el partido, tendemos y debemos tender a lograr la mayoría en los Consejos. Entonces estará garantizada nuestra victoria y no habrá fuerza capaz de emprender nada contra la revolución comunista. De otro modo, la victoria no se conseguirá con tanta facilidad ni será duradera. Así pues, quisiera proponer que se aprueben estos tres puntos como resolución especial.

CINCO AÑOS DE LA REVOLUCIÓN RUSA Y PERSPECTIVAS DE LA REVOLUCIÓN MUNDIAL

Informe que Lenin pronuncia ante el IV Congreso de la Internacional Comunista el noviembre de 1922, basado en la explicación y la justificación de la aplicación de la llamada Nueva Política Económica (NEP).

Después de los primeros meses convulsos de la revolución y de los años de la guerra civil, donde se aplicó el llamado «comunismo de guerra», la situación económica del país era preocupante. Sobre todo en lo referente a la producción agraria, que servía para alimentar a los núcleos urbanos. En este contexto, y para apaciguar malestares que se convertían en protestas violentas contra el Gobierno bolchevique, Lenin plantea la reintroducción de ciertos elementos del capitalismo, básicamente en relación a la posibilidad de los campesinos de comerciar con una parte de los excedentes en el mercado privado.

A pesar de que el Estado seguía manteniendo el control de las ramas principales de la economía, esta apertura permitía la reintroducción de contradicciones de clase, y fue duramente criticada por los elementos más de izquierdas tanto del propio partido bolchevique como de los partidos comunistas de otros Estados. Todos tenían claro que era un paso atrás en la revolución, la cuestión era si era necesario, y cómo asegurar que sería provisional y que no consolidaría el sistema capitalista.

Informe pronunciado ante el IV Congreso de la Internacional Comunista el 13 de noviembre

(La aparición del camarada Lenin en la tribuna es acogida con clamorosos y prolongados aplausos de toda la sala, que se transforman en ovación. Todos se ponen en pie y cantan *La Internacional*).

Camaradas: En la lista de oradores figuro como el informante principal, pero comprenderán que, después de mi larga enfermedad, no estoy en condiciones de pronunciar un informe amplio. No podré hacer más que una introducción a los problemas de más importancia. Mi tema será muy limitado. El tema *Cinco años de la Revolución rusa y perspectivas de la revolución mundial* es demasiado amplio y grandioso para que pueda agotarlo un solo orador y en un solo discurso. Por eso tomo únicamente una pequeña parte del problema: la «nueva política económica». Tomo deliberadamente solo esta pequeña parte a fin de familiarizarlos con este problema, de suma importancia hoy, al menos para mí, ya que me ocupo de él en la actualidad.

Así pues, hablaré de cómo hemos iniciado la nueva política económica y de los resultados que hemos logrado con ella. Si me limito a este problema, tal vez pueda hacer un balance en líneas generales y dar una idea general de él.

Si he de decir, para empezar, cómo nos decidimos a adoptar la nueva política económica, tendré que recordar un artículo mío escrito en 1918. En una breve polémica de comienzos de 1918 me referí precisamente a la actitud que debíamos adoptar ante el capitalismo de Estado. Entonces escribí:

«El capitalismo de Estado sería un *paso adelante* en comparación con la situación existente hoy en nuestra República Soviética. Si dentro de unos seis meses se estableciera en nuestro país el capitalismo de Estado, eso sería un inmenso éxito y la más firme garantía de que, al cabo de un año, el socialismo se afianzaría definitivamente y se haría invencible».

Esto lo dije, naturalmente, en una época en que éramos más torpes que hoy, pero no tanto como para no saber analizar semejantes cuestiones.

Así pues, en 1918 yo sostenía la opinión de que el capitalismo de Estado constituía un paso adelante en comparación con la situación económica existente entonces en la República Soviética. Eso parecerá muy raro, y puede que hasta absurdo, pues nuestra República era ya entonces una República socialista; entonces adoptábamos cada día con el mayor apresuramiento –quizá con un apresuramiento excesivo– diversas medidas económicas nuevas, que no podían calificarse más que de medidas socialistas. Y, sin embargo, pensaba que el capitalismo de Estado suponía un paso adelante comparado con aquella situación económica de la República Soviética y explicaba más adelante esta idea, enumerando simplemente los elementos del régimen económico de Rusia. Estos elementos eran, a mi juicio, los siguientes: «1) la forma patriarcal de agricultura, es decir, la más primitiva; 2) la pequeña producción mercantil (en ella se incluye la mayoría de los campesinos que venden cereales); 3) el capitalismo privado; 4) el capitalismo de Estado, y 5) el socialismo». Todos estos elementos económicos existían a la sazón en Rusia. Entonces me planteé la tarea de explicar las relaciones que existían entre esos elementos y si no sería oportuno considerar que uno de los elementos no socialistas, a saber, el capitalismo de Estado, es superior al socialismo. Repito: a todos les parece muy raro que un elemento no socialista sea apreciado en más y considerado superior al socialismo en una república que se proclama socialista. Pero comprenderán la cuestión si recuerdan que nosotros no considerábamos, ni mucho menos, el régimen económico de Rusia como algo homogéneo y altamente desarrollado, sino que teníamos plena conciencia de que, al lado de la forma socialista, existía en Rusia la agricultura patriarcal, es decir, la forma más primitiva de agricultura. ¿Qué papel podía desempeñar el capitalismo de Estado en semejante situación?

Luego me preguntaba: ¿cuál de estos elementos es el predominante? Es claro que en un ambiente pequeñoburgués predomina el elemento pequeñoburgués. Comprendía que este elemento era el predominante; era imposible pensar de otro modo. La pregunta que me hice entonces (se trataba de una polémica especial, que no guarda relación con el problema presente) fue esta: ¿qué actitud adoptamos ante el capitalismo de Estado? Y me respondía: el capitalismo de Estado, aunque no es una forma socialista, sería para nosotros y para Rusia una forma más ventajosa que la presente. ¿Qué significa esto? Significa que nosotros no sobrestimábamos ni las formas embrionarias ni los principios de la economía socialista, a pesar de que habíamos hecho ya la revolución social; por el contrario, entonces reconocíamos ya, en cierto modo:

sí, habría sido mejor implantar antes el capitalismo de Estado y después, el socialismo.

Debo subrayar particularmente este aspecto de la cuestión porque considero que solo partiendo de él es posible, primero, explicar qué representa la actual política económica y, segundo, sacar de ello deducciones prácticas muy importantes también para la Internacional Comunista. No quiero decir que tuviésemos preparado de antemano el plan de repliegue. No había tal cosa. Esas breves líneas de carácter polémico en modo alguno significaban entonces un plan de repliegue. Ni siquiera se mencionaba un punto tan importante como es, por ejemplo, la libertad de comercio, que tiene una significación fundamental para el capitalismo de Estado. Sin embargo, con ello se daba ya la idea general, imprecisa, del repliegue. Estimo que debemos prestar atención a este problema no solo desde el punto de vista de un país que ha sido y continúa siendo muy atrasado en cuanto a la estructura de su economía, sino también desde el punto de vista de la Internacional Comunista y de los países adelantados de Europa Occidental. Ahora, por ejemplo, estamos redactando el programa. Mi opinión personal es que procederíamos mejor si discutiéramos ahora todos los programas solo de un modo general, tras la primera lectura, por decirlo así, y los imprimiéramos, sin adoptar ahora, este año, ninguna decisión definitiva. ¿Por qué? Ante todo, porque, naturalmente, no creo que los hayamos estudiado todos bien. Y, además, porque casi no hemos analizado el problema de un posible repliegue y la manera de asegurarlo. Y este problema requiere sin falta que le prestemos atención en un momento en que se producen cambios tan radicales en el mundo entero como son el derrocamiento del capitalismo y la edificación del socialismo, con todas sus enormes dificultades. No debemos saber únicamente cómo proceder en el momento en que pasamos a la ofensiva directa y, además, salimos vencedores. A fin de cuentas, en un período revolucionario eso no es tan difícil ni tan importante; por lo menos, no es lo más decisivo. Durante la revolución hay siempre momentos en que el enemigo pierde la cabeza, y si lo atacamos en uno de esos momentos, podemos triunfar con facilidad. Pero esto aún no quiere decir nada, puesto que nuestro enemigo, si posee suficiente dominio de sí mismo, puede agrupar con antelación sus fuerzas, etc. Entonces puede provocarnos con facilidad para que lo ataquemos, y después hacernos retroceder por muchos años. Por eso opino que la idea de que debemos prepararnos para un posible repliegue tiene suma importancia, y no solo desde el punto de vista teórico. También desde el punto de vista práctico todos los partidos que se preparan para emprender en un futuro próximo la ofensiva directa contra el capitalismo deben pensar ya ahora también en cómo asegurarse el repliegue. Yo creo que si tenemos en cuenta esta enseñanza, así como todas las demás que nos brinda la experiencia de nuestra revolución, lejos de causarnos daño alguno, nos será, probablemente, muy útil en muchos casos.

Después de haber subrayado que ya en 1918 considerábamos el capitalismo de Estado como una posible línea de repliegue, paso a analizar los resultados de nuestra nueva política económica. Repito: entonces era una idea muy vaga todavía; pero en 1921, después de haber superado la etapa más importante de la guerra civil y de haberla superado victoriosamente, nos enfrentamos con una gran crisis política interna –yo supongo que la mayor– de la Rusia Soviética. Esta crisis interna puso al desnudo el descontento no solo de una parte considerable de los campesinos, sino también de los obreros. Fue la primera vez, y confío en que será la última en la historia de la Rusia Soviética, que grandes masas de campesinos estaban contra nosotros, no de modo consciente, sino instintivo, por su estado de ánimo. ¿A qué se debía esta situación tan original y, claro es, tan desagradable para nosotros? La causa consistía en que habíamos avanzado demasiado en nuestra ofensiva económica, en que no nos habíamos asegurado una base suficiente, en que las masas sentían lo que nosotros aún no supimos entonces formular de manera consciente, pero que muy pronto, unas semanas después, reconocimos: que el paso directo a formas puramente socialistas, a la distribución puramente socialista, era superior a las fuerzas que teníamos y que si no estábamos en condiciones de replegarnos, para limitarnos a tareas más fáciles, nos amenazaría la bancarrota. La crisis comenzó, a mi parecer, en febrero de 1921. Ya en la primavera del mismo año decidimos unánimemente –en esta cuestión no he observado grandes discrepancias entre nosotros– pasar a la nueva política económica. Hoy, después de año y medio, a finales de 1922, estamos ya en condiciones de hacer algunas comparaciones. Y bien, ¿qué ha sucedido? ¿Cómo hemos vivido este año y medio? ¿Qué resultados hemos obtenido? ¿Nos ha proporcionado alguna utilidad este repliegue, y nos ha salvado en realidad, o se trata de un resultado confuso todavía? Esta es la pregunta principal que me hago y supongo que tiene también importancia primordial para todos los partidos comunistas, pues si la respuesta fuera negativa, todos estaríamos condenados a la bancarrota. Considero que todos nosotros podemos dar, con la conciencia tranquila, una respuesta afirmativa a esta pregunta, y precisamente en el sentido de que el año y medio transcurrido demuestra de manera positiva y absoluta que hemos salido airosos de esta prueba.

Trataré de demostrarlo. Para ello debo enumerar brevemente todas las partes integrantes de nuestra economía.

Me detendré, ante todo, en nuestro sistema financiero y en el famoso rublo ruso. Creo que se le puede calificar de famoso aunque solo sea porque la cantidad de estos rublos supera ahora a un cuatrillón. (Risas). Esto ya es algo. Es una cifra astronómica. Estoy seguro de que no todos los que se encuentran aquí saben siquiera lo que esta cifra representa. (Hilaridad general). Pero nosotros –y, además, desde el punto de vista de la ciencia económica– no concedemos demasiada importancia a estas cifras, pues los ceros pueden ser tachados. (Risas). Ya hemos aprendido algo en este arte, que desde el punto de vista económico tampoco tiene ninguna importancia, y estoy seguro de que en el curso ulterior de los acontecimientos alcanzaremos en él mucha mayor maestría. Lo que tiene verdadera importancia es la estabilización del rublo. Para resolver este problema trabajamos, trabajan nuestras mejores fuerzas, y concedemos a esta tarea una importancia decisiva. Si conseguimos estabilizar el rublo por un plazo largo, y luego para siempre, habremos triunfado. Entonces, todas esas cifras astronómicas –todos esos billones y cuatrillones– no significarán nada. Entonces podremos asentar nuestra economía sobre terreno firme y seguir desarrollándola sobre ese terreno. Creo que puedo citarles hechos bastante importantes y decisivos sobre esta cuestión. En 1921, el período de estabilización del rublo papel duró menos de tres meses. Y en el corriente año de 1922, aunque no ha terminado todavía, el período de estabilización dura ya más de cinco meses. Supongo que ya es suficiente. Claro que no lo será si esperan de nosotros una prueba científica de que en el futuro resolveremos por completo este problema. Pero, a mi juicio, es imposible, en general, demostrarlo por completo. Los datos citados prueban que desde el año pasado, en que empezamos a aplicar nuestra nueva política económica, hasta hoy hemos aprendido ya a avanzar. Si hemos aprendido eso, estoy seguro de que sabremos lograr nuevos éxitos en este camino, siempre que no cometamos alguna estupidez extraordinaria. Lo más importante, sin embargo, es el comercio, la circulación de mercancías, imprescindible para nosotros. Y si hemos salido airosos de esta prueba durante dos años, a pesar de que nos encontrábamos en estado de guerra (pues, como saben ustedes, hace solo algunas semanas que hemos tomado Vladivostok) y de que solo ahora podemos iniciar nuestra actividad económica de un modo regular; si, a despecho de todo eso, hemos logrado que el período de estabilización del rublo papel se eleve de tres meses a cinco, creo tener motivo para atreverme a decir que podemos considerarnos satisfechos de eso. Porque estamos completamente solos. No hemos recibido ni recibimos ningún empréstito. No nos ha ayudado ninguno de esos poderosos Estados capitalistas que organizan de manera tan «brillante» su economía capitalista y que hasta hoy no saben adónde van. Con la Paz de Versalles han creado tal sistema financiero que ni ellos mismos se entienden. Si esos grandes países capitalistas dirigen su economía de ese modo, opino que nosotros, atrasados e incultos, podemos estar satisfechos de haber alcanzado lo principal: las condiciones para estabilizar el rublo. Esto lo prueba la práctica, y no un análisis teórico cualquiera, y soy del parecer de que la práctica es más importante que todas las discusiones teóricas del mundo. La práctica demuestra que, en este terreno, hemos logrado resultados decisivos: hemos comenzado a hacer avanzar nuestra economía hacia la estabilización del rublo, lo que tiene extraordinaria importancia para el comercio, para la libre circulación de mercancías, para los campesinos y para la inmensa masa de pequeños productores.

Paso ahora a examinar nuestros objetivos sociales. Lo principal, naturalmente, son los campesinos. En 1921, el descontento de una parte inmensa del campesinado era un hecho indudable. Además, se declaró el hambre. Y esto implicó para los campesinos la prueba más dura. Y es completamente natural que todo el extranjero empezara a chillar: «Ahí tenéis. los resultados de la economía socialista». Es completamente natural, desde luego, que silenciaran que el hambre era, en realidad, una consecuencia monstruosa de la guerra civil. Todos los terratenientes y capitalistas que se lanzaron sobre nosotros en 1918 presentaron las cosas como si el hambre fuera una consecuencia de la economía socialista. El hambre ha sido, en efecto, una inmensa y grave calamidad, una calamidad que amenazaba con destruir toda nuestra labor organizadora y revolucionaria.

Y yo pregunto ahora: luego de esta inusitada e inesperada calamidad, ¿cómo están las cosas hoy, después de haber implantado la nueva política económica, después de haber concedido a los campesinos la libertad de comercio? La respuesta, clara y evidente para todos, es la siguiente: en un año, los campesinos han vencido el hambre y, además, han abonado el impuesto en especie en tal cantidad que hemos recibido ya centenares de millones de puds, y casi sin aplicar ninguna medida coactiva. Los levantamientos de campesinos, que antes de 1921 constituían, por decirlo así, un fenómeno general en Rusia, han desaparecido casi por completo. Los campesinos están satisfechos de su presente situación. Lo podemos afirmar con toda tranquilidad. Consideramos que estas pruebas tienen mayor importancia que cualquier prueba estadística. Nadie duda de que los campesinos son en nuestro país el factor decisivo. Y hoy se encuentran en tal situación que no debemos temer ningún movimiento suyo contra nosotros. Lo decimos con pleno conocimiento de causa y sin exagerar. Eso ya está conseguido. Los campesinos pueden sentir descontento por uno u otro aspecto de la labor de nuestro poder, y pueden quejarse de ello. Esto, naturalmente, es posible e inevitable, ya que nuestra administración y nuestra economía estatal son aún demasiado malas para poderlo evitar; pero, en todo caso, está excluido por completo cualquier descontento serio del campesinado en su totalidad contra nosotros. Lo hemos logrado en un solo año. Y opino que ya es mucho.

Paso a hablar ahora de la industria ligera. Precisamente en la industria debemos hacer diferencias entre la industria pesada y la ligera, pues ambas se encuentran en distintas condiciones. Por lo que se refiere a la industria ligera, puedo decir con tranquilidad que se observa en ella un incremento general. No me dejaré llevar por los detalles, por cuanto en mi plan no entra citar datos estadísticos. Pero esta impresión general se basa en hechos y puedo garantizar que en ella no hay nada equivocado ni inexacto. Tenemos un auge general en la industria ligera y, en relación con ello, cierto mejoramiento de la situación de los obreros tanto en Petrogrado como en Moscú. En otras zonas se observa en menor grado, ya que allí predomina la industria pesada; por eso no se debe generalizar. De todos modos, repito, la industria ligera acusa un ascenso indudable, y la mejora de la situación de los obreros de Petrogrado y de Moscú es innegable. En la primavera de 1921, en ambas ciudades reinaba el descontento entre los obreros. Hoy esto no existe en absoluto. Nosotros, que observamos día a día la situación y el estado de ánimo de los obreros, no nos equivocamos en este sentido.

La tercera cuestión se refiere a la industria pesada. Debo aclarar, a este respecto, que la situación es todavía difícil. En 1921-1922 se ha iniciado cierto viraje en esta situación. Podemos confiar, por tanto, en que mejorará en un futuro próximo. Hemos reunido ya, en parte, los medios necesarios para ello. En un país capitalista, para mejorar el estado de la industria pesada haría falta un empréstito de centenares de millones, sin los cuales esa mejora sería imposible. La historia de la economía de los países capitalistas demuestra que, en los países atrasados, solo los empréstitos de centenares de millones de dólares o de rublos oro a largo plazo podrían ser el medio para elevar la industria pesada. Nosotros no hemos tenido esos empréstitos ni hemos recibido nada hasta ahora. Cuando se escribe sobre la entrega de empresas en régimen de concesión, etc., no significa casi nada, excepto papel. En los últimos tiempos hemos escrito mucho de eso, sobre todo de la concesión Urquhart. No obstante, nuestra política concesionaria me parece muy buena. Mas, a pesar de ello, no tenemos aún una concesión rentable. Les ruego que no olviden esto. Así pues, la situación de la industria pesada es una cuestión verdaderamente gravísima para nuestro atrasado país, ya que no hemos podido contar con empréstitos de los países ricos. Sin embargo, observamos ya una notable mejoría y vemos, además, que nuestra actividad comercial nos ha proporcionado ya algún capital, por ahora, ciertamente, muy modesto, poco más de veinte millones de rublos oro. Pero, sea como fuere, tenemos ya el comienzo: nuestro comercio nos proporciona medios que podemos utilizar para elevar la industria pesada. Lo cierto es que nuestra industria pesada aún se encuentra en una situación muy difícil. Pero supongo que lo decisivo es la circunstancia de que estamos ya en condiciones de ahorrar algo. Así lo seguiremos haciendo. Aunque a menudo se hace esto a costa de la población, hoy debemos, a pesar de todo, ahorrar. Ahora nos dedicamos a reducir el presupuesto del Estado, a reducir la administración pública. Más adelante diré unas cuantas palabras sobre nuestra administración pública. En todo caso, debemos reducirla, debemos ahorrar cuanto sea posible. Ahorramos en todo, hasta en las escuelas. Y esto debe ser así, pues sabemos que sin salvar la industria pesada, sin restablecerla, no podremos construir ninguna industria, y sin esta pereceremos del todo como país independiente. Lo sabemos de sobra.

La salvación de Rusia no está solo en una buena cosecha en el campo –esto no basta–; tampoco está solo en el buen estado de la industria ligera, que abastece a los campesinos de artículos de consumo –esto tampoco basta–; necesitamos, además, una industria pesada. Pero, para ponerla en buenas condiciones, se precisarán varios años de trabajo.

La industria pesada necesita subsidios del Estado. Si no los encontramos, pereceremos como Estado civilizado, sin decir ya que también como Estado socialista. Por tanto, en este sentido hemos dado un paso decisivo. Hemos empezado a acumular los recursos necesarios para poner en pie la industria pesada. Es verdad que la cuantía que hemos reunido hasta la fecha apenas si pasa de veinte millones de rublos oro; pero, de todos modos, esta cuantía existe y está destinada exclusivamente a levantar nuestra industria pesada.

Creo que, como había prometido, he expuesto brevemente, a grandes rasgos, los principales elementos de nuestra economía nacional. Considero que de todo ello puede deducirse que la nueva política económica nos ha reportado ya beneficios. Hoy tenemos ya pruebas de que, como Estado, estamos en condiciones de practicar el comercio, de conservar nuestras firmes posiciones en la agricultura y en la industria y de avanzar. Lo ha demostrado la práctica. Y pienso que, por el momento, esto es bastante para nosotros. Tendremos que aprender muchas cosas todavía y comprendemos que necesitamos aprender. Hace cinco años que estamos en el poder, con la particularidad de que durante estos cinco años hemos vivido en estado de guerra permanente. Por tanto, hemos tenido éxitos.

Es natural, ya que nos seguían los campesinos. Es difícil dar mayores pruebas de adhesión que las mostradas por los campesinos. Comprendían que tras los guardias blancos se encuentran los terratenientes, a quienes odian más que a nada en el mundo. Y, por eso, los campesinos nos han apoyado con todo entusiasmo, con toda lealtad. No fue difícil conseguir que nos defendieran de los guardias blancos. Los campesinos, que antes odiaban la guerra, apoyaron por todos los medios la guerra contra los guardias blancos, la guerra civil contra los terratenientes. Sin embargo, esto no era todo, porque, en el fondo, se trataba únicamente de si el poder quedaría en manos de los terratenientes o de los campesinos. Para nosotros, esto no era bastante. Los campesinos comprenden que hemos conquistado el poder para los obreros y que nos planteamos el objetivo de crear el régimen socialista con ayuda de ese poder. Por eso, lo más importante para nosotros era preparar en el aspecto económico la economía socialista. No pudimos prepararla directamente y nos vimos forzados a hacerlo de manera indirecta. El capitalismo de Estado, tal como lo hemos implantado en nuestro país, es un capitalismo de Estado peculiar. No corresponde al concepto habitual del capitalismo de Estado. Tenemos en nuestras manos todos los puestos de mando, tenemos en nuestras manos la tierra, que pertenece al Estado. Esto es muy importante, aunque nuestros enemigos presentan la cosa como si no significara nada. No es cierto. El hecho de que la tierra pertenezca al Estado tiene extraordinaria importancia y, además, gran sentido práctico en el aspecto económico. Esto lo hemos logrado, y debo manifestar que toda nuestra actividad ulterior debe desarrollarse solo dentro de ese marco. Hemos conseguido ya que nuestros campesinos estén satisfechos y que la industria y el comercio se reanimen. He dicho antes que nuestro capitalismo de Estado se diferencia del capitalismo de Estado, comprendido literalmente, en que el Estado proletario tiene en sus manos no solo la tierra, sino también las ramas más importantes de la industria. Ante todo, hemos entregado en arriendo solo cierta parte de la industria pequeña y media; todo lo demás queda en nuestras manos. Por lo que se refiere al comercio, quiero destacar aún que tratamos de crear, y estamos creando ya, sociedades mixtas, es decir, sociedades en las que una parte del capital pertenece a capitalistas privados –por cierto, extranjeros– y la otra parte nos pertenece a nosotros. Primero, de esa manera aprendemos a comerciar, cosa que nos hace mucha falta y, segundo, tenemos siempre la posibilidad de cerrar esas sociedades, si así lo creemos necesario. De modo que, por decirlo así, no arriesgamos nada. En cambio, aprendemos del capitalista privado y observamos cómo podemos elevarnos y qué errores cometemos. Me parece que puedo limitarme a cuanto queda dicho.

Quisiera referirme todavía a algunos puntos de poca monta. Es indudable que hemos hecho y haremos aún muchísimas tonterías. Nadie puede juzgarlas mejor ni verlas más claro que yo. (Risas). ¿Por qué hacemos tonterías? La razón es sencilla: primero, porque somos un país atrasado; segundo, porque la instrucción en nuestro país es mínima; tercero, porque no recibimos ninguna ayuda de fuera. Ni uno solo de los países civilizados nos ayuda. Por el contrario, todos obran en contra nuestra. Y cuarto, por culpa de nuestra administración pública. Hemos heredado la vieja administración pública, y esta ha sido nuestra desgracia. Es muy frecuente que esta administración trabaje contra nosotros. Ocurrió que en 1917, después de que tomamos el poder, los funcionarios públicos comenzaron a sabotearnos. Entonces nos asustamos mucho y les rogamos: «Por favor, vuelvan a sus puestos». Todos volvieron, y esta ha sido nuestra desgracia. Hoy poseemos una inmensidad de funcionarios, pero no disponemos de elementos con suficiente instrucción para poder dirigirlos de verdad. En la práctica sucede con harta frecuencia que aquí, arriba, donde tenemos concentrado el poder estatal, la administración funciona más o menos; pero en los puestos inferiores disponen ellos como quieren, de manera que muy a menudo contrarrestan nuestras medidas. Hombres de los nuestros, en las altas esferas, tenemos no sé exactamente cuántos, pero creo que, en todo caso, solo varios miles, a lo sumo unas decenas de miles. Pero en los puestos inferiores se cuentan por centenares de miles los antiguos funcionarios que hemos heredado del régimen zarista y de la sociedad burguesa y que trabajan contra nosotros, unas veces de manera consciente, y otras inconsciente. Es indudable que en este terreno no se conseguirá nada a corto plazo. Tendremos que trabajar muchos años para perfeccionar la administración, renovarla y atraer nuevas fuerzas. Lo estamos haciendo a ritmo bastante rápido, quizá demasiado rápido. Hemos fundado escuelas para funcionarios de organismos de los sóviets y facultades obreras; estudian varios centenares de miles de jóvenes; acaso estudien demasiado de prisa; pero, de todas maneras, la labor en este terreno ha comenzado y creo que nos dará sus frutos. Si no nos precipitamos demasiado en esta labor, dentro de algunos años tendremos una masa de jóvenes capaces de cambiar radicalmente nuestra administración.

He dicho que hemos hecho innumerables tonterías, pero debo decir también algo en este aspecto de nuestros adversarios. Si estos nos reprochan y dicen que el propio Lenin reconoce que los bolcheviques han hecho muchísimas tonterías, yo quiero responder: es cierto, pero, a pesar de todo, nuestras tonterías son de un género completamente distinto que el de las que cometen ustedes. Nosotros no hacemos más que empezar a aprender, pero aprendemos con tanta regularidad que estamos seguros de obtener buenos resultados. Pero si nuestros enemigos, es decir, los capitalistas y los héroes de la II Internacional, recalcan las tonterías que hemos hecho, me permitiré citar aquí, a título comparativo, las palabras de un famoso escritor ruso, que, modificándolas un poco, resultarían así: cuando los bolcheviques hacen tonterías, dicen: «Dos por dos son cinco»; pero cuando las hacen sus adversarios, es decir, los capitalistas y los héroes de la II Internacional, el resultado es: «Dos por dos resultan una vela esteárica»[60]. Esto no es difícil demostrarlo. Tomen, por ejemplo, el pacto con Kolchak que concertaron Norteamérica, Inglaterra, Francia y el Japón. Yo les pregunto a ustedes: ¿existen en el mundo potencias más cultas y fuertes? ¿Y qué resultó? Se comprometieron a ayudar a Kolchak sin calcular, sin reflexionar, sin observar. Ha sido un fracaso incluso difícil de comprender, a juicio mío, desde el punto de vista de la razón humana.

Otro ejemplo más reciente y de mayor importancia: la Paz de Versalles. Yo les pregunto a ustedes: ¿qué han hecho, en este caso, las «grandes» potencias «cubiertas de

60. El 2 de mayo de 1922 el Buró Político del Comité Central del PC(b)R discutió esta propuesta. El Buró Político aprobó las siguientes enmiendas de I. V. Stalin al proyecto de telegrama presentado por Lenin: 1) Quitar la frase de la desautorización; 2) terminar el telegrama con las palabras: «El Comité Central exige categóricamente que se cumpla esta directriz». A propuesta de Stalin, la palabra «absurdos» en la primera frase del telegrama fue sustituida por la palabra «errores». La adición al telegrama fue aprobada por el Buró Político sin cambios.

gloria»? ¿Cómo podrán encontrar ahora la salida de este caos y de este absurdo? Creo que no exageraré si repito que nuestras tonterías no son nada en comparación con las que hacen juntos los Estados capitalistas, el mundo capitalista y la II Internacional. Por eso supongo que las perspectivas de la revolución mundial –tema que habré de tratar brevemente– son favorables. Y pienso que, si se da determinada condición, se harán más favorables todavía. Desearía decir algunas palabras sobre estas condiciones.

En 1921 aprobamos en el III Congreso una resolución sobre la estructura orgánica de los partidos comunistas y los métodos y el contenido de su labor. La resolución es magnífica, pero es rusa casi hasta la médula; es decir, se basa en las condiciones rusas. Este es su aspecto bueno, pero también su punto flaco. Flaco porque estoy convencido de que casi ningún extranjero podrá leerla; yo la he releído antes de hacer esta afirmación. Primero, es demasiado larga, consta de cincuenta o más puntos. Por regla general, los extranjeros no pueden leer cosas así. Segundo, incluso si la leen, no la comprenderán precisamente porque es demasiado rusa. No porque esté escrita en ruso (ha sido magníficamente traducida a todos los idiomas), sino porque está sobresaturada de espíritu ruso. Y tercero, si, en caso excepcional, algún extranjero la llega a entender, no la podrá cumplir. Este es su tercer defecto. He conversado con algunos delegados extranjeros y confío en que podré conversar detenidamente con gran número de delegados de distintos países en el curso del Congreso, aunque no participe personalmente en él, ya que, por desgracia, no me es posible. Tengo la impresión de que hemos cometido un gran error con esta resolución, es decir, que nosotros mismos hemos levantado una barrera en el camino de nuestro éxito futuro. Como ya he dicho, la resolución está excelentemente redactada, y yo suscribo todos sus cincuenta o más puntos. Pero no hemos comprendido cómo se debe llevar nuestra experiencia rusa a los extranjeros. Todo lo que expone la resolución ha quedado en letra muerta. Y si no comprendemos esto, no podremos seguir nuestro avance. Considero que lo más importante para todos nosotros, tanto para los rusos como para los camaradas extranjeros, es que, después de cinco años de la Revolución rusa, debemos aprender. Solo ahora hemos obtenido la posibilidad de aprender. Ignoro cuánto durará esta posibilidad. No sé durante cuánto tiempo nos concederán las potencias capitalistas la posibilidad de aprender tranquilamente. Pero debemos aprovechar cada minuto libre de las ocupaciones militares, de la guerra, para aprender, comenzando, además, por el principio.

El partido en su totalidad y todos los sectores de la población de Rusia lo demuestran con su afán de saber. Esta afición al estudio prueba que nuestra tarea más importante ahora es estudiar y estudiar. Pero también los camaradas extranjeros deben aprender, no en el mismo sentido en que lo hacemos nosotros: leer, escribir y comprender lo leído, que es lo que todavía precisamos. Se discute si esto corresponde a la cultura proletaria o a la cultura burguesa. Dejo pendiente la cuestión. Pero de lo que no cabe ninguna duda es de que nosotros necesitamos, ante todo, aprender a leer, a escribir y a comprender lo que leemos. Los extranjeros no lo necesitan. Les hace falta ya algo más elevado: esto implica, primero, que comprendan también lo que hemos escrito acerca de la estructura orgánica de los partidos comunistas y que los camaradas extranjeros firmaron sin leerlo y sin comprenderlo. Esta debe ser su primera tarea. Es preciso llevar a la práctica esta resolución. Pero no puede hacerse de la noche a la mañana, eso sería completamente imposible. La resolución es demasiado rusa: refleja la experiencia rusa. Por eso, los extranjeros no la comprenden en absoluto y no pueden conformarse con colocarla en un rincón como un icono y rezar ante ella. Así no se conseguirá nada. Lo que necesitan es asimilar parte de la experiencia rusa. No sé cómo lo harán. Puede que los fascistas de Italia, por ejemplo, nos presten un buen servicio, explicando a los italianos que no son todavía bastante cultos y que su país no está garantizado aún contra las centurias negras. Quizá esto sea muy útil. Nosotros, los rusos, debemos buscar también la forma de explicar a los extranjeros las bases de esta resolución, pues de otro modo, se verán imposibilitados por completo para cumplirla. Estoy convencido de que, en este sentido, debemos decir no solo a los camaradas rusos, sino también a los extranjeros, que lo más importante del período en que estamos entrando es estudiar. Nosotros estudiamos en sentido general. En cambio, los estudios de ellos deben tener un carácter especial para que lleguen a comprender realmente la organización, la estructura, el método y el contenido de la labor revolucionaria. Si se logra esto, las perspectivas de la revolución mundial, estoy convencido de ello, serán no solamente buenas, sino incluso magníficas. (Clamorosos aplausos que duran largo rato. Las exclamaciones de «¡Viva nuestro camarada Lenin!» promueven nuevas ovaciones clamorosas).

Pravda, núm. 258, 15 de noviembre de 1922.
Se publica según el texto del «Boletín del IV Congreso de la Internacional Comunista», núm. 8, del 16 de noviembre de 1922, cotejado con el acta taquigráfica en alemán corregida por V. I. Lenin.

PRÓLOGO A LAS EDICIONES FRANCESA Y ALEMANA DE «EL IMPERIALISMO, FASE SUPERIOR DEL CAPITALISMO»

Una de las principales obras teóricas de Lenin es la que lleva por título *El imperialismo, fase superior del capitalismo*. Escrita en 1916, en medio de la Primera Guerra Mundial, exponía las contradicciones que llevan a los aglomerados empresariales capitalistas a competir entre sí, causa fundamental de la contienda bélica.

El prólogo que Lenin escribió en 1917 para las ediciones francesa y alemana es una síntesis de sus planteamientos, donde también incluye el análisis de la llamada «aristocracia obrera», aquellos sectores del propio movimiento obrero de los Estados imperialistas que se posicionan junto a la patronal para disfrutar de las ventajas que les aporta la explotación y el saqueo de los países periféricos.

I

COMO QUEDA DICHO EN EL PRÓLOGO a la edición rusa, este folleto fue escrito en 1916 con vistas a la censura zarista. Hoy día me es imposible rehacer todo el texto, trabajo que, por otra parte, quizás fuera inútil, ya que el fin principal del libro consiste hoy, lo mismo que ayer, en ofrecer, mediante los datos generales de la estadística burguesa irrefutable y las declaraciones de los hombres de ciencia burgueses de todos los países, *un cuadro de conjunto* de la economía mundial capitalista en sus relaciones internacionales, a comienzos del siglo XX, en vísperas de la primera guerra imperialista mundial.

Hasta cierto punto será incluso útil para muchos comunistas de los países capitalistas avanzados persuadirse con el ejemplo de este folleto, *legal desde el punto de vista de la censura zarista,* de que es posible –y necesario– aprovechar hasta esos pequeños resquicios de legalidad que todavía les quedan, por ejemplo, en la Norteamérica actual o en Francia, después del reciente encarcelamiento de casi todos los comunistas, para denunciar todo el embuste de las concepciones y de las esperanzas socialpacifistas en cuanto a la «democracia mundial». Intentaré dar en el presente prólogo los complementos más indispensables a este folleto que hubo de pasar en tiempos por la censura.

II

En el folleto se prueba que la guerra de 1914-1918 ha sido, por ambas partes, una guerra imperialista (esto es, una guerra de conquista, de bandidaje y de rapiña), una guerra por el reparto del mundo, por la distribución y redistribución de las colonias, de las «esferas de influencia» del capital financiero, etc.

La prueba del verdadero carácter social o, mejor dicho, del verdadero carácter de clase de una guerra no se encontrará, claro está, en su historia diplomática, sino en el análisis de la situación *objetiva* de las clases dirigentes en *todas* las potencias beligerantes. Para reflejar esa situación objetiva no hay que tomar ejemplos y datos sueltos (dada la infinita complejidad de los fenómenos de la vida social, siempre se pueden encontrar los ejemplos o datos sueltos que se quiera, susceptibles de confirmar cualquier tesis), sino que es obligatorio tomar el *conjunto* de los datos sobre los *fundamentos* de la vida económica de *todas* las potencias beligerantes y del mundo *entero.*

Datos sumarios e irrefutables de esa clase son los que utilizo al describir el modo como estaba *repartido el mundo* en 1876 y en 1914 (párrafo 6) y el reparto de *los ferrocarriles* en todo el globo en 1890 y en 1913 (párrafo 7). Los ferrocarriles constituyen el balance de las principales ramas de la industria capitalista, de la industria del carbón y del hierro; el balance y el índice más palmario del desarrollo del comercio mundial y de la civilización democrática burguesa. En los capítulos precedentes señalamos la conexión de los ferrocarriles con la gran producción, con los monopolios, los consorcios, los cárteles, los trusts, los bancos la oligarquía financiera. La distribución de la red ferroviaria, la desigualdad de esa distribución y de su desarrollo, constituyen un exponente del capitalismo moderno, monopolista, a escala mundial. Y este exponente demuestra que las guerras imperialistas son absolutamente inevitables en este terreno económico, en tanto subsista la propiedad privada sobre los medios de producción.

La construcción de ferrocarriles es en apariencia una empresa simple, natural democrática cultural, civilizadora: así la presentan los catedráticos burgueses, pagados para embellecer la esclavitud capitalista, y los filisteos pequeñoburgueses. En realidad, los múltiples lazos capitalistas, mediante los cuales esas empresas se hallan ligadas a la propiedad privada sobre los medios de producción en general, han transformado dicha construcción en un medio para oprimir a *mil millones* de seres (en las colonias y semicolonias), es decir, a más de la mitad de la población de la Tierra en los países dependientes y a los esclavos asalariados del capital en los países «civilizados».

La propiedad privada fundada en el trabajo del pequeño patrono, la libre competencia, la democracia: todas esas consignas por medio de las cuales los capitalistas y su prensa engañan a los obreros y a los campesinos pertenecen a un pasado lejano. El capitalismo se ha transformado en un sistema universal de sojuzgamiento colonial y de estrangulación financiera de la inmensa mayoría de la población del planeta por un puñado de países «adelantados». El reparto de este «botín» se efectúa entre dos o tres potencias rapaces y armadas hasta los dientes (Norteamérica, Inglaterra, el Japón), que dominan en el mundo y arrastran a *su* guerra, por el reparto de *su* botín, a todo el planeta.

III

La paz de Brest-Litovsk, dictada por la Alemania monárquica, y luego la paz mucho más brutal e infame de Versalles, impuesta por las repúblicas «democráticas» de Norteamérica y Francia y por la «libre» Inglaterra, han prestado un servicio extremadamente útil a la humanidad, al desenmascarar al mismo tiempo a los coolíes de la pluma a sueldo del imperialismo y a los filisteos reaccionarios –aunque se llamen pacifistas y socialistas–, que entonaban loas al «wilsonismo» y trataban de hacer ver que la paz y las reformas son posibles bajo el imperialismo.

Decenas de millones de cadáveres y de mutilados, víctimas de la guerra –esa guerra que se hizo para decidir qué grupo de bandoleros financieros, el inglés o el alemán, había de recibir la mayor parte del botín–, y encima estos dos «tratados de paz» hacen abrir, con una rapidez desconocida hasta ahora, los ojos a millones y decenas de millones de hombres atemorizados, oprimidos, embaucados y engañados por la burguesía. Debido a la ruina mundial, producto de la guerra, crece, pues, la crisis revolucionaria mundial, que, por largas y duras que sean las vicisitudes que atraviese, no podrá terminar sino en la revolución proletaria y su victoria.

El Manifiesto de Basilea de la II Internacional, que en 1912 caracterizó precisamente la guerra iniciada en 1914 y no la guerra en general (no todas las guerras son iguales; hay también guerras revolucionarias), es ahora un monumento que denuncia toda la vergonzosa bancarrota, toda la apostasía de los héroes de la II Internacional.

Por eso incluyo ese manifiesto como apéndice a la presente edición, advirtiendo una y otra vez a los lectores que los héroes de la II Internacional rehúyen con empeño todos los pasajes del manifiesto que hablan taxativa, clara y directamente de la relación existente entre esta precisa guerra que se avecinaba y la revolución proletaria, rehúyen con el mismo empeño con que un ladrón evita el lugar donde cometió el robo.

IV

Hemos prestado en este libro una atención especial a la crítica del «kautskismo» esa corriente ideológica internacional que en todos los países del mundo representan los «teóricos más eminentes», los jefes de la II Internacional (Otto Bauer y cía. en Austria, Ramsay MacDonald y otros en Inglaterra, Albert Thomas en Francia, etc., etc.) y un sinfín de socialistas, de reformistas, de pacifistas, de demócratas burgueses y de clérigos.

Esa corriente ideológica, de una parte, es el producto de la descomposición, de la putrefacción de la II Internacional y, de otra parte, es el fruto inevitable de la ideología de los pequeños burgueses, a quienes todo el ambiente los mantiene prisioneros de los prejuicios burgueses y democráticos.

En Kautsky y sus consortes, tales concepciones son precisamente la abjuración completa de los fundamentos revolucionarios del marxismo que ese autor defendió durante decenas de años, sobre todo, dicho sea de paso, en lucha contra el oportunismo socialista (de Bernstein, Millerand, Hyndman, Gompers, etc.). Por eso no es un hecho casual que los «kautskianos» de todo el mundo se hayan unido hoy, práctica y políticamente, a los oportunistas extremos (a través de la II Internacional o Internacional amarilla) y a los gobiernos burgueses (a través de los gobiernos de coalición burgueses con participación de los socialistas).

El movimiento proletario revolucionario en general y el movimiento comunista en particular, que crecen en todo el mundo, no pueden prescindir de analizar y desenmascarar los errores teóricos del «kautskismo». Así es tanto más por cuanto el pacifismo y la «democracia» en general –que no tienen las menores pretensiones de marxismo, pero que, exactamente igual que Kautsky y cía., disimulan la profundidad de las contradicciones del imperialismo y la ineluctabilidad de la crisis revolucionaria que este engendra– son corrientes que se hallan todavía extraordinariamente extendidas en todo el mundo. La lucha contra tales tendencias es obligatoria para el partido del proletariado, el cual debe arrancar a la burguesía los pequeños propietarios que ella engaña y los millones de trabajadores cuyas condiciones de vida son más o menos pequeñoburguesas.

V

Es menester decir unas palabras a propósito del capítulo 8: «El parasitismo y la descomposición del capitalismo». Como ya hemos dicho en el libro, Hilferding, antiguo «marxista», actualmente compañero de armas de Kautsky y uno de los principales representantes de la política burguesa, reformista, en el seno del Partido Socialdemócrata Independiente de Alemania, ha dado en este punto un paso atrás con respecto al inglés Hobson, pacifista y reformista *declarado*. La escisión internacional de todo el movimiento obrero se muestra ahora con plena nitidez (II y III Internacionales). Es también un hecho evidente la lucha armada y la guerra civil entre las dos corrientes: en Rusia, apoyo a Kolchak y Denikin por los mencheviques y los «socialistas revolucionarios» contra los bolcheviques; en Alemania, los partidarios de Scheidemann, Noske y cía. unidos a la burguesía contra los espartaquistas, y lo mismo en Finlandia, en Polonia, en Hungría, etc. ¿Dónde está la base económica de este fenómeno histórico universal?

Se encuentra precisamente en el parasitismo y en la descomposición del capitalismo, inherentes a su fase histórica superior, es decir, al imperialismo. Como lo demostramos en este folleto, el capitalismo ha desglosado ahora *un puñado* (menos de una décima parte de la población de la Tierra o menos de un quinto, calculando «por todo lo alto») de países particularmente ricos y poderosos que, con el simple «corte del cupón», saquean a todo el mundo. La exportación de capital da ingresos que se elevan a ocho o diez mil millones de francos anuales, de acuerdo con los precios de antes de la guerra y según las estadísticas burguesas de entonces. Naturalmente, ahora son mucho mayores.

Es evidente que tan gigantesca *superganancia* (ya que se obtiene por encima de la ganancia que los capitalistas exprimen a los obreros de su «propio» país) *permite corromper* a los dirigentes obreros y a la capa superior de la aristocracia obrera. Los capitalistas de los países «adelantados» los corrompen, y lo hacen de mil maneras, directas e indirectas, abiertas y ocultas.

Ese sector de obreros aburguesados o de «aristocracia obrera», enteramente pequeñoburgueses por su modo de vida, por sus emolumentos y por toda su concepción del mundo, es el principal apoyo de la II Internacional; y, hoy día, el principal *apoyo social* (no militar) *de la burguesía*. Porque son verdaderos *agentes de la burguesía en* el seno del movimiento *obrero*, lugartenientes obreros de la clase de los capitalistas (*labor lieutenants of the capitalist class*), verdaderos vehículos del reformismo y del chovinismo. En la guerra civil entre el proletariado y la burguesía se colocan inevitablemente, en número considerable, al lado de la burguesía, al lado de los «versalleses» contra los «federados».

Sin haber comprendido las raíces económicas de ese fenómeno, sin haber alcanzado a ver su importancia política y social es imposible dar el menor paso hacia el cumplimiento de las tareas prácticas del movimiento comunista y de la revolución social que se avecina.

El imperialismo es la antesala de la revolución social del proletariado. Esto ha sido confirmado a escala mundial en 1917.

6 de julio de 1920. N. Lenin.

BALANCE DE LA DISCUSIÓN SOBRE LA AUTODETERMINACIÓN

Empezada la Primera Guerra Mundial tomó protagonismo entre las organizaciones socialistas el debate a raíz de la cuestión nacional. Tanto en cuanto al colonialismo como en cuanto a los diferentes conflictos nacionales europeos.

Lenin partía de dos premisas: por un lado, el derecho a la autodeterminación de los pueblos, basado en el sentimiento de pertenencia nacional de la propia población, ya se trate de un territorio colonizado o de una nación oprimida no colonizada, y por otro, el papel que jugaban los conflictos nacionales en la lucha por el socialismo.

EN EL NÚMERO 2 DE LA REVISTA MARXISTA *El Precursor* (*Vorbote,* abril de 1916), que edita la Izquierda de Zimmerwald, se han publicado las tesis en pro y en contra de la autodeterminación de las naciones, firmadas por la redacción de *Sotsial-Demokrat*[61], nuestro órgano central, y por la redacción de *Gazeta Robotnicza*[62], órgano de la oposición socialdemócrata polaca. El lector encontrará más arriba el texto de las primeras y la traducción de las segundas. Es, quizá, la primera vez que se plantea el problema con tanta amplitud en la palestra internacional: en la discusión que sostuvieron en la revista marxista alemana *Die Neue Zeit* hace veinte años (en 1895-1896), antes del

61. *Sotsial-Demokrat* (El Socialdemócrata): periódico ilegal, órgano central del POSDR; se publicó de febrero de 1908 a enero de 1917. Después de los infructuosos intentos de imprimir el número 1 del periódico en Rusia, su publicación se trasladó al extranjero, a París y Ginebra. Salieron en total 58 números. Desde diciembre de 1911 Lenin fue director de *Sotsial-Demokrat.*

62. *Gazeta Robotnicza* (Gaceta Obrera): órgano ilegal del Comité de Varsovia de la socialdemocracia de Polonia y Lituania; se publicó en mayo octubre de 1906, salieron 14 números, después de lo cual cesó su edición. Después de la escisión de 1912 surgieron en la socialdemocracia polaca dos comités de Varsovia y se publicaron dos órganos titulados *Gazeta Robotnicza*: uno lo publicaban los partidarios de la Directiva Principal en Varsovia (julio de 1911-julio de 1913); el otro, el Comité de Oposición de Varsovia en Cracovia (julio de 1911-febrero de 1916). Lenin se refiere a este último.

Congreso Socialista Internacional de Londres de 1896, Rosa Luxemburgo, K. Kautsky y los «independentistas» polacos (los partidarios de la independencia de Polonia, el PSP), que representaban tres puntos de vista distintos, el problema se planteaba únicamente con relación a Polonia. Hasta ahora, a juzgar por las noticias de que disponemos, el problema de la autodeterminación ha sido discutido de modo más o menos sistemático únicamente por los holandeses y los polacos. Tenemos la esperanza de que *El Precursor* conseguirá impulsar la discusión de este problema, tan esencial en nuestros días, entre los ingleses, norteamericanos, franceses, alemanes e italianos. El socialismo oficial, representado tanto por los partidarios declarados de «su» gobierno, los Plejánov, David y cía., como por los defensores encubiertos del oportunismo, los kautskianos (incluidos Axelrod, Mártov, Chjeídze y otros), ha mentido tanto en esta cuestión que durante mucho tiempo serán inevitables, de una parte, los esfuerzos por guardar silencio y eludir la respuesta y, de otra parte, las exigencias de los obreros de que se les den «respuestas concretas» a las «preguntas malditas». Procuraremos informar oportunamente a nuestros lectores del desarrollo de la lucha de opiniones entre los socialistas del extranjero.

Para nosotros, los socialdemócratas rusos, el problema tiene, además, una importancia particular; esta discusión es continuación de la sostenida en 1903 y 1913; el problema suscitó durante la guerra ciertas vacilaciones ideológicas entre los miembros de nuestro partido, y se exacerbó a consecuencia de los subterfugios a que recurrieron jefes tan destacados del partido obrero de Gvózdev o chovinista como Mártov y Chjeídze para soslayar la esencia de la cuestión. Por ello es preciso hacer un balance, aunque sea previo, de la discusión iniciada en el ágora internacional.

Como se ve por las tesis, nuestros camaradas polacos replican directamente a algunos de nuestros argumentos, por ejemplo, acerca del marxismo y el proudhonismo. Pero en la mayoría de los casos no nos responden de modo directo, sino indirecto, contraponiendo sus afirmaciones. Examinemos sus respuestas directas e indirectas.

1. El socialismo y la autodeterminación de las naciones

Hemos afirmado que constituiría una traición al socialismo renunciar a llevar a la práctica la autodeterminación de las naciones en el socialismo. Se nos contesta: «El derecho de autodeterminación no es aplicable a la sociedad socialista». La discrepancia es cardinal. ¿Cuál es su origen?

«Sabemos –objetan nuestros contradictores– que el socialismo acabará por completo con toda opresión nacional, ya que acaba con los intereses de clase que conducen a ella...». ¿A cuento de qué esa consideración acerca de las premisas *económicas* de la abolición de la opresión nacional, conocidas e indiscutibles desde hace mucho, cuando la discusión gira en torno a *una* de las formas de opresión *política*, a saber: a la retención violenta de una nación dentro de las fronteras del Estado de otra nación? ¡Es simplemente un intento de esquivar las cuestiones políticas! Y las consideraciones posteriores nos reafirman más aún en esta apreciación:

> No poseemos ningún fundamento para suponer que la nación tendrá en la sociedad socialista el carácter de una unidad político-económica. Lo más probable es que tenga únicamente el carácter de una unidad cultural y lingüística, ya que la división territorial de la esfera cultural socialista, siempre que exista, solo podrá efectuarse de acuerdo con las necesidades de la

producción. Con una particularidad: esa división no la deberán determinar, como es natural, las distintas naciones, cada una por su cuenta, con toda la plenitud de su propio poder (como exige el «derecho de autodeterminación»), sino *determinar conjuntamente* todos los ciudadanos interesados...

A los camaradas polacos les gusta tanto este último argumento de la determinación *conjunta* en vez de la autodeterminación que lo repiten *tres veces* en sus tesis. Pero la frecuencia de la repetición no transforma este argumento octubrista y reaccionario en socialdemócrata. Porque todos los reaccionarios y burgueses conceden a las naciones retenidas por la violencia en las fronteras del Estado correspondiente el derecho de «determinar conjuntamente» su destino en el Parlamento general. También Guillermo II concede a los belgas el derecho de «determinar conjuntamente» el destino del Imperio alemán en el Parlamento general alemán.

Nuestros contradictores se esfuerzan por dar de lado precisamente lo que es discutible, lo único sometido a discusión: el derecho de separación. ¡Sería ridículo si no fuera tan triste!

En nuestra primera tesis decimos ya que la liberación de las naciones oprimidas presupone, en el terreno político, una transformación doble: 1) plena igualdad de derechos de las naciones. Esto no suscita discusión y se refiere exclusivamente a lo que ocurre dentro del Estado; 2) libertad de separación política. Esto se refiere a la determinación de las fronteras del Estado. *Solo* eso es discutible. Y nuestros contradictores guardan silencio precisamente sobre eso. No desean pensar ni en las fronteras del Estado ni incluso en el Estado en general. Es una especie de «economismo imperialista» semejante al viejo «economismo» de los años 1894-1902, que razonaba así: el capitalismo ha triunfado, *por eso* no vienen al caso las cuestiones políticas. ¡El imperialismo ha triunfado, *por eso* no vienen al caso las cuestiones políticas! Semejante teoría apolítica es profundamente hostil al marxismo.

Marx decía en la *Critica del Programa de Gotha:* «Entre la sociedad capitalista y la sociedad comunista media el período de transformación revolucionaria de la primera en la segunda. A este período corresponde también un período político de transición cuyo Estado no puede ser otro que la dictadura revolucionaria del proletariado». Hasta ahora ha sido indiscutible para los socialistas esta verdad, que encierra el reconocimiento del Estado hasta que el socialismo triunfante se transforme en comunismo completo. Es conocida la expresión de Engels acerca de la *extinción* del Estado. Hemos subrayado adrede, ya en nuestra primera tesis, que la democracia es una forma del Estado, que deberá extinguirse junto con él. Y mientras nuestros contradictores no sustituyan el marxismo con cualquier nuevo punto de vista «aestadista», sus consideraciones serán un error desde el comienzo hasta el fin.

En lugar de hablar del Estado (¡y, *por tanto*, de la determinación de sus *fronteras*!), hablan de la «esfera cultural socialista», es decir, ¡eligen intencionadamente una expresión vaga en el sentido de que se borran todas las cuestiones relacionadas con el Estado! Resulta una tautología ridícula: si el Estado no existe, tampoco existe, naturalmente, el problema de sus fronteras. Y entonces está de más *todo* el programa político-democrático. La república tampoco existirá cuando «se extinga» el Estado.

En los artículos del chovinista alemán Lensch a que nos hemos referido en la tesis 5 se cita un interesante pasaje de la obra de Engels *El Po y el Rin.* Engels dice allí, entre otras cosas, que en el curso del desarrollo histórico, que se engulló una serie de naciones pequeñas y carentes de vitalidad, las fronteras de las «naciones europeas grandes y viables» fueron determinándose cada vez más por «la lengua y las simpatías» de la población. Engels califica esas fronteras de «naturales». Así ocurrió en la época del capitalismo progresivo, en Europa, alrededor de 1848-1871. Ahora, el capitalismo reaccionario, imperialista, *demuele* con frecuencia creciente esas fronteras, determinadas democráticamente. Todos los síntomas predicen que el imperialismo dejará en herencia al socialismo, que viene a reemplazarlo, fronteras *menos* democráticas, una serie de anexiones en Europa y en otras partes del mundo. Y bien, ¿es que el socialismo triunfante, al restaurar y llevar a su término la democracia completa en todos los terrenos, renunciará a la determinación *democrática* de las fronteras del Estado?, ¿no deseará tener en cuenta las «simpatías» de la población? Basta hacer esas preguntas para ver con la mayor claridad que nuestros colegas polacos ruedan del marxismo al «economismo imperialista».

Los viejos «economistas», que convertían el marxismo en una caricatura, enseñaban a los obreros que para los marxistas «solo» tiene importancia lo «económico». Los nuevos «economistas» piensan o bien que el Estado democrático del socialismo triunfante existirá sin fronteras (como un «complejo de sensaciones» sin la materia), o bien que las fronteras serán determinadas «solo» de acuerdo con las necesidades de la producción. En realidad, esas fronteras serán determinadas democráticamente, es decir, de acuerdo con la voluntad y las «simpatías» de la población. El capitalismo violenta estas simpatías, agregando con ello nuevas dificultades al acercamiento de las naciones. El socialismo, al organizar la producción *sin* la opresión clasista y asegurar el bienestar de *todos* los miembros del Estado, brinda por lo tanto *plena posibilidad de manifestarse* a las «simpatías» de la población y, precisamente como consecuencia de ello, alivia y acelera de modo gigantesco el acercamiento y la fusión de las naciones.

Para que el lector descanse un poco del «economismo» pesado y torpón, citaremos el criterio de un escritor socialista ajeno a nuestra disputa. Ese escritor es Otto Bauer, que tiene también su «punto flaco», la «autonomía nacional cultural», pero que razona muy acertadamente en una serie de cuestiones importantísimas. Por ejemplo, en el párrafo 29 de su libro *La cuestión nacional y la socialdemocracia* ha destacado con extraordinaria exactitud el encubrimiento de la política *imperialista* con la ideología nacional. En el párrafo 30, *El socialismo y el principio de la nacionalidad,* dice:

> La comunidad socialista jamás estará en condiciones de incluir por la violencia en su composición a naciones enteras. Imagínense unas masas populares dueñas de todos los bienes de la cultura nacional, que toman parte activa e íntegra en la labor legislativa y en la administración y, por último, que están provistas de armas. ¿Es que sería posible someter por la violencia esas naciones a la dominación de un organismo social extraño? Todo poder estatal se asienta en la fuerza de las armas. El actual ejército popular, gracias a un hábil mecanismo, sigue siendo un arma en manos de determinada persona, familia o clase, exactamente igual que las huestes mercenarias y las mesnadas de los caballeros en la antigüedad. En cambio, el ejército de la comunidad democrática de la sociedad socialista no será otra cosa que el pueblo armado, pues estará compuesto por personas de elevada cultura que trabajarán de modo voluntario en los talleres sociales y participarán plenamente en todos los dominios de la vida del Estado. En tales condiciones desaparecerá toda posibilidad de dominación por parte de otra nación.

Eso sí es exacto. En el capitalismo *no es posible* suprimir la opresión nacional (y política, en general). Para conseguirlo es *imprescindible* abolir las clases, es decir, implantar el socialismo. Pero, basándose en la economía, el socialismo no se reduce íntegramente a ella, ni mucho menos. Para eliminar la opresión nacional hace falta una base: la producción socialista; mas sobre esa base son precisos, además, la organización democrática del Estado, el ejército democrático, etc. Transformando el capitalismo en socialismo, el proletariado abre la *posibilidad* de suprimir por completo la opresión nacional; esta posibilidad se convierte en *realidad* «solo» –«¡solo!»– con la aplicación completa de la democracia en todos los terrenos, comprendida la determinación de las fronteras del Estado en consonancia con las «simpatías» de la población, comprendida la plena libertad de separación. Sobre esta base se desarrollará, a su vez, la eliminación *prácticamente* absoluta de los más mínimos roces nacionales, de la más mínima desconfianza nacional; se producirán el acercamiento acelerado y la fusión de las naciones, que culminarán en la *extinción* del Estado. Tal es la teoría del marxismo, de la que se han apartado erróneamente nuestros colegas polacos.

2. ¿Es «realizable» la democracia en el imperialismo?

Toda la vieja polémica de los socialdemócratas polacos contra la autodeterminación de las naciones se apoya en el argumento de que esta es «irrealizable» en el capitalismo. Ya en 1903, en la comisión del II Congreso del POSDR encargada de elaborar el programa del partido, los iskristas nos reímos de este argumento y dijimos que repetía la caricatura del marxismo hecha por los «economistas» (de triste memoria). En nuestras tesis nos hemos ocupado con especial detalle de este error, y precisamente en esta cuestión, que representa la base teórica de toda la discusión, los camaradas polacos no han querido (¿o no han podido?) replicar a *ninguno* de nuestros argumentos.

La imposibilidad económica de la autodeterminación debería ser demostrada por medio de un análisis económico, igual que nosotros demostramos que es irrealizable la prohibición de las máquinas o la implantación de los bonos de trabajo, etc. Nadie intenta siquiera hacer ese análisis. Nadie afirmará que se ha logrado implantar en el capitalismo los «bonos de trabajo» aunque sea en un país, «a título de excepción»; como un pequeño país, a título de excepción, ha logrado en la era del más desenfrenado imperialismo realizar la irrealizable autodeterminación e incluso sin guerra y sin revolución (Noruega en 1905).

En general, la democracia política no es más que una de las formas posibles (aunque sea normal teóricamente para el capitalismo «puro») de superestructura *sobre* el capitalismo. Los hechos demuestran que tanto el capitalismo como el imperialismo se desarrollan con *cualesquiera* formas políticas, supeditando *todas* ellas a sus intereses. Por ello es profundamente erróneo desde el punto de vista teórico decir que son «irrealizables» una forma y una reivindicación de la democracia.

La falta de respuesta de los colegas polacos a estos argumentos obliga a considerar terminada la discusión sobre este punto. Para mayor evidencia, por así decirlo, hemos hecho la afirmación más concreta de que sería «ridículo» negar que la restauración de Polonia es «realizable» ahora en dependencia de los factores estratégicos, etc., de la guerra actual.

¡Pero no se nos ha contestado!

Los camaradas polacos se han limitado a *repetir* una afirmación evidentemente equivocada (segundo párrafo), diciendo: «en los problemas de la anexión de regiones ajenas han sido eliminadas las formas de democracia política; lo que decide es la violencia manifiesta... El capital no permitirá nunca al pueblo que resuelva el problema de sus fronteras estatales...». ¡Como si el «capital» pudiera «permitir al pueblo» que elija a sus funcionarios (*del capital*), que sirven al imperialismo! ¡O como si fueran concebibles *en general* sin la «violencia manifiesta» cualesquiera soluciones a fondo de importantes problemas democráticos, por ejemplo, la república en vez de la monarquía o la milicia popular en vez del ejército permanente! Subjetivamente, los camaradas polacos desean «profundizar» el marxismo, pero lo hacen sin ninguna fortuna. *Objetivamente,* sus frases acerca de que es «irrealizable» son oportunismo, pues lo llevan implícito tácitamente: es «irrealizable» sin una serie de revoluciones, como es irrealizable también en el imperialismo *toda* la democracia, *todas* sus reivindicaciones en general.

Una sola vez, al final mismo del segundo párrafo, al hablar de Alsacia, los colegas polacos han abandonado la posición del «economismo imperialista», abordando las cuestiones de una de las formas de democracia con una respuesta concreta y no con una alusión general al factor «económico». ¡Y precisamente ese enfoque ha resultado equivocado! Sería «particularista, no democrático» –escriben– que solamente los alsacianos, sin preguntar a los franceses, «impusieran» a estos la incorporación de Alsacia a Francia, ¡¡¡aunque una parte de Alsacia se inclinara hacia los alemanes y esto amenazara con una guerra!!! El embrollo es divertidísimo: la autodeterminación presupone (esto está claro de por sí y lo hemos subrayado de modo especial en nuestras tesis) la libertad de *separarse* del Estado opresor. ¡En política «no es usual» hablar de que la *incorporación* a un Estado determinado presupone su conformidad de la misma manera que en economía no se habla de «conformidad» del capitalista para obtener ganancias o del obrero para percibir su salario! Hablar de eso es ridículo.

Si se quiere ser un político marxista, al hablar de Alsacia habrá que atacar a los canallas del socialismo alemán porque no luchan en pro de la libertad de separación de Alsacia; habrá que atacar a los canallas del socialismo francés porque se reconcilian con la burguesía francesa, la cual desea la incorporación violenta de toda Alsacia; habrá que atacar a unos y otros porque sirven al imperialismo de «su» país, temiendo la existencia de un Estado separado, aunque sea pequeño; habrá que mostrar de qué modo resolverían los socialistas el problema en unas cuantas semanas, reconociendo la autodeterminación, sin violar la voluntad de los alsacianos. Hablar, en lugar de eso, del terrible peligro de que los alsacianos franceses se «impongan» a Francia es sencillamente el acabose.

3. ¿Qué es la anexión?

Esta pregunta fue formulada con toda precisión en nuestras tesis (séptimo párrafo). Los camaradas polacos *no* han contestado a ella, la han *dado de lado,* declarando insistentemente 1) que son enemigos de las anexiones y 2) explicando por qué se oponen a ellas. Son cuestiones muy importantes, desde luego. Pero son *otras* cuestiones. Si nos preocupamos, por poco que sea, de la fundamentación teórica de nuestros principios, de formularlos con claridad y precisión, no podemos *dar de lado* al interrogante de qué es la anexión, toda vez que este concepto figure en nuestra propaganda y agitación política. Rehuir este asunto en una discusión colectiva solo puede ser interpretado como abjuración de la posición mantenida.

¿Por qué planteamos esta cuestión? Lo hemos explicado al hacerlo. Porque la «protesta contra las anexiones no es otra cosa que el reconocimiento del derecho de autodeterminación». El concepto de anexión comprende habitualmente: 1) la idea de violencia (incorporación forzosa); 2) la idea de opresión nacional extranjera (incorporación de una región «ajena», etc.), y, a veces, 3) la idea de alteración del statu quo. También esto lo hemos señalado en las tesis, sin que nuestras indicaciones hayan sido objeto de crítica.

Surge una pregunta: ¿pueden los socialdemócratas ser enemigos de la violencia en general? Está claro que no. Entonces, no estamos contra las anexiones porque representen una violencia, sino por alguna otra cosa. De la misma manera los socialdemócratas no pueden ser partidarios del statu quo. Por muchas vueltas que se le dé, no podréis rehuir la conclusión: la anexión es una *violación de la autodeterminación* de la nación, es la delimitación de las *fronteras* de un Estado *en contra de la voluntad de la población.*

Ser enemigo de las anexiones *significa* estar a favor del derecho de autodeterminación. Estar «contra la retención violenta de cualquier nación dentro de las fronteras de un Estado concreto» (hemos utilizado adrede *también* esta fórmula, apenas modificada, de la misma idea en el cuarto párrafo de nuestras tesis, y los camaradas polacos nos han *contestado* con claridad *plena,* declarando en su primer párrafo, al comienzo, que están «contra la retención violenta de las naciones oprimidas dentro de las fronteras de un Estado anexionador») es *lo mismo* que estar a favor de la autodeterminación de las naciones.

No queremos discutir sobre las palabras. Si hay un partido que diga en su programa (o en una resolución obligatoria para todos, no se trata de la forma) que está contra las anexiones[63], contra la retención violenta de las naciones oprimidas dentro de las fronteras de *su* Estado, declarare-

63. «Contra las anexiones viejas y nuevas», dice la fórmula de K. Rádek en uno de sus artículos publicados en *Berner Tagwachi.* [Nota del autor]

mos que, por principio, estamos completamente de acuerdo con ese partido. Sería absurdo aferrarse a *la palabra* «autodeterminación». Y si hay en nuestro partido quienes deseen modificar en este espíritu las *palabras*, la fórmula del noveno párrafo de nuestro programa del partido, ¡consideraremos que las discrepancias con *esos* camaradas no tienen en modo alguno carácter de principio!

El quid de la cuestión está únicamente en la claridad política y en la fundamentación teórica de nuestras consignas.

En las discusiones verbales sobre este problema –cuya importancia nadie niega, sobre todo ahora, con motivo de la guerra– se ha expuesto el siguiente argumento (no lo hemos encontrado en la prensa): la *protesta* contra un mal conocido no significa obligatoriamente el reconocimiento de un concepto positivo que descarta el mal. Es evidente que el argumento carece de base y quizá por ello no ha sido reproducido en la prensa en parte alguna. Si un partido socialista declara que está «contra la retención violenta de una nación oprimida dentro de las fronteras del Estado anexionador», ese partido *se compromete,* con ello, a *renunciar* a la retención *violenta* cuando llegue al poder.

No dudamos ni un instante de que si Hindenburg semivence mañana a Rusia y esa semivictoria se manifiesta (con motivo del deseo de Inglaterra y de Francia de debilitar un poco el zarismo) en la creación de un nuevo Estado polaco, plenamente «realizable» desde el punto de vista de las leyes económicas del capitalismo y del imperialismo, y si pasado mañana triunfa la revolución socialista en Petrogrado, Berlín y Varsovia, el Gobierno socialista polaco, a semejanza del ruso y del alemán, renunciará a la «retención violenta», por ejemplo, de los ucranios «dentro de las fronteras del Estado polaco». Y si en ese Gobierno figuran miembros de la redacción de *Gazeta Robotnicza,* sacrificarán, indudablemente, sus «tesis» y refutarán con ello la «teoría» de que el «derecho de autodeterminación es inaplicable a la sociedad socialista». Si pensáramos de otra manera, no plantearíamos en el orden del día la discusión fraternal con los socialdemócratas de Polonia, sino la lucha implacable contra ellos como chovinistas.

Admitamos que salgo a la calle en cualquier ciudad europea y expreso públicamente, repitiéndolo después en la prensa, mi «protesta» contra el hecho de que no se me permita comprar a un hombre como esclavo. No cabe la menor duda de que se me considerará, con razón, un esclavista, un partidario del principio o del sistema, como queráis, de la esclavitud. No engañará a nadie el que mis simpatías por la esclavitud adopten la forma negativa de la protesta, y no una forma positiva («estoy a favor de la esclavitud»). La «protesta» política equivale *por completo* a un programa político. Esto es tan evidente, que incluso resulta violento verse obligado a explicarlo. En todo caso, estamos firmemente seguros de que la Izquierda de Zimmerwald, al menos –no hablamos de todos los zimmerwaldianos porque entre ellos figuran Mártov y otros kautskianos–, no «protestará» si decimos que en la III Internacional no habrá lugar para quienes sean capaces de separar la protesta política del programa político, de oponer la una al otro, etc.

Como no deseamos discutir sobre las palabras, nos permitimos expresar la firme esperanza de que los socialdemócratas polacos procurarán pronto formular oficialmente tanto su propuesta de excluir el noveno párrafo de nuestro (y *suyo* también) programa del partido, lo mismo del programa de la Internacional (resolución del Congreso de Londres de 1896), como su definición de las correspondientes ideas políticas acerca de las «anexiones viejas y nuevas» y de la «retención violenta de una nación oprimida dentro de las fronteras del Estado anexionador». Pasemos a la cuestión siguiente.

4. ¿A favor de las anexiones o en contra de las anexiones?

En el tercer párrafo de la primera parte de sus tesis, los camaradas polacos declaran con toda precisión que están en contra de toda clase de anexiones. Lamentablemente, en el cuarto párrafo de esa misma parte encontramos afirmaciones que no podemos menos de considerar anexionistas. Ese párrafo comienza con la siguiente... ¿cómo decirlo más suavemente?... frase extraña:

> La lucha de la socialdemocracia contra las anexiones, contra la retención violenta de las naciones oprimidas dentro de las fronteras del Estado anexionador tiene como punto de partida *el rechazamiento de toda defensa de la patria* (la cursiva es de los autores), que en la era del imperialismo es la defensa de los derechos de la propia burguesía a oprimir y saquear pueblos ajenos...

¿Qué es eso? ¿Cómo es eso?

«La lucha contra las anexiones tiene como punto de partida el rechazamiento de *toda* defensa de la patria...». ¡Pero si se puede denominar «defensa de la patria», y hasta ahora estaba *generalmente* admitido dar esa denominación, a toda guerra nacional y a toda insurrección nacional! Estamos en contra de las anexiones, *pero...* entendemos esto en el sentido de que estamos en contra de la guerra de los anexados *por* liberarse de los anexionadores, estamos en contra de la insurrección de los anexados con el fin de liberarse de los anexionadores. ¿No es esta una afirmación anexionista?

Los autores de las tesis argumentan su... extraña afirmación diciendo que, «en la era del imperialismo», la defensa de la patria es la defensa de los derechos de su propia burguesía a oprimir pueblos ajenos. ¡Pero eso es cierto *solo* con relación a la guerra imperialista, es decir, a la guerra *entre* potencias imperialistas, o entre grupos de potencias, cuando *ambas* partes beligerantes, además de oprimir «pueblos ajenos», hacen la guerra *para decidir* quién debe oprimir *más* pueblos ajenos!

Por lo visto, los autores plantean el problema de la «defensa de la patria» de una manera completamente distinta a como lo plantea nuestro partido. Nosotros rechazamos la «defensa de la patria» en la guerra *imperialista.* Esto está dicho con claridad meridiana en el Manifiesto del Comité Central de nuestro partido y en las resoluciones de Berna, reproducidas en el folleto *El socialismo y la guerra,* que ha sido publicado en alemán y en francés[64]. Hemos subrayado eso *dos veces* también en nuestras tesis (notas al cuarto y al sexto párrafo). Al parecer, los autores de las tesis polacas rechazan la defensa de la patria *en general,* es decir, *también en una guerra nacional,* considerando, quizá, que en la «era del imperialismo» *son imposibles* las guerras nacionales. Decimos «quizá», porque los camaradas polacos *no* han expuesto en sus tesis semejante opinión.

Semejante opinión ha sido expresada con claridad en las tesis del grupo alemán La Internacional y en el folleto de Junius, al que dedicamos un artículo especial. Señalemos, como adición a lo dicho allí, que la insurrección nacional de una región o país anexados contra los anexionadores puede ser denominada precisamente insu-

64. Se trata del folleto «El socialismo y la guerra (Actitud del POSDR ante la guerra)».

rrección, y no guerra (hemos oído esa objeción y por eso la citamos, a pesar de considerar que esta disputa terminológica no es seria). En todo caso, es poco probable que haya quien se atreva a negar que Bélgica, Servia, Galitzia y Armenia, anexadas, denominarán a su «insurrección» contra el anexionador «defensa de la patria», y *la denominarán justamente.* Resulta que los camaradas polacos están *en contra* de semejante insurrección debido a que en esos países anexados hay *también* burguesía, que oprime *también* pueblos ajenos, o, mejor dicho, que puede oprimirlos, pues se trata únicamente de «su *derecho* a oprimir». Por consiguiente, para apreciar una guerra dada o una insurrección dada no se toma su *verdadero* contenido social (la lucha de la nación oprimida contra la opresora por su independencia), sino el eventual ejercicio por la burguesía hoy oprimida de su *«derecho* a oprimir». Si Bélgica, por ejemplo, es anexada por Alemania en 1917, pero en 1918 se levanta para liberarse, los camaradas polacos estarán en contra de la insurrección, basándose en que ¡la burguesía belga tiene «derecho a oprimir pueblos ajenos»!

Este razonamiento no tiene nada de marxismo ni de revolucionario en general. Sin traicionar al socialismo, *debemos* apoyar *toda* insurrección contra nuestro enemigo principal, la burguesía de los grandes Estados, si no se trata de la insurrección de una clase reaccionaria. Al negarnos a apoyar la insurrección de las regiones anexadas nos convertimos –objetivamente– en anexionistas. Precisamente en la «era del imperialismo», que es la era de la incipiente revolución social, el proletariado apoyará hoy con particular energía la insurrección de las regiones anexadas, a fin de atacar mañana, o al mismo tiempo, a la burguesía de la «gran» potencia, debilitada por esa insurrección.

Sin embargo; los camaradas polacos van más lejos aún en su anexionismo. No están en contra únicamente de la insurrección de las regiones anexadas; ¡están en contra también de *todo* restablecimiento de su independencia, aunque sea pacífico! Escuchad:

> La socialdemocracia, al declinar toda responsabilidad por las consecuencias de la política opresora del imperialismo, al luchar contra ellas del modo más enérgico, *no se pronuncia en modo alguno a favor de la colocación de nuevos postes fronterizos en Europa, a favor del restablecimiento de los arrancados por el imperialismo* (la cursiva es de los autores).

En la actualidad «han sido arrancados por el imperialismo los postes fronterizos» entre Alemania y Bélgica, entre Rusia y Galitzia. Y resulta que la socialdemocracia internacional debe estar en contra de su restablecimiento en general, cualquiera que sea la forma en que se efectúe. En 1905, «en la era del imperialismo», cuando la Dieta autónoma de Noruega proclamó la separación de Suecia, y la guerra de Suecia contra Noruega, preconizada por los reaccionarios suecos, no llegó a desencadenarse como consecuencia de la resistencia de los obreros suecos y de la situación imperialista internacional, ¡¡la socialdemocracia debería haber estado en contra de la separación de Noruega, pues significaba, indudablemente, la «colocación de nuevos postes fronterizos en Europa»!!

Eso es ya anexionismo franco y manifiesto. No hace falta refutarlo, porque él mismo se refuta. Ningún partido socialista se atreverá a adoptar semejante posición: «estamos en contra de las anexiones en general, pero en lo que se refiere a Europa, sancionamos las anexiones o nos conformarnos con ellas, puesto que han sido efectuadas...».

Debemos detenemos únicamente en los orígenes teóricos del error que ha hecho llegar a nuestros camaradas polacos a una... «imposibilidad» tan manifiesta. Más adelante hablaremos de cuán infundado es separar a «Europa». Las dos frases siguientes de las tesis explican otras fuentes del error:

> ... Donde ha pasado la rueda del imperialismo sobre un Estado capitalista ya formado, aplastándolo, tiene lugar –bajo la forma salvaje de la opresión imperialista– la concentración política y económica del mundo capitalista, concentración que prepara el socialismo...

Esta justificación de las anexiones es struvismo pero no marxismo. Los socialdemócratas rusos, que recuerdan la década del 90 en Rusia, conocen perfectamente esta manera de desnaturalizar el marxismo, común a los señores Struve, Cunow, Legien y cía. Justamente en otra tesis de los camaradas polacos (II, 3) leemos lo que sigue acerca de los struvistas alemanes, los llamados «socialimperialistas».

> ... [La consigna de autodeterminación] «permite a los socialimperialistas, tratando siempre de demostrar el carácter ilusorio de esta consigna, presentar nuestra lucha contra la opresión nacional como un sentimentalismo infundado desde el punto de vista histórico, minando con ello la confianza del proletariado en los fundamentos científicos del programa socialdemócrata...

¡Eso significa que los autores consideran «científica» la posición de los struvistas alemanes! ¡Les felicitamos!

Pero una «minucia» destruye este sorprendente argumento, que nos amenaza con que los Lensch, los Cunow y los Parvus *tengan razón* frente a nosotros: esos Lensch son hombres consecuentes a su manera, y en el número 8-9 de *Die Glocke*[65] chovinista alemán –en nuestras tesis hemos citado adrede precisamente estos números–, Lensch preten-

65. *Die Glocke* (La Campana): revista bimensual que publicaba en Múnich y luego en Berlín, en 1915-1925, el alemán Alexander Parvus (Guelfand).

de demostrar *al mismo tiempo* ¡¡«la falta de base científica» de la consigna de autodeterminación (los socialdemócratas polacos, por lo visto, han considerado irrefutable *esta* argumentación de Lensch, como se desprende del razonamiento de sus tesis reproducido por nosotros...) *y* la «falta de base científica» de la consigna contra las anexiones!!

Porque Lensch ha comprendido magníficamente la sencilla verdad que señalábamos a nuestros colegas polacos, los cuales no han deseado responder a nuestra indicación: no existe diferencia «ni económica, ni política», ni en general lógica, entre el «reconocimiento» de la autodeterminación y la «protesta» contra las anexiones. Si los camaradas polacos consideran irrefutables los argumentos de los Lensch contra la autodeterminación, no se podrá dejar de reconocer *un hecho:* los Lensch enfilan *todos* esos argumentos también contra la lucha con las anexiones.

El error teórico en que se basan todos los razonamientos de nuestros colegas polacos les ha llevado tan lejos, que han resultado ser *anexionistas inconsecuentes.*

5. ¿Por qué está la socialdemocracia en contra de las anexiones?

Desde nuestro punto de vista, la respuesta es clara: porque la anexión viola la autodeterminación de las naciones o, dicho de otro modo, es una de las formas de la opresión nacional.

Desde el punto de vista de los socialdemócratas polacos, es necesario que se explique *de modo especial* por qué estamos en contra de las anexiones, y estas explicaciones (1, 3 en las tesis) enredan ineludiblemente a los autores en una nueva serie de contradicciones.

Exponen dos razones para «justificar» por qué (a despecho de los argumentos «fundamentados científicamente» de los Lensch) estamos en contra de las anexiones. Primera:

> ... A la afirmación de que las anexiones en Europa son imprescindibles para la seguridad militar del Estado imperialista vencedor, la socialdemocracia opone el hecho de que las anexiones no hacen más que exacerbar los antagonismos y, con ello, acrecentar el peligro de guerra...

Es una respuesta insuficiente a los Lensch, pues su argumento principal no es la necesidad militar, sino el carácter *económico* progresivo de las anexiones, que significan la concentración bajo el imperialismo. ¿Dónde está, en este caso, la lógica, si los socialdemócratas polacos reconocen el carácter progresivo de *semejante* concentración, negándose a restablecer en Europa los postes fronterizos arrancados por el imperialismo, y, al mismo tiempo, *se oponen* a las anexiones?

Prosigamos. ¿Qué clases de guerras son aquellas cuyo peligro acrecientan las anexiones? No las guerras imperialistas, pues estas son engendradas por otras causas; los antagonismos principales en la actual guerra imperialista son, indiscutiblemente, los antagonismos entre Inglaterra y Alemania, entre Rusia y Alemania. En este caso no ha habido ni hay anexiones. Se trata del acrecentamiento del peligro de guerras *nacionales* y de insurrecciones nacionales. Pero ¿cómo es posible, por una parte, declarar que las guerras nacionales son *imposibles* «en la era del imperialismo» y, por otra, hablar del «peligro» de las guerras nacionales? Eso no es lógico.

Segunda razón:

> Las anexiones «abren un abismo entre el proletariado de la nación dominante y el de la nación oprimida»...; «el proletariado de la nación oprimida se uniría a su burguesía y vería un

> enemigo en el proletariado de la nación dominante. La lucha de clase del proletariado internacional contra la burguesía internacional sería sustituida por la escisión del proletariado, por su corrupción ideológica...».

Compartimos por entero estos argumentos. Pero ¿es lógico presentar al mismo tiempo y sobre una misma cuestión argumentos que se excluyen mutuamente? En el tercer párrafo de la primera parte de las tesis leemos los argumentos citados, que ven en las anexiones *la escisión* del proletariado; pero junto a él, en el cuatro párrafo, se nos dice que en Europa es preciso estar en contra de la abolición de las anexiones ya efectuadas y a favor de la «educación de las masas obreras de las naciones oprimidas y opresoras para la lucha solidaria». Si la abolición de las anexiones es «sentimentalismo» reaccionario, entonces *no se puede* argumentar que las anexiones abren «un abismo» entre «el proletariado» y provocan su «escisión»; por el contrario, habrá que ver en las anexiones una condición del *acercamiento* del proletariado de las distintas naciones.

Nosotros decimos: para que podamos hacer la revolución socialista y derrocar a la burguesía, los obreros deben unirse más estrechamente, y la lucha en pro de la autodeterminación, es decir, contra las anexiones, contribuye a esa unión estrecha. Seguimos siendo consecuentes. Los camaradas polacos, en cambio, al reconocer la «irrevocabilidad» de las anexiones europeas, al reconocer la «imposibilidad» de las guerras nacionales, se golpean a sí mismos cuando discuten «contra» las anexiones ¡precisamente con argumentos *de* las guerras nacionales! ¡Precisamente con argumentos como el de que las anexiones *dificultan* el acercamiento y la fusión de los obreros de las distintas naciones!

Dicho con otras palabras: para objetar contra las anexiones, los socialdemócratas polacos se ven obligados a tomar sus argumentos del bagaje teórico que *ellos mismos* rechazan por principio.

Esto lo vemos con muchísima más claridad en el problema de las colonias.

6. ¿Se puede contraponer las colonias a «Europa» en esta cuestión?

En nuestras tesis se dice que la reivindicación de liberación inmediata de las colonias es tan «irrealizable» en el capitalismo (es decir, irrealizable sin una serie de revoluciones e inconsistente sin el socialismo) como la autodeterminación de las naciones, la elección de los funcionarios por el pueblo, la república democrática, etc., y, por otro lado, que la reivindicación de liberación de las colonias no es otra cosa que el «reconocimiento de la autodeterminación de las naciones».

Los camaradas polacos no han contestado a ninguno de estos argumentos. Han intentado establecer una diferencia entre «Europa» y las colonias. Solo que para Europa son anexionistas inconsecuentes negándose a abolir las anexiones por cuanto han sido ya efectuadas. Para las colonias proclaman una reivindicación absoluta: «¡Fuera de las colonias!».

Los socialistas rusos deben exigir: «¡Fuera de Turquestán, de Jivá, de Bujará, etc.!»; pero caerán, según ellos, en la «utopía», el «sentimentalismo» «acientífico», etc., si reivindican esa misma libertad de separación para Polonia, Finlandia, Ucrania y demás. Los socialistas ingleses deben exigir: «¡Fuera de África, de la India, de Australia!», pero no fuera de Irlanda. ¿Qué fundamentos teóricos pueden explicar esta diferenciación que salta a la vista por su incongruencia? Es imposible eludir esta cuestión.

La «base» principal de los enemigos de la autodeterminación consiste en que esta es «irrealizable». Esa misma idea, con un ligero matiz, está expresada en la alusión a la «concentración económica y política».

Está claro que la concentración se efectúa *también* por medio de la anexión de colonias. La diferencia económica entre las colonias y los pueblos europeos –la mayoría de estos últimos, por lo menos– consistía antes en que las colonias eran arrastradas al intercambio de *mercancías,* pero no aún a *la producción* capitalista. El imperialismo ha cambiado esa situación. El imperialismo es, entre otras cosas, la exportación de *capital.* La producción capitalista se trasplanta con creciente rapidez a las colonias. Es imposible arrancar a estas de la dependencia del capital financiero europeo. Desde el punto de vista militar, lo mismo que desde el punto de vista de la expansión, la separación de las colonias es realizable, como regla general, solo con el socialismo; con el capitalismo, esa separación es realizable a título de excepción o mediante una serie de revoluciones e insurrecciones tanto en las colonias como en las metrópolis.

En Europa, la mayor parte de las naciones dependientes (aunque no todas: los albaneses y muchos alógenos de Rusia) están más desarrolladas, desde el punto de vista capitalista, que en las colonias. ¡Mas precisamente eso suscita mayor resistencia a la opresión nacional y a las anexiones! Precisamente como consecuencia de ello *está más asegurado* el desarrollo del capitalismo en Europa –cualesquiera que sean las condiciones políticas, comprendida la separación– que en las colonias... «Allí –dicen los camaradas polacos, refiriéndose a las colonias (I, 4)–, el capitalismo deberá afrontar aún la tarea del desarrollo independiente de las fuerzas productivas...». En Europa esto es más visible todavía: en Polonia, Finlandia, Ucrania y Alsacia el capitalismo desarrolla, indudablemente, las fuerzas productivas con mayor energía, rapidez e independencia que en la India, Turquestán, Egipto otras colonias del tipo más puro. En una sociedad basada en la producción mercantil, el desarrollo independiente –y, en general, cualquier desarrollo– es imposible sin el capital. En Europa, las naciones dependientes tienen capital *propio* y una fácil posibilidad de conseguirlo en las condiciones más diversas. Las colonias no disponen, o casi no disponen, de capital *propio,* y en la situación creada por la existencia del capital financiero, solo pueden conseguirlo a condición de someterse políticamente. ¿Qué significa, en virtud de todo eso, la reivindicación de liberar inmediata y absolutamente a las colonias? ¿No está claro que es mucho más «utópica», en el sentido vulgar, de caricatura del «marxismo», en que usan la palabra «utopía» los señores Struve, Lensch y Cunow y tras ellos, por desgracia, los camaradas polacos? En este caso se entiende por «utopía», hablando en propiedad, el apartamiento de lo mezquinamente habitual, y también todo lo revolucionario. Pero en la situación de Europa, los movimientos revolucionarios de *todos* los tipos –comprendidos los nacionales– son más posibles, más realizables, más tenaces, más conscientes y más difíciles de aplastar que en las colonias.

El socialismo –dicen los camaradas polacos (I, 3)– «sabrá prestar a los pueblos no desarrollados de las colonias *una ayuda cultural desinteresada, sin dominar* sobre ellos». Completamente justo. Pero *¿qué* fundamentos hay para pensar que una nación grande, un Estado grande, al pasar al socialismo, no sabrá atraer a una pequeña nación oprimida de Europa por medio de la «ayuda cultural desinteresada»? Precisamente la libertad de separación, que los socialdemócratas polacos *«conceden»* a las colonias, atraerá a la alianza con los Estados socialistas grandes a las pequeñas naciones europeas oprimidas, pero cultas y *exigentes* en el terreno político, pues un Estado grande significará en el socialismo: tantas horas *menos* de trabajo al día y tanto y tanto más de *ingreso* al día. Las masas trabajadoras, liberadas del yugo de la burguesía, *tenderán* con todas sus fuerzas a la alianza y la fusión con las naciones socialistas grandes y avanzadas, en aras de esa «ayuda cultural», siempre que los opresores de ayer no ultrajen el sentimiento democrático, altamente desarrollado, de la dignidad de la nación tanto tiempo oprimida; siempre que se conceda a esta igualdad en todo, incluida la igualdad en la edificación del Estado, en la experiencia de edificar «su» Estado. En el capitalismo, esa «experiencia» implica guerras, aislamiento, particularismo y egoísmo estrecho de las pequeñas naciones privilegiadas (Holanda, Suiza). En el socialismo, las propias masas trabajadoras no aceptarán en ningún sitio el particularismo por los motivos puramente económicos expuestos más arriba; y la diversidad de formas políticas, la libertad de separarse del Estado, la experiencia de edificación del Estado constituirán –en tanto no se extinga todo Estado en general– la base de una pletórica vida cultural, la garantía del proceso más acelerado de acercamiento y fusión voluntarios de las naciones.

Al segregar las colonias y contraponerlas a Europa, los camaradas polacos caen en una contradicción de tal naturaleza, que hace trizas en el acto toda su errónea argumentación.

7. ¿Marxismo o proudhonismo?

Nuestra alusión a la actitud adoptada por Marx con respecto a la separación de Irlanda es contrarrestada por los camaradas polacos, a título de excepción, no de modo indirecto, sino directo. ¿En qué consiste su objeción? Según ellos, las alusiones a la posición de Marx en 1848-1871 no tienen «el más mínimo valor». Esta afirmación, irritada y categórica en extremo, se razona diciendo que Marx se manifiesta «al mismo tiempo» contra los anhelos de independencia «de los checos, de los eslavos del Sur, etc.»[66].

Esta argumentación es irritada en extremo precisamente porque carece de toda base. Según los marxistas polacos resulta que Marx era un simple confusionista, que ¡afirmaba «al mismo tiempo» cosas opuestas! Esto, además de ser completamente falso, no tiene nada que ver con el marxismo. Precisamente la exigencia de un análisis «concreto», que formulan los camaradas polacos *para no aplicarla,* nos obliga a examinar si la diferente actitud de Marx ante los distintos movimientos «nacionales» concretos no partía de *una sola* concepción socialista.

Como es sabido, Marx era partidario de la independencia de Polonia desde el punto de vista de los intereses de la democracia *europea* en su lucha contra la fuerza e influencia –bien podría decirse: contra la omnipotencia y la predominante influencia reaccionaria– del zarismo. El acierto de este punto de vista encontró su confirmación más palmaria y real en 1849, cuando el ejército feudal ruso aplastó la insurrección nacional-liberadora y democrático-revolucionaria en Hungría. Y desde entonces hasta la muerte de Marx, e incluso más tarde, hasta 1890, cuando se cernía la amenaza de una guerra reaccionaria del zarismo, en alianza con Francia, contra la Alemania *no imperialista,* sino nacionalmente independiente, Engels se mostraba partidario, ante todo y sobre todo, de

66. Véase F. Engels, *El paneslavismo democrático.*

la lucha contra el zarismo. Por eso, y solamente por eso, Marx y Engels se manifestaron contra el movimiento nacional de los checos y de los eslavos del Sur.

La simple consulta de cuanto escribieron Marx y Engels en 1848-1849 demostrará a todos los que se interesen por el marxismo, no para renegar de él, que Marx y Engels *contraponían* a la sazón, de modo directo y concreto, «pueblos enteros reaccionarios» que servían de «puestos de avanzada de Rusia» en Europa a los «pueblos revolucionarios»: alemanes, polacos y magiares. Esto es un hecho. Y este hecho fue señalado *entonces* con *indiscutible* acierto: en 1848, los pueblos revolucionarios combatían por la libertad, cuyo principal enemigo era el zarismo, mientras que los checos y otros eran realmente pueblos reaccionarios, puestos de avanzada del zarismo.

¿Qué nos enseña este ejemplo concreto, que debe ser analizado *concretamente* si se quiere permanecer fiel al marxismo? Únicamente que: 1) los intereses de la liberación de varios pueblos grandes y muy grandes de Europa están por encima de los intereses del movimiento liberador de las pequeñas naciones; 2) que la reivindicación de democracia debe ser considerada en escala europea (ahora habría que decir: en escala mundial), y no aisladamente.

Y nada más. Ni sombra de refutación del principio socialista elemental que olvidan los polacos y al que Marx siempre guardó fidelidad: no puede ser libre el pueblo que oprime a otros pueblos[67]. Si la situación concreta ante la que se hallaba Marx en la época de la influencia predominante del zarismo en la política internacional volviera a repetirse bajo otra forma, por ejemplo, si varios pueblos iniciasen la revolución socialista (como en 1848 iniciaron

67. Véase F. Engels, *Publicaciones de los emigrados.*

en Europa la revolución democrática burguesa), y *otros* pueblos resultasen ser los pilares principales de la reacción burguesa, nosotros también deberíamos ser partidarios de la guerra revolucionaria contra ellos, abogar por «aplastarlos», por destruir todos sus puestos de avanzada, cualesquiera que fuesen los movimientos de pequeñas naciones que allí surgiesen. Por tanto, no debemos rechazar, ni mucho menos, los ejemplos de la táctica de Marx –lo que significaría reconocer de palabra el marxismo y romper con él de hecho–, sino, a base de su análisis concreto, extraer enseñanzas inapreciables para el futuro. Las distintas reivindicaciones de la democracia, incluyendo la de la autodeterminación, no son algo absoluto sino *una partícula* de todo el movimiento democrático (hoy: socialista general) *mundial*. Puede suceder que, en un caso dado, una partícula se halle en contradicción con el todo; entonces hay que desecharla. Es posible que en un país el movimiento republicano no sea más que un instrumento de las intrigas clericales o financiero-monárquicas de otros países; entonces, nosotros *no* debemos apoyar ese movimiento concreto. Pero sería ridículo excluir por ese motivo del programa de la socialdemocracia internacional la consigna de la república.

¿Cómo cambió la situación concreta desde 1848-1871 hasta 1898-1916 (considerando los jalones más importantes del imperialismo como un período: desde la guerra imperialista hispano-norteamericana hasta la guerra imperialista europea)? El zarismo dejó de ser; manifiesta e indiscutiblemente, el baluarte principal de la reacción; primero, a consecuencia del apoyo que le prestó el capital financiero internacional, sobre todo el de Francia; segundo, como resultado del año 1905. En aquel entonces, el sistema de los grandes Estados nacionales –de las democracias de Europa– llevaba al mundo la democracia y el socialismo, a pesar del zarismo[68]. Marx y Engels no llegaron a vivir hasta la época del imperialismo. En nuestros días se ha formado un sistema de un puñado de «grandes» potencias imperialistas (5 o 6), cada una de las cuales oprime a otras naciones. Esta opresión es una de las fuentes del retraso artificial del hundimiento del capitalismo y del apoyo artificial al oportunismo y al socialchovinismo de las naciones imperialistas que dominan el mundo. Entonces, la democracia de Europa Occidental, que liberaba a las naciones más importantes, era enemiga del zarismo, el cual aprovechaba con fines reaccionarios algunos movimientos de pequeñas naciones. Ahora, la *alianza* del imperialismo zarista con el de los países capitalistas europeos más adelantados, basada en la opresión por todos ellos de una serie de naciones, se enfrenta con el proletariado socialista dividido en dos campos: el chovinista, «socialimperialista», y el revolucionario.

¡He ahí el cambio concreto de la situación, del que hacen caso omiso los socialdemócratas polacos, a pesar de su promesa de ser concretos! De él se desprende también un cambio concreto en *la aplicación* de esos mismos principios socialistas: *entonces,* ante todo, «contra el zarismo» (así como contra algunos movimientos de pequeñas naciones utilizados *por él* con una orientación antidemocrática) y a favor de los pueblos revolucionarios de Occidente

---

68. Riazánov ha publicado, en el *Archivo de la historia del socialismo,* de Grünberg (1916, 1), un interesantísimo artículo de Engels sobre el problema polaco, fechado en 1866. Engels subraya que el proletariado debe reconocer la independencia política y la «autodeterminación» (*right to dispose of itself*) de las naciones grandes, importantes de Europa, remarcando la absurdidad del «principio de las nacionalidades» (sobre todo en su aplicación bonapartista), es decir, de equiparar cualquier nación pequeña a estas grandes. «Rusia –dice Engels– posee una enorme cantidad de propiedades robadas» (es decir, de naciones oprimidas), «que tendrá que devolver el día del ajuste de cuentas». Tanto el bonapartismo como el zarismo *aprovechan* los movimientos de pequeñas naciones en beneficio *propio* y *contra* la democracia europea. [Nota del autor]

agrupados en grandes naciones. *Ahora,* contra el frente único formado por las potencias imperialistas, la burguesía imperialista y los socialimperialistas, y *a favor* del aprovechamiento, para los fines de la revolución socialista, *de todos* los movimientos nacionales dirigidos contra el imperialismo. Cuanto *más pura* sea hoy la lucha del proletariado contra el frente común imperialista tanto más vital será, evidentemente, el principio internacionalista de que «no puede ser libre un pueblo que oprime a otros pueblos».

Los proudhonistas, *en nombre* de la revolución social interpretada de modo doctrinario, hacían caso omiso del papel internacional de Polonia y no querían saber nada de los movimientos nacionales. Del mismo modo doctrinario proceden los socialdemócratas polacos, que *rompen* el frente internacional de lucha contra los socialimperialistas y ayudan (objetivamente) a estos con sus vacilaciones en el problema de las anexiones. Porque es precisamente el frente internacional de lucha proletaria el que ha cambiado en lo que se refiere a la posición concreta de las pequeñas naciones: entonces (1848-1871), las pequeñas naciones significaban posibles aliados ya de la «democracia occidental» y de los pueblos revolucionarios, ya del zarismo; ahora (1898-1914), las pequeñas naciones han perdido ese significado y son una de las fuentes que alimentan el parasitismo y, como consecuencia, el socialimperialismo de las «grandes potencias». Lo importante no es que antes de la revolución socialista se libere 1/50 o 1/100 de las pequeñas naciones; lo importante es que el proletariado, en la época imperialista y por causas objetivas, se ha dividido en dos campos internacionales, uno de los cuales está corrompido por las migajas que le caen de la mesa de la burguesía imperialista –a costa, por cierto, de la explotación doble o triple de las pequeñas naciones–, mientras que el otro no puede conseguir su propia libertad sin liberar a las pequeñas naciones, sin educar a las masas en el espíritu antichovinista, es decir, antianexionista, es decir, en el espíritu «de la autodeterminación».

A este aspecto de la cuestión, el principal, le dan de lado los camaradas polacos, quienes *no* consideran las cosas desde la posición central en la época del imperialismo, desde el punto de vista de la existencia de dos campos en el proletariado internacional.

He aquí otros ejemplos palpables de su proudhonismo: 1) la actitud frente a la insurrección irlandesa de 1916, de la que hablaremos más adelante, 2) la declaración en las tesis (II, 3, al final del tercer párrafo) de que «nada puede velar» la consigna de revolución socialista. Es profundamente antimarxista la idea de que se pueda «velar» la consigna de revolución socialista, *relacionándola* con una posición revolucionaria consecuente en cualquier problema, incluido el nacional.

Los socialdemócratas polacos opinan que nuestro programa es «nacionalreformista». Comparad dos proposiciones prácticas: 1) por la autonomía (tesis polacas, III, 4) y 2) por la libertad de separación. ¡Es esto, y solo esto, lo que diferencia nuestros programas! ¿Y acaso no está claro que es reformista precisamente el primer programa y no el segundo? Un cambio reformista es el que no socava las bases del poder de la clase dominante y que representa únicamente una concesión de esta, pero conservando su dominio. Un cambio revolucionario es el que socava las bases del poder. Lo reformista en el programa nacional *no* deroga *todos* los privilegios de la nación dominante, *no* establece la completa igualdad de derechos, *no* elimina *toda* opresión nacional. Una nación «autónoma» no tiene los mismos derechos que la nación «dominante»; los camaradas polacos no podrían dejar de notarlo, si no se empeñasen obstinadamente en pasar por alto (al igual que nuestros antiguos «economistas») el análisis de los conceptos y categorías *políticas*. La Noruega autónoma, como parte de Suecia, gozaba hasta 1905 de la más amplia autonomía, pero no tenía derechos iguales a Suecia. Solo su libre separación reveló *de hecho* y demostró su igualdad de derechos (añadamos, entre paréntesis, que fue precisamente esta libre separación la que creó las bases para un acercamiento más estrecho y más democrático, asentado en la igualdad de derechos). Mientras Noruega era únicamente autónoma, la aristocracia sueca tenía *un* privilegio más, que con la separación no fue «debilitado» (la esencia del reformismo consiste en *atenuar* el mal, pero no en suprimirlo), sino *eliminado por completo* (lo que constituye el exponente principal del carácter revolucionario de un programa).

A propósito: la autonomía, como reforma, es distinta por principio de la libertad de separación, como medida revolucionaria. Esto es indudable. Pero, en la práctica, la reforma –como sabe todo el mundo– no es en muchos casos más que un paso hacia la revolución. Precisamente la autonomía permite a una nación mantenida por la fuerza dentro de los límites de un Estado constituirse de modo definitivo como nación, reunir, conocer y organizar sus fuerzas, elegir el momento más adecuado para *declarar...* al modo «noruego»: nosotros, la Dieta autónoma de tal o cual nación o comarca, declaramos que el emperador de toda Rusia ha dejado de ser rey de Polonia, etc. A esto «se objeta» habitualmente: semejantes problemas se resuelven por medio de guerras y no con declaraciones. Es justo: en la inmensa mayoría de los casos se resuelven por medio de guerras (lo mismo que los problemas de la forma de gobierno de los grandes Estados se resuelven también, en la gran mayoría de los casos, únicamente por medio de guerras y revoluciones). Sin embargo, no estará de más meditar en si es lógica *semejante* «objeción» contra el programa político de un partido revolucionario. ¿Somos acaso contrarios a las guerras y revoluciones *en pro* de una causa justa y útil para el proletariado, *en pro* de la democracia y del socialismo?

¡«Pero no podemos ser partidarios de la guerra entre los grandes pueblos, de la matanza de 20 millones de hombres, en aras de la liberación problemática de una nación pequeña, integrada, quizá, por no más de 10 o 20 millones de habitantes»! ¡Claro está que no podemos! Mas no porque hayamos eliminado de nuestro programa la igualdad nacional completa, sino porque los intereses de la democracia de *un* país deben ser supeditados a los intereses de la democracia de *varios y* de *todos* los países. Imaginémonos que entre dos grandes monarquías se encuentra una monarquía pequeña, cuyo reyezuelo está «ligado», por lazos de parentesco y de otro género, a los monarcas de ambos países vecinos. Imaginémonos, además, que la proclamación de la república en el país pequeño y el destierro de su monarca significase, de hecho, una guerra entre los dos grandes países vecinos por la restauración de tal o cual monarca del pequeño país. No cabe duda de que, en este caso concreto, toda la socialdemocracia internacional, lo mismo que la parte verdaderamente internacionalista de la socialdemocracia del pequeño país, *estaría en contra de la sustitución de la monarquía por la república.* La sustitución de la monarquía por la república no es un objetivo absoluto, sino una de las reivindicaciones democráticas subordinadas a los intereses de la democracia (y más aún, naturalmente, a los intereses del proletariado socialista) considerada en conjunto. Es seguro que un caso así no suscitaría ni sombra de divergencias entre los socialdemócratas de los distintos países. Pero si cualquier socialdemócrata propusiese con *este* motivo eliminar en general del programa de la socialdemocracia internacional la consigna de república, seguramente lo tomarían por loco. Le dirían: a pesar de todo, no se debe olvidar la diferencia lógica elemental que existe entre *lo particular* y *lo general.*

Este ejemplo nos hace ver un aspecto algo diferente del problema de la educación *internacionalista* de la clase obrera. ¿Puede esta educación –sobre cuya necesidad e importancia imperiosa son inconcebibles divergencias entre la Izquierda de Zimmerwald– ser *concretamente igual* en las grandes naciones opresoras y en las pequeñas naciones oprimidas? ¿En las naciones anexionadoras y en las naciones anexadas?

Evidentemente, no. El camino hacia el objetivo único –la completa igualdad de derechos, el más estrecho acercamiento y la ulterior *fusión* de *todas* las naciones– sigue aquí, evidentemente, distintas rutas concretas, lo mismo que, por ejemplo, el camino conducente a un punto situado en el centro de esta página parte hacia la izquierda de una de sus márgenes y hacia la derecha de la margen opuesta. Si el socialdemócrata de una gran nación opresora, anexionadora, profesando, en general, la fusión de las naciones, se olvida, aunque solo sea por un instante, de que «su» Nicolás II, «su» Guillermo, Jorge, Poincaré, etc., *abogan también por la fusión* con las naciones pequeñas (por medio de anexiones) –Nicolás II aboga por la «fusión» con Galitzia, Guillermo II por la «fusión» con Bélgica, etc.–, ese socialdemócrata resultará ser, en teoría, un doctrinario ridículo y, en la práctica, un cómplice del imperialismo.

El centro de gravedad de la educación internacionalista de los obreros de los países opresores tiene que estar necesariamente en la prédica y en la defensa de la libertad de separación de los países oprimidos. De otra manera, *no hay* internacionalismo. Tenemos el derecho y el deber de tratar de imperialista y de canalla a todo socialdemócrata de una nación opresora que *no* realice tal propaganda. Esta es una exigencia incondicional, aunque, *prácticamente,* la separación no sea posible ni «realizable» antes del socialismo más que en el uno por mil de los casos.

Tenemos el deber de educar a los obreros en la «indiferencia» ante las diferencias nacionales. Esto es indiscutible. Mas no se trata de la indiferencia de *los anexionistas.* El miembro de una nación opresora debe permanecer «indiferente» ante el problema de si las naciones pequeñas pertenecen a *su* Estado *o* al Estado *vecino,* o a sí mismas, según sean sus simpatías: sin tal «indiferencia» no será socialdemócrata. Para ser socialdemócrata internacionalista hay que pensar *no* solo en la propia nación, sino colocar *por encima* de *ella* los intereses de todas las naciones, la libertad y la igualdad de derechos de todas. «Teóricamente», todos están de acuerdo con estos principios; pero, en la práctica, revelan precisamente una indiferencia anexionista. Ahí está la raíz del mal.

Y, a la inversa, el socialdemócrata de una nación pequeña debe tomar como centro de gravedad de sus campañas de agitación la *primera* palabra de nuestra fórmula general: *«unión* voluntaria» de las naciones. Sin faltar a sus deberes de internacionalista, puede pronunciarse *tanto* a favor de la independencia política de su nación *como* a favor de su incorporación al Estado vecino x, y, z, etc. Pero deberá luchar en todos los casos *contra* la estrechez de criterio, el aislamiento, el particularismo de pequeña nación, por que se tenga en cuenta lo total y lo general, por la supeditación de los intereses de lo particular a los intereses de lo general.

A gentes que no han penetrado en el problema, les parece «contradictorio» que los socialdemócratas de las naciones opresoras exijan la «libertad de *separación*» y los socialdemócratas de las naciones oprimidas la «libertad de *unión*». Pero, a poco que se reflexione, se ve que, *partiendo* de la situación *dada,* no hay ni puede haber *otro* camino hacia el internacionalismo y la fusión de las naciones, no hay ni puede haber otro camino que conduzca a este fin.

Y llegamos así a la situación *peculiar* de la socialdemocracia holandesa y polaca.

8. Lo peculiar y lo general en la posición de los socialdemócratas internacionalistas holandeses y polacos

No cabe la menor duda de que los marxistas holandeses y polacos adversarios de la autodeterminación figuran entre los mejores elementos internacionalistas y revolucionarios de la socialdemocracia internacional. ¿Cómo *puede,* entonces, darse el caso de que sus razonamientos teóricos constituyan, como hemos visto, una tupida red de errores; de que no contengan juicio general acertado alguno, nada, excepto «economismo imperialista»?

El hecho no se debe en modo alguno a las malas cualidades subjetivas de los camaradas holandeses y polacos, sino a las condiciones objetivas *peculiares* de sus países. Ambos países 1) son pequeños y desamparados en el «sistema» contemporáneo de grandes potencias; 2) ambos se hallan enclavados geográficamente entre los buitres imperialistas de fuerza gigantesca que compiten con mayor encarnizamiento (Inglaterra y Alemania; Alemania y Rusia); 3) en ambos están terriblemente arraigados los recuerdos y las tradiciones de los tiempos en que ellos mismos eran «grandes potencias»: Holanda, como gran potencia colonial, era más fuerte que Inglaterra; Polonia era una gran potencia más culta y más fuerte que Rusia y Prusia; 4) ambos han conservado hasta hoy día privilegios, que consisten en la opresión de pueblos ajenos: el burgués holandés es dueño de las riquísimas Indias Holandesas; el terrateniente polaco oprime a los «siervos» ucranio y bielorruso; el burgués polaco, a los judíos, etc.

Semejante peculiaridad, que consiste en la combinación de esas cuatro condiciones especiales, no podrán encontrarla en Irlanda, Portugal (en sus tiempos estuvo anexada por España), Alsacia, Noruega, Finlandia, Ucrania, en los territorios letón y bielorruso ni en otros muchos. ¡Y en esa peculiaridad está *toda la esencia* de la cuestión! Cuando los socialdemócratas holandeses y polacos se pronuncian contra la autodeterminación recurriendo a argumentos *generales,* es decir, que atañen al imperialismo en general, al socialismo en general, a la democracia en general y a la opresión nacional en general, se puede decir en verdad que cometen errores a montones. Pero basta dejar a un lado esta *envoltura,* a todas luces equivocada, de los argumentos generales y examinar *la esencia* de la cuestión desde el punto de vista de la originalidad de las condiciones *peculiares* de Holanda y de Polonia para que se haga *comprensible* y completamente lógica su original posición. Puede decirse, sin temor a caer en una paradoja, que cuando los marxistas holandeses y polacos se sublevan con rabia contra la autodeterminación no dicen exactamente lo que quieren decir; o con otras palabras: quieren decir algo diferente de lo que dicen[69].

69. Recordemos que en su declaración de Zimmerwald, *todos* los socialdemócratas polacos *reconocieron* la autodeterminación *en general* aunque formulada un poquito distintamente. [Nota del autor]

En nuestras tesis hemos citado ya un ejemplo. ¡Gorter está en contra de la autodeterminación de *su* país, pero está *en pro* de la autodeterminación de las Indias Holandesas, oprimidas por «su» nación! ¿Puede sorprender que veamos en él a un internacionalista más sincero y un correligionario más afín a nosotros que en quienes reconocen así la autodeterminación (tan de palabra, tan hipócritamente) como Kautsky entre los alemanes y Trotski y Mártov entre nosotros? De los principios generales y cardinales del marxismo se deduce, indudablemente, el deber de luchar por la libertad de separación de las naciones oprimidas por «mi propia» nación; pero no se deduce, ni mucho menos, la necesidad de colocar por encima de todo la independencia precisamente de Holanda, cuyos padecimientos se deben más que nada a su aislamiento estrecho, fosilizado, egoísta y embrutecedor; aunque se hunda el mundo, nos tiene sin cuidado; «nosotros» estamos satisfechos de nuestra vieja presa y del riquísimo «huesito» que nos queda, las Indias; ¡lo demás no «nos» importa!

Otro ejemplo. Karl Rádek, un socialdemócrata polaco que ha contraído méritos singularmente grandes con su lucha enérgica en defensa del internacionalismo en la socialdemocracia alemana después de empezada la guerra, se levanta furioso contra la autodeterminación en un artículo titulado «El derecho de las naciones a la autodeterminación» que se publicó en *Lichtstrahlen*, revista mensual radical de izquierda dirigida por J. Borchardt y prohibida por la censura prusiana (1915, 5 de diciembre, III año, número 3). Por cierto que Rádek cita en provecho propio *únicamente* a prestigiosos autores polacos y holandeses y expone, entre otros, el siguiente argumento: la autodeterminación alimenta la idea de que la «socialdemocracia tiene el deber de apoyar cualquier lucha por la independencia».

Desde el punto de vista de la teoría *general,* este argumento resulta indignante a todas luces, pues es claramente ilógico. Primero, no hay ni puede haber una sola reivindicación particular de la democracia que no engendre abusos si no se supedita lo particular a lo general; nosotros no estamos obligados a apoyar ni «cualquier» lucha por la independencia ni «cualquier» movimiento republicano o anticlerical. Segundo, no hay ni puede haber *ni una sola* fórmula de lucha contra la opresión nacional que no adolezca de *ese mismo* «defecto». El mismo Rádek utilizó en *Berner Tagwacht* la fórmula (1915, número 253) «contra las anexiones viejas y nuevas». Cualquier nacionalista polaco «deduce» legítimamente de esa fórmula: «Polonia es una anexión, yo estoy en contra de la anexión, es decir, estoy en pro de la independencia de Polonia». También Rosa Luxemburgo, en un artículo de 1908, si no me equivoco, expresaba la opinión de que bastaba la fórmula «contra la opresión nacional». Pero cualquier nacionalista polaco dirá *–y con pleno derecho–* que la anexión es *una* de las formas de la opresión nacional y, *por consiguiente,* etc.

Tomen ustedes, sin embargo, en lugar de esos argumentos generales, las condiciones *peculiares* de Polonia: su independencia es *ahora* «irrealizable» sin guerras o revoluciones. Estar a favor de una guerra europea con el fin exclusivo de restablecer Polonia significa ser un nacionalista de la peor especie, colocar los intereses de un pequeño número de polacos por encima de los intereses de centenares de millones de hombres que sufren las consecuencias de la guerra. Y tales son, por ejemplo, los «fraquistas» (PSP de derecha), que son socialistas solo de palabra y frente a los cuales tienen mil veces razón los socialdemócratas polacos. Lanzar la consigna de independencia de Polonia *ahora,* con la *actual* correlación de las potencias imperialistas *vecinas,* significa, en efecto, correr tras una utopía, caer en un nacionalismo estrecho, olvidar la premisa de la revolución europea o, por lo menos, rusa y alemana. De la misma manera, lanzar como consigna aparte la de libertad de coalición en la Rusia de 1908-1914 hubiera significado correr tras una utopía y ayudar objetivamente al partido obrero stolipiniano (hoy partido de Potrésov y Gvózdev, lo que, dicho sea de paso, es lo mismo). ¡Pero sería una locura eliminar en general del programa socialdemócrata la reivindicación de libertad de coalición!

Tercer ejemplo y, sin duda, el más importante. En las tesis polacas (III, final del segundo párrafo) se dice, condenando la idea de un Estado-tapón polaco independiente, que eso es «una vana utopía de grupos pequeños e impotentes. De llevarse a la práctica, esta idea significaría la creación de un pequeño Estado-fragmento polaco, que sería una colonia militar de uno u otro grupo de grandes potencias, un juguete de sus intereses militares y económicos, una zona de explotación por el capital extranjero, un campo de batalla en las futuras guerras». Todo eso es muy exacto contra la consigna de independencia de Polonia *ahora,* pues incluso la revolución solamente en Polonia no cambiaría nada en este terreno y distraería la atención de las masas polacas de *lo principal:* de los vínculos de su lucha con la lucha del proletariado ruso y alemán. No es una paradoja, sino un hecho que el proletariado polaco, como tal, puede coadyuvar ahora a la causa del socialismo y de la libertad, *incluida también la polaca,* solo mediante la lucha *conjunta* con el proletariado de los países vecinos, contra los *estrechos* nacionalistas *polacos.* Es imposible negar el gran mérito histórico de los socialdemócratas polacos en la lucha contra estos últimos.

Mas esos mismos argumentos, acertados desde el punto de vista de las condiciones *peculiares* de Polonia en la época *actual,* son claramente desacertados en la forma *general* que se les ha dado. Mientras existan las guerras, Polonia será siempre un campo de batalla en las guerras entre Alemania y Rusia; eso no es un argumento contra la mayor libertad política (y, por consiguiente, contra la independencia política) durante los períodos entre las guerras. Lo mismo puede decirse de las consideraciones acerca de la explotación por el capital extranjero y del papel de juguete de intereses ajenos. Los socialdemócratas polacos no están hoy en condiciones de lanzar la consigna de independencia de Polonia, pues como proletarios internacionalistas no pueden hacer *nada* para ello sin caer, a semejanza de los «fraquistas», en el más rastrero servilismo ante *una* de las monarquías imperialistas. Pero a los obreros rusos y alemanes *no* les es indiferente si habrán de participar en la anexión de Polonia (eso significaría educar a los obreros y campesinos alemanes y rusos en el espíritu de la más ruin villanía, de la resignación con el papel de verdugo de otros pueblos) o si Polonia será independiente.

La situación es, sin duda alguna, muy embrollada, pero hay una salida que permitiría a *todos* seguir siendo internacionalistas: a los socialdemócratas rusos y alemanes, exigiendo la absoluta «*libertad* de separación» de Polonia; a los socialdemócratas polacos, luchando por la unidad de la lucha proletaria en un país pequeño y en los países grandes sin propugnar en la época dada o en el período dado la consigna de independencia de Polonia.

9. Una carta de Engels a Kautsky

En su folleto *El socialismo y la política colonial* (Berlín, 1907), Kautsky, que a la sazón era todavía marxista, publicó la carta que le había dirigido Engels el 12 de septiembre de 1882 y que reviste inmenso interés para el problema que nos ocupa. He aquí la parte esencial de dicha carta:

> ... A mi modo de ver, las colonias propiamente dichas, es decir, las tierras ocupadas por población europea, como el Canadá, el Cabo y Australia, se harán todas independientes; por el contrario, de las tierras que están sometidas y cuya población es indígena, como la India, Argelia, las posesiones holandesas, portuguesas y españolas, tendrá que hacerse cargo temporalmente el proletariado y procurarles la independencia con la mayor rapidez posible. Es difícil decir ahora cómo se desarrollará este proceso. La India quizá haga la revolución –cosa muy probable– y, puesto que el proletariado, al liberarse, no puede hacer guerras coloniales, habrá que conformarse con ello, aunque, naturalmente, serán inevitables distintas destrucciones. Pero estas cosas son inseparables de todas las revoluciones. Lo mismo puede ocurrir también en otros sitios, por ejemplo, en Argelia y en Egipto, lo que sería *para nosotros,* sin duda, lo mejor. Tendremos bastante que hacer en nuestra propia casa. Una vez reorganizadas Europa y América del Norte, esto dará tan colosal impulso y tal ejemplo, que los países semicivilizados nos seguirán ellos mismos, pues así lo impondrán, aunque solo sea, sus necesidades económicas. Por lo que se refiere a las fases sociales y políticas que habrán de atravesar estos países hasta llegar también a la organización socialista, creo que solo podríamos hacer hipótesis bastante ociosas. Una cosa es indudable: *el proletariado triunfante no puede imponer a ningún otro pueblo felicidad alguna sin socavar con este acto su propia victoria.* Como es natural, esto no excluye en modo alguno las guerras defensivas de distinto género...

Engels no cree, ni mucho menos, que solo lo «*económico*» salvará de por sí y directamente todas las dificultades. La revolución económica impulsará a *todos* los pueblos a *tender* hacia el socialismo; sin embargo, son posibles también revoluciones –contra el Estado socialista– y guerras. La adaptación de la política a la economía se producirá inevitablemente, pero no de golpe ni sin obstáculos, no de un modo sencillo y directo. Engels plantea como «indudable» un solo principio, indiscutiblemente internacionalista, que aplica a *todos* los «otros pueblos», es decir, no solo a los coloniales: imponerles la felicidad significaría socavar la victoria del proletariado.

El proletariado no se convertirá en santo ni quedará a salvo de errores y debilidades por el mero hecho de haber llevado a cabo la revolución social. Pero los posibles errores (y también los intereses egoístas de intentar montar en lomo ajeno) le llevarán inexcusablemente a comprender esta verdad.

Todos nosotros, los de la Izquierda de Zimmerwald, tenemos la misma convicción que tenía, por ejemplo, Kautsky antes de su viraje en 1914 del marxismo a la defensa del chovinismo, a saber: la revolución socialista es completamente posible en el futuro *más próximo,* «de hoy a mañana», como se expresó el propio Kautsky en cierta ocasión. Las antipatías nacionales no desaparecerán tan pronto; el odio –completamente legítimo– de la nación oprimida a la nación opresora *continuará existiendo* durante cierto tiempo; solo se disipará *después* de la victoria del socialismo y *después* de la implantación definitiva de relaciones plenamente democráticas entre las naciones. Si queremos ser fieles al socialismo debemos ya ahora dedicamos a la educación internacionalista de las masas, imposible de realizar entre las naciones opresoras sin propugnar la libertad de separación de las naciones oprimidas.

10. La insurrección irlandesa de 1916

Nuestras tesis fueron escritas antes de esta insurrección que debe servirnos para contrastar los puntos de vista teóricos.

Los puntos de vista de los enemigos de la autodeterminación llevan a la conclusión de que se ha agotado la vitalidad de las naciones pequeñas oprimidas por el imperialismo, de que no pueden desempeñar papel alguno contra el imperialismo, de que el apoyo a sus aspiraciones puramente nacionales no conducirá a nada, etc. La experiencia de la guerra imperialista de 1914-1916 refuta de hecho semejantes conclusiones.

La guerra ha sido una época de crisis para las naciones de Europa Occidental, para todo el imperialismo. Toda crisis aparta lo convencional, arranca las envolturas exteriores, barre lo caduco, pone al desnudo los resortes y fuerzas más profundas. ¿Qué ha puesto al desnudo esta crisis desde el punto de vista del movimiento de las naciones oprimidas? En las colonias, diversos intentos de insurrección, que las naciones opresoras, como es natural, han tratado de ocultar por todos los medios valiéndose de la censura militar. Se sabe, no obstante, que los ingleses han aplastado ferozmente en Singapur una sublevación de sus tropas indias; que ha habido conatos de insurrección en el Anam francés (véase *Nashe Slovo*[70]) y en el Camerún alemán (véase el folleto de Junius); que en Europa, de una parte, se ha insurreccionado Irlanda, a la que los ingleses «amantes de la libertad» han apaciguado por medio de ejecuciones, sin atreverse a extender a los irlandeses el servicio militar obligatorio; de otra parte, el Gobierno austríaco ha condenado a muerte «por traición» a los diputados a la Dieta checa y ha fusilado por el mismo «delito» a regimientos enteros checos.

Se sobreentiende que esta enumeración está lejos, muy lejos, de ser completa. Sin embargo, demuestra que las

70. *Nashe Slovo* (Nuestra Palabra): periódico menchevique; salió en París de enero de 1915 a septiembre de 1916. Uno de los directores del periódico fue L. Trotski.

llamas de las insurrecciones nacionales *con motivo* de la crisis del imperialismo se han encendido *tanto* en las colonias *como* en Europa, que las simpatías y antipatías nacionales se han manifestado, a pesar de las draconianas amenazas y medidas represivas. Y eso que la crisis del imperialismo se encontraba lejos todavía del punto culminante de su desarrollo: el poderío de la burguesía imperialista no estaba aún socavado (la guerra «hasta el agotamiento» puede llevar a ello, pero todavía no ha llevado); los movimientos proletarios en el seno de las potencias imperialistas son aún muy débiles. ¿Qué ocurrirá cuando la guerra conduzca al agotamiento total o cuando en una potencia, por lo menos, el poder de la burguesía vacile bajo los golpes de la lucha proletaria, como vaciló el poder del zarismo en 1905?

El periódico *Berner Tagwacht,* órgano de los zimmerwaldianos e incluso de algunos de izquierda, publicó el 9 de mayo de 1916 un artículo sobre la insurrección irlandesa, firmado con las iniciales K. R. y titulado «Le ha llegado su hora». En dicho artículo se calificaba de «putsch» la insurrección irlandesa –¡ni más ni menos!–, pues, según el autor, «la cuestión irlandesa era una cuestión agraria», los campesinos se habían tranquilizado con reformas, el movimiento nacionalista se había convertido en «un movimiento puramente urbano, pequeñoburgués, tras el que se encontraban pocas fuerzas sociales, a pesar del gran alboroto que levantó».

No es sorprendente que esta apreciación, monstruosa por su doctrinarismo y pedantería, haya coincidido con la del demócrata constitucionalista, señor A. Kulisher (*Rech*[71], número 102, 15 de abril de 1916), nacional-

71. *Rech* (La Palabra): diario, órgano central del partido de los demócratas constitucionalistas; salió en San Petersburgo desde el 23 de febrero (8 de marzo) de

liberal ruso, que ha calificado también la insurrección de «putsch de Dublín».

Es de esperar que, de acuerdo con el proverbio de «no hay mal que por bien no venga», muchos camaradas que no comprendían a qué charca se deslizaban al negar la «autodeterminación» y adoptar una actitud desdeñosa ante los movimientos nacionales de las naciones pequeñas, abrirán ahora los ojos al influjo de esta coincidencia «fortuita» en las apreciaciones ¡¡de un representante de la burguesía imperialista y de un socialdemócrata!!

Se puede hablar de «putsch», en el sentido científico de la palabra, únicamente cuando el intento de insurrección no revela nada, excepto la existencia de un grupito de conspiradores o de maniáticos absurdos, y no despierta ninguna simpatía entre las masas. El movimiento nacional irlandés, que tiene siglos a sus espaldas y ha pasado por distintas etapas y combinaciones de intereses de clase, se ha manifestado, entre otras cosas, en el Congreso nacional irlandés de masas celebrado en Norteamérica (*Vorwärts,* 20 de marzo de 1916), que se pronunció a favor de la independencia de Irlanda; se ha manifestado en los combates de calle de una parte de la pequeña burguesía urbana y de *una parte de los obreros,* después de una larga agitación de masas, de manifestaciones, de prohibición de periódicos, etc. Quien denomine putsch a una insurrección de *esa naturaleza* es un reaccionario de marca mayor o un doctrinario incapaz en absoluto de imaginarse la revolución social como un fenómeno vivo.

1906. El periódico fue clausurado por el Comité Militar Revolucionario anejo al Sóviet de Petrogrado el 26 de octubre (8 de noviembre) de 1917. En lo sucesivo (hasta agosto de 1918) salió bajo los títulos: *Nasha Rech* (Nuestra Palabra), *Sbodódnaya Rech* (La Palabra Libre), *Vek* (El Siglo), *Nóvaya Rech* (Nueva Palabra) y *Nash Vek* (Nuestro Siglo).

Porque pensar que la revolución social es *concebible* sin insurrecciones de las naciones pequeñas en las colonias y en Europa, sin explosiones revolucionarias de una parte de la pequeña burguesía, *con todos sus prejuicios,* sin el movimiento de las masas proletarias y semiproletarias inconscientes contra la opresión terrateniente, clerical, monárquica, nacional, etc.; pensar así, significa *abjurar de la revolución social.* En un sitio, se piensa, por lo visto, forma un ejército y dice: «Estamos por el socialismo»; en otro sitio forma otro ejército y proclama: «Estamos por el imperialismo», ¡y eso será la revolución social! Unicamente basándose en semejante punto de vista ridículo y pedante se puede ultrajar a la insurrección irlandesa, calificándola de «putsch».

Quien espere la revolución social «pura» no la verá *jamás.* Será un revolucionario de palabra, que no comprende la verdadera revolución.

La Revolución rusa de 1905 fue democrática burguesa. Constó de una serie de batallas de *todas* las clases, grupos y elementos descontentos de la población. Entre ellos había masas con los prejuicios más salvajes, con los objetivos de lucha más confusos y fantásticos; había grupitos que tomaron dinero japonés, había especuladores y aventureros, etc. *Objetivamente,* el movimiento de las masas quebrantaba al zarismo y desbrozaba el camino para la democracia; por eso, los obreros conscientes lo dirigieron.

La revolución socialista en Europa *no puede ser* otra cosa que una explosión de la lucha de masas de todos y cada uno de los oprimidos y descontentos. En ella participarán inevitablemente partes de la pequeña burguesía y de los obreros atrasados –sin esa participación *no* es posible una lucha de masas, no es posible revolución *alguna*–, que aportarán al movimiento, también de modo inevitable, sus prejuicios, sus fantasías reaccionarias, sus debilidades y sus errores. Pero *objetivamente* atacarán el *capital,* y la vanguardia consciente de la revolución, el proletariado avanzado, expresando esta verdad objetiva de la lucha de masas de pelaje y voces distintas, abigarrada y aparentemente desmembrada, podrá unirla y dirigirla, tomar el poder, adueñarse de los bancos, expropiar los trusts, odiados por todos (¡aunque por motivos distintos!), y aplicar otras medidas dictatoriales, que llevan, consideradas en conjunto, al derrocamiento de la burguesía y a la victoria del socialismo, victoria que no podrá «depurarse» en el acto, ni mucho menos, de las escorias pequeñoburguesas.

La socialdemocracia –leemos en las tesis polacas (I, 4)– «debe aprovechar la lucha de la joven burguesía colonial, dirigida contra el imperialismo europeo, *para exacerbar la* crisis *revolucionaria en Europa»* (la cursiva es de los autores).

¿No está claro que donde menos puede permitirse la contraposición de Europa a las colonias es en *este* terreno? La lucha de las naciones oprimidas *en Europa,* capaz de llegar a insurrecciones y batallas de calle, de quebrantar la férrea disciplina de las tropas y provocar el estado de sitio, esta lucha «exacerbará la crisis revolucionaria en Europa» con una fuerza incomparablemente mayor que una insurrección mucho más desarrollada en una colonia lejana. El golpe asestado al poder de la burguesía imperialista inglesa por la insurrección en Irlanda tiene una importancia política cien veces mayor que otro golpe de igual fuerza en Asia o en África.

La prensa chovinista francesa informó hace poco que en Bélgica ha aparecido el número 80 de la revista clandestina *La Bélgica Libre.* Es claro que la prensa chovinista francesa miente con mucha frecuencia, pero esta noticia tiene visos de verosimilitud. Mientras que la socialdemocracia alemana, chovinista y kautskiana, no se ha creado en dos años de guerra una prensa libre, soportando lacayunamente el yugo de la censura militar (tan solo los elementos radicales de izquierda han editado, dicho sea en su honor, folletos y proclamas sin pasarlos por la censura), ¡una nación culta oprimida responde a las inauditas ferocidades de la opresión militar creando un órgano de protesta revolucionaria! La dialéctica de la historia es tal que las pequeñas naciones, impotentes como factor *independiente* en la lucha contra el imperialismo, desempeñan su papel como uno de los fermentos o bacilos que ayudan a que entre en escena la *verdadera* fuerza contra el imperialismo: el proletariado socialista.

En la guerra presente, los Estados Mayores Generales se esfuerzan meticulosamente por aprovechar todo movimiento nacional y revolucionario en el campo enemigo: los alemanes, la insurrección irlandesa, los franceses, el movimiento checo, etc. Y, desde su punto de vista, proceden con todo acierto. No se puede adoptar una actitud seria ante una guerra seria sin utilizar la más mínima debilidad del adversario, sin aprovechar cada oportunidad, tanto más que es imposible saber por anticipado en qué momento y con qué fuerza «volará» acá o allá uno u otro polvorín. Seríamos muy malos revolucionarios si en la gran guerra liberadora del proletariado por el socialismo no supiéramos aprovechar *cualquier* movimiento popular contra *diversas* calamidades del imperialismo a fin de exacerbar y ampliar la crisis. Si, por un lado, proclamáramos y repitiéramos de mil modos que estamos «contra» toda opresión nacional y, por otro lado, denomináramos «putsch» a la heroica insurrección de la parte más dinámica e inteligente de algunas clases de una nación oprimida contra los opresores, descenderíamos a un nivel de torpeza igual al de los kautskianos.

La desgracia de los irlandeses consiste en que se han lanzado a la insurrección en un momento inoportuno:

cuando la insurrección europea del proletariado no ha madurado *todavía.* El capitalismo no está organizado tan armónicamente como para que las distintas fuentes de la insurrección se fundan de golpe por sí mismas, sin reveses ni derrotas. Por el contrario, precisamente la diversidad de tiempo, de carácter y de lugar de las insurrecciones garantiza la amplitud y profundidad del movimiento general. Solo en la experiencia de los movimientos revolucionarios inoportunos, parciales, fraccionados y, por ello, fracasados, las masas adquirirán, experiencia, aprenderán, reunirán fuerzas, verán a sus verdaderos guías, a los proletarios socialistas, y prepararán así el embate general, del mismo modo que las huelgas aisladas, las manifestaciones urbanas y, nacionales, los motines entre las tropas, las explosiones entre los campesinos, etc., prepararon el embate general de 1905.

11. Conclusión

Pese a la afirmación equivocada de los socialdemócratas polacos, la reivindicación de autodeterminación de las naciones ha desempeñado en la agitación de nuestro partido un papel no menos importante que, por ejemplo, el armamento del pueblo, la separación de la Iglesia y el Estado, la elección de los funcionarios por el pueblo y otros puntos calificados de «utópicos» por los filisteos. Por el contrario, la animación de los movimientos nacionales después de 1905 suscitó también lógicamente una animación de nuestra agitación: una serie de artículos en 1912-1913 y la resolución aprobada por nuestro partido en 1913, que dio una definición exacta y «antikautskiana» (es decir, intransigente con el «reconocimiento» puramente verbal) de *la esencia* de la cuestión.

Entonces ya se puso al descubierto un hecho que es intolerable soslayar: oportunistas de distintas naciones, el ucranio Yurkévich, el bundista Libman, Semkovski, lacayo ruso de Potrésov y cía., ¡se pronunciaron *en pro* de los argumentos de Rosa Luxemburgo *contra* la autodeterminación! Lo que en la socialdemócrata polaca era únicamente una generalización teórica equivocada de las condiciones *peculiares* del movimiento en Polonia se convirtió en el acto (en una situación más amplia, en las condiciones de un Estado no pequeño, sino grande, en escala internacional y no en la estrecha escala de Polonia), de hecho y *objetivamente,* en un apoyo oportunista al imperialismo ruso. La historia de *las corrientes* del pensamiento político (no de las opiniones de algunas personas) ha venido a confirmar el acierto de nuestro programa.

Y ahora, los socialimperialistas francos del tipo de Lensch se alzan abiertamente contra la autodeterminación y contra la negación de las anexiones. En cambio, los kautskianos reconocen hipócritamente la autodeterminación: en nuestro país, en Rusia, siguen ese camino Trotski y Mártov. De palabra, *ambos* están a favor de la autodeterminación, como Kautsky. ¿Y de hecho? Trotski –tomen su artículo «La nación y la economía», en *Nashe Slovo*– nos muestra su eclecticismo habitual: de una parte, la economía fusiona las naciones; de otra, la opresión nacional las desune. ¿Conclusión? La conclusión consiste en que la hipocresía reinante sigue sin ser desenmascarada, la agitación resulta exánime, no aborda lo principal, lo cardinal, lo esencial, lo cercano a la práctica: la actitud ante la nación oprimida por «mi» nación. Mártov y otros secretarios del extranjero han preferido olvidar –¡provechosa falta de memoria!– la lucha de su colega y compañero Semkovski contra la autodeterminación. Mártov ha escrito en la prensa legal de los partidarios de Gvózdev

(*Nash Golos*[72]) *en pro* de la autodeterminación, demostrando la verdad incontestable de que esta en la guerra imperialista no obliga *todavía* a participar, etc., pero rehuyendo lo principal –¡lo rehúye incluso en la prensa ilegal, en la prensa libre!–, que consiste en que Rusia ha batido también durante la paz el récord mundial de opresión de las naciones sobre la base de un imperialismo mucho más brutal, medieval, atrasado económicamente, burocrático y militar. El socialdemócrata ruso que «reconoce» la autodeterminación de las naciones aproximadamente igual que lo hacen los señores Plejánov, Potrésov y cia., es decir, sin luchar en defensa de la libertad de separación de las naciones oprimidas por el zarismo, es, *de hecho,* un imperialista y un lacayo del zarismo.

Cualesquiera que sean los «buenos» propósitos subjetivos de Trotski y Mártov, objetivamente apoyan con sus evasivas el socialimperialismo ruso. La época imperialista ha convertido todas las «grandes» potencias en opresoras de una serie de naciones, y el desarrollo del imperialismo llevará ineluctablemente a una división más clara de las corrientes en torno a esta cuestión también en la socialdemocracia internacional.

Escrito en julio de 1916.
Publicado en octubre de 1916,
en el núm. 1 de *Sbornik 'Sotsial-Demokrata'.*
Firmado: N. Lenin.

Se publica según el texto de *Sbornik.*

---

72. *Nash Golos* (Nuestra Voz): periódico menchevique legal. Se publicó en Samara en 1915-1916.

LAS TAREAS DEL MOVIMIENTO OBRERO FEMENINO EN LA REPÚBLICA SOVIÉTICA

Discurso en la IV Conferencia
de obreras sin partido de la ciudad de Moscú
23 de septiembre de 1919

La revolución soviética se caracterizó por sus políticas progresistas relativas a la emancipación de la mujer. Y no fue un gesto puramente ideológico. Las mujeres obreras habían protagonizado múltiples huelgas y movilizaciones los años anteriores, destacándose sobre todo las que harían explotar la revolución de febrero de 1917.

En el momento álgido de la guerra civil, los bolcheviques necesitaban el máximo de apoyos para defender la revolución, es por eso que crearon varios espacios donde dirigirse a los llamados y denominados «sin partido». Y en el caso de las mujeres, se generaron varias conferencias de obreras sin partido. En este contexto, Lenin enfoca su discurso ante la IV Conferencia de obreras sin partido de la ciudad de Moscú el 23 de septiembre de 1919. Señala los agravios de la llamada «democracia» en los Estados capitalistas hacia la mujer, y a la vez vincula el adelanto del socialismo al adelanto en la igualdad de derechos para la mujer, y al adelanto en el fin de su doble explotación. Y constata, igualmente, el protagonismo de las mismas mujeres en esta lucha.

CAMARADAS: YO SALUDO CON GRAN ALEGRÍA a la Conferencia de obreras. Me permito no referirme a los temas y a las cuestiones que, naturalmente, más inquietan hoy a cada obrera y a cada persona consciente de la masa trabajadora. Estas cuestiones más palpitantes son la relativa a los cereales y la de nuestra situación militar. Pero, como he visto por las reseñas de prensa de las reuniones de ustedes que estos problemas han sido expuestos aquí del modo más completo por el camarada Trotski en lo tocante al aspecto militar y por los camaradas Yákovleva y Sviderski en lo que se refiere a los cereales, permítanme que no toque estos puntos.

Yo quisiera decir unas palabras acerca de las tareas generales del movimiento obrero femenino en la República Soviética, tanto de las relacionadas con el paso al socialismo en general como de las que hoy se plantean en primer plano de manera singularmente imperiosa. Camaradas: la cuestión relativa a la situación de la mujer ha sido planteada por el poder soviético desde el primer momento. Yo creo que la tarea de todo Estado obrero que pase al socialismo será de género doble. La primera parte de esta tarea es relativamente simple y fácil. Se refiere a las viejas leyes que colocaban a la mujer en situación de desigualdad con respecto al hombre.

Desde tiempos lejanos, los representantes de todos los movimientos liberadores en Europa Occidental, no durante decenios, sino durante siglos, propugnaron la abolición de estas leyes anticuadas y reivindicaron la igualdad jurídica de la mujer y del hombre, pero ningún Estado democrático europeo, ni siquiera las repúblicas más avanzadas, han conseguido realizar esto, porque donde existe el capitalismo, donde se mantiene la propiedad privada de la tierra y la propiedad privada de las fábricas, donde se mantiene el poder del capital, los hombres siguen gozando de privilegios. Si en Rusia se ha logrado esto, se debe exclusivamente a que desde el 25 de octubre de 1917 se instauró aquí el poder de los obreros. Desde el primer momento, el poder soviético se planteó la tarea de actuar como poder de los trabajadores, enemigo de toda explotación. Se planteó la tarea de suprimir la posibilidad de que los trabajadores fuesen explotados por los terratenientes y capitalistas y de destruir el dominio del capital. El poder soviético aspiró a conseguir que los trabajadores organizasen su vida sin propiedad privada de la tierra, sin propiedad privada de las fábricas, sin esa propiedad privada que en todas partes, en todo el mundo, incluso con la plena libertad política, incluso en las repúblicas más democráticas, sumía de hecho a los trabajadores en la miseria y la esclavitud asalariada, y a la mujer en una doble esclavitud.

Desde los primeros meses de su existencia, el poder soviético, como poder de los trabajadores, realizó el cambio más radical en la legislación referente a la mujer. En la República Soviética no ha quedado piedra sobre piedra de todas las leyes que colocaban a la mujer en una situación de dependencia. Me refiero precisamente a las leyes que utilizaban de modo especial la situación desventajosa de la mujer, haciéndola víctima de la desigualdad de derechos y a menudo hasta de humillaciones, es decir, a las leyes sobre el divorcio, sobre los hijos naturales y sobre el derecho de la mujer a demandar judicialmente del padre alimentos para el sostenimiento del hijo.

Hay que afirmar que es precisamente en esta esfera donde la legislación burguesa, incluso en los países más avanzados, se aprovecha de la situación desventajosa de la mujer, condenándola a la desigualdad de derechos y humillándola. Y justamente en esta esfera, el poder soviético no ha dejado piedra sobre piedra de las viejas leyes, injustas, insoportables para las masas trabajadoras. Ahora podemos decir con todo orgullo, sin exageración alguna, que, exceptuando la Rusia Soviética, no existe ningún país del mundo donde la mujer goce de plena igualdad de derechos y no esté colocada en una situación humillante, particularmente sensible en la vida cotidiana, familiar. Esta fue una de nuestras primeras y más importantes tareas.

Si tienen ustedes ocasión de entrar en contacto con partidos hostiles a los bolcheviques, o llegan a sus manos periódicos editados en ruso en las regiones ocupadas por Kolchak o Denikin, o hablan con gente que se atiene al punto de vista de estos periódicos, podrán escuchar frecuentemente de sus labios la acusación de que el poder soviético ha infringido la democracia.

A nosotros, representantes del poder soviético, comunistas bolcheviques y partidarios del poder soviético, se nos echa en cara constantemente que hemos violado la democracia, y como prueba de esta acusación se aduce que el poder soviético disolvió la Asamblea Constituyente. A estas acusaciones respondemos habitualmente así: no concedemos ningún valor a una democracia y a una Asamblea Constituyente que surgieron existiendo la propiedad privada sobre la tierra, cuando los hombres no eran iguales, cuando el que tenía capital propio era el amo, y los restantes, trabajando para él, eran sus esclavos asalariados. Esa democracia encubría la esclavitud incluso en los Estados más avanzados. Nosotros, como socialistas, somos partidarios de la democracia únicamente en tanto en cuanto mitiga la situación de los trabajadores y de los oprimidos. El socialismo se propone en todo el mundo la lucha contra toda explotación del hombre por el hombre. Para nosotros ofrece verdadero valor la democracia que sirve a los explotados, a los que sufren la desigualdad. Si al que no trabaja se le priva de derechos electorales, esta es precisamente la verdadera igualdad entre los hombres. Quien no trabaje, que no coma.

En respuesta a esas acusaciones, decimos que es preciso comprobar cómo se practica en uno u otro Estado la democracia. En todas las repúblicas democráticas vemos que se proclama la igualdad, pero en las leyes civiles y en las leyes sobre los derechos de la mujer, en el sentido de su situación dentro de la familia y en el sentido del divorcio, vemos a cada paso la desigualdad y la humillación de la mujer, y decimos que esto es una violación de la democracia, y precisamente una violación de la que son víctimas los oprimidos. El poder soviético, en mayor medida que todos los demás países, incluidos los más avanzados, ha puesto en práctica la democracia al no haber dejado en sus leyes ni el menor rastro de desigualdad de derechos de la mujer. Lo repito, ningún Estado, ninguna legislación democrática ha hecho por la mujer ni la mitad de lo que ha hecho el poder soviético en los primeros meses de su existencia.

Naturalmente, no bastan las leyes, y nosotros no nos contentamos de ningún modo con decretos nada más. Pero en el terreno de la legislación hemos hecho todo lo que de nosotros se exigía para equiparar la situación de la mujer a la del hombre, y podemos con razón enorgullecernos de ello. Actualmente, la situación de la mujer en la Rusia Soviética, desde el punto de vista de los Estados más avanzados, es ideal. Pero afirmamos que, naturalmente, esto es solo el comienzo.

Al tener que dedicarse a los quehaceres de la casa, la mujer aún vive coartada. Para la plena emancipación de la mujer y para su igualdad efectiva con respecto al hombre, se requiere una economía colectiva y que la mujer participe en el trabajo productivo común. Entonces la mujer ocupará la misma situación que el hombre.

Como es lógico, no se trata de igualar a la mujer en cuanto a la productividad del trabajo, al volumen, a la duración y a las condiciones del mismo, etc., sino de que la mujer no se vea oprimida por su situación en el hogar diferente a la del hombre. Todas ustedes saben que aun con la plena igualdad de derechos, subsiste de hecho esta situación de ahogo en que vive la mujer, ya que sobre ella pesan todos los quehaceres del hogar que son, en la mayoría de los casos, los más improductivos, más bárbaros y más penosos de cuantos realiza la mujer. Este trabajo es extraordinariamente mezquino, no contiene nada que contribuya de algún modo al progreso de la mujer.

En aras del ideal socialista, nosotros queremos luchar por la plena realización del socialismo, y en este sentido se abre ante la mujer un vasto campo de actividad. Ahora nos preparamos seriamente para desbrozar el terreno con miras a la edificación socialista, pero la propia edificación de la sociedad socialista no comenzará sino cuando nosotros, una vez conseguida la plena igualdad de la mujer, emprendamos la nueva tarea junto con la mujer liberada de este trabajo menudo, embrutecedor e improductivo. A este respecto tenemos labor para muchos, muchos años.

Esta labor no puede dar rápidos resultados ni tiene nada de efectismo brillante.

Estamos creando instituciones, comedores y casas-cuna modelo, que liberen a la mujer del trabajo doméstico. Y es precisamente a la mujer a la que más incumbe la labor de organización de todas estas instituciones. Hay que reconocer que hoy existen en Rusia muy pocas instituciones de este tipo, que ayuden a la mujer a salir del estado de esclava del hogar. El número de estas instituciones es insignificante, y las condiciones por las que hoy atraviesa la República Soviética –las condiciones militares y las del abastecimiento, de las que han hablado aquí a ustedes con detalle los camaradas– nos estorban en esta labor. Pero hay que decir que estas instituciones, que liberan a la mujer de su estado de esclava doméstica, surgen en todas partes donde para ello existe la menor posibilidad.

Decimos que la emancipación de los obreros debe ser obra de los obreros mismos, y de igual modo la emancipación de las obreras debe ser obra de las obreras mismas. Son ellas las que deben preocuparse de desarrollar esas instituciones, y esta actividad de la mujer conducirá a un cambio completo de la situación en que vivía bajo la sociedad capitalista.

En la vieja sociedad capitalista, para ocuparse de política hacía falta una preparación especial, razón por la cual era insignificante la participación de la mujer en la vida política, incluso en los países capitalistas más avanzados y más libres. Nuestra tarea consiste en hacer que la política sea asequible para cada trabajadora. Desde el momento en que está abolida la propiedad privada de la tierra y de las fábricas y ha sido derrocado el poder de los terratenientes y los capitalistas, las tareas de la política para la masa trabajadora y para las mujeres trabajadoras pasan a ser sencillas, claras y plenamente asequibles para todas. En la sociedad capitalista, la mujer está colocada en una situación tal de falta de derechos que su participación en la vida política es mínima en comparación con el hombre. Para que cambie esta situación, es preciso que exista el poder de los trabajadores, y entonces las tareas principales de la política se reducirán a todo lo que directamente atañe a la suerte de los propios trabajadores.

En este sentido es necesaria también la participación de las obreras, no solo de las militantes del partido, de las que son conscientes, sino de las sin partido y de las más inconscientes. En este sentido, el poder soviético brinda a las obreras un vasto campo de actividad.

Hemos atravesado una situación muy difícil en la lucha contra las fuerzas hostiles a la Rusia Soviética, que sostienen la campaña contra ella. Nos ha sido difícil luchar en el terreno militar contra las fuerzas que están haciendo la guerra al poder de los trabajadores, y en la esfera del abastecimiento contra los especuladores, porque no es lo bastante grande el número de personas, el número de trabajadores que acuden plenamente en nuestra ayuda con su propio trabajo. En este sentido, el poder soviético nada puede apreciar tanto como el concurso de las amplias masas de obreras sin partido. Ellas deben saber que en la vieja sociedad burguesa se requería, tal vez, para la actividad política una preparación compleja, inasequible para la mujer. Pero la República Soviética se propone como tarea principal de su actividad política la lucha contra los terratenientes y los capitalistas, la lucha por la supresión de la explotación, y de ahí que en la República Soviética se abra para las obreras el campo de la actividad política, que consistirá en que la mujer ayude al hombre con su capacidad organizadora.

No necesitamos solamente la labor de organización de millones de personas. Necesitamos además la labor de organización en la más modesta escala, que permita también trabajar a las mujeres. La mujer puede trabajar asimismo en tiempo de guerra, cuando se trate de ayudar al ejército y de realizar propaganda dentro de él. En todo esto debe tomar parte activa la mujer para que el Ejército Rojo vea que hay preocupación y desvelo por él. La mujer puede ser útil igualmente en todo lo relacionado con el abastecimiento: distribución de los productos y mejora de la alimentación pública, desarrollo de los comedores que tan ampliamente han sido organizados ahora en Petrogrado.

Estas son las esferas en las que la actividad de las obreras adquiere verdadera importancia desde el punto de vista de la organización. La participación de la mujer es necesaria también en la creación de grandes haciendas experimentales y en el control de las mismas, para que esto no sea obra de unos pocos. Esta empresa es irrealizable si no participa en ella un gran número de trabajadoras. Las obreras pueden perfectamente intervenir en esta labor, además, controlando la distribución de los productos y procurando que sea más fácil adquirirlos. Esta tarea es plenamente proporcionada a las fuerzas de las obreras sin partido, y su realización contribuirá poderosamente al afianzamiento de la sociedad socialista.

Una vez abolida la propiedad privada de la tierra y suprimida casi por entero la propiedad privada de las fábricas, el poder soviético tiende a que en esta edificación económica participen todos los trabajadores, no solo los militantes del partido, sino también los sin partido, y no solo los hombres, sino también las mujeres. Esta obra iniciada por el poder soviético puede progresar únicamente cuando en ella tomen parte, en toda Rusia, no cientos, sino millones y millones de mujeres. Entonces, estamos seguros de ello, se afianzará la obra de la construcción socialista. Entonces los trabajadores demostrarán que pueden vivir y pueden administrar sin terratenientes ni capitalistas. Entonces será tan firme en Rusia la edificación socialista que no causará temor a la República Soviética ningún enemigo, exterior ni interior.

Pravda, núm. 213, 25 de septiembre de 1919.

Se publica según el texto del folleto: V. I. Lenin. «Discurso en el Congreso de trabajadoras», Moscú, 1919, cotejado con el texto del periódico *Pravda.*

EL CAPITALISMO Y LA INMIGRACIÓN DE LOS OBREROS

En octubre de 1913 Lenin estudia las corrientes migratorias –las cuales tenían una magnitud considerable, tal como se puede comprobar en las mismas estadísticas que plasma en el artículo–, y se da cuenta que estas tienen una estrecha relación con el desarrollo de los países industriales y con las necesidades de mano de obra proveniente de países menos avanzados económicamente. Plantea la cuestión de la miseria económica de los países de origen y la capacidad de los países industriales de ofrecer mejores salarios para atraer la masa laboral.

Más allá de un análisis apolítico sobre las migraciones, desde la óptica del internacionalismo proletario busca encontrar las potencialidades para la revolución obrera. Rompe con la intención de la burguesía de utilizar la migración para crear división entre la clase trabajadora, y aspira a que su condición de clase ante la burguesía sirva para unirlos en la lucha internacional.

EL CAPITALISMO HA CREADO UN TIPO ESPECIAL de migración de los pueblos. Los países que se desarrollan rápidamente en el aspecto industrial, instalando más máquinas y desplazando del mercado mundial a los países atrasados, elevan el salario por encima del nivel medio y atraen a obreros asalariados de los países atrasados.

Cientos de miles de obreros son trasladados de este modo a centenares y millares de verstas. El capitalismo avanzado los absorbe a la fuerza en su vorágine, los arranca de sus comarcas atrasadas, hace de ellos participantes del movimiento histórico-universal y los pone frente a frente de la poderosa, unida e internacional clase de los industriales.

No cabe duda de que solo la extrema miseria obliga a la gente a abandonar su patria y de que los capitalistas explotan con la mayor desvergüenza a los obreros inmigrantes. Sin embargo, solo los reaccionarios pueden cerrar los ojos ante la significación *progresista* de esta migración moderna de los pueblos. No es ni puede ser posible redimirse de la opresión del capital sin el sucesivo desarrollo del capitalismo, sin la lucha de clases que es consecuencia suya. Y precisamente en esta lucha incorpora el capitalismo a las masas trabajadoras de *todo* el mundo, quebrando la rutina y la rudeza de la vida local, rompiendo las barreras y los prejuicios nacionales y agrupando a los obreros de todos los países en las grandes fábricas y minas de América, Alemania, etc.

Norteamérica figura a la cabeza de los países que importan obreros. Véanse los datos sobre el número de inmigrantes en Norteamérica:

En el decenio	1821-1830	99.000 inmigrantes
	1831-1840	496.000
	1841-1850	1.597.000
	1851-1860	2.453.000
	1861-1870	2.064.000
	1871-1880	2.262.000
	1881-1890	4.722.000
	1891-1900	3.703.000
En nueve años	1901-1909	7.210.000

El aumento de la inmigración es enorme y cada vez mayor. En un lustro, de 1905 a 1909, emigraron por término medio a Norteamérica (solo se trata de los Estados Unidos) *más de un millón de personas* al año.

Además, es interesante el cambio en la composición de los emigrados (de los inmigrantes, o sea, de los que se establecen en los EEUU). Hasta 1880 predominaba allí la llamada *vieja* inmigración, de los viejos países cultos, Inglaterra, Alemania y, en parte, Suecia. Incluso hasta 1890 Inglaterra y Alemania daban juntas más de la mitad de todos los inmigrantes.

A partir de 1880 comienza el aumento increíblemente rápido de la llamada *nueva* inmigración, de Europa Oriental y Meridional, de Austria, Italia y Rusia. Estos tres países dieron el siguiente número de inmigrantes a Norteamérica:

En el decenio	1871-1880	201.000
	1881-1890	927.000
	1891-1900	1.847.000
En nueve años	1901-1909	5.127.000

Así pues, a los países más atrasados del Viejo Mundo, en los que perduran más supervivencias del feudalismo en todos los órdenes de la vida, se les somete, por decirlo así, al aprendizaje violento de la civilización. El capitalismo norteamericano arranca de su situación semimedieval a millones de obreros de la atrasada Europa Oriental (incluida Rusia, que dio 594.000 inmigrantes en 1891-1900 y 1.410.000 en 1900-1909) y los pone en las filas del avanzado ejército internacional del proletariado.

Es interesante la observación de Gúrvich, autor del libro inglés, extraordinariamente instructivo, *La inmigración y el trabajo,* que apareció el año pasado. El número de emigrantes a los EEUU se elevó sobre todo después de la revolución de 1905 (1905: 1.000.000; 1906: 1.200.000; 1907: 1.400.000, y 1908-1909 a razón de 1.900.000 por año). Los obreros que habían participado en toda clase de huelgas en Rusia llevaron también a Norteamérica el espíritu de las huelgas más intrépidas, acometedoras y amplias.

Rusia se rezaga cada vez más, entregando al extranjero una parte de sus mejores obreros; Norteamérica avanza con creciente rapidez, tomando de todo el mundo la población obrera más enérgica y capaz para el trabajo[73].

Alemania, que marcha más o menos al mismo nivel de Norteamérica, se transforma de país que facilitaba obre-

73. Además de los Estados Unidos, otros países americanos también avanzan rápidamente. El número de emigrados a América en el último año se elevó a unos 250.000; a Brasil, a casi 170.000, y a Canadá, a más de 200.000. En total, 620.000 emigrados en un año. [Nota del autor]

ros en país que absorbe obreros extranjeros. El número de emigrantes de Alemania a Norteamérica, que alcanzó 1.453.000 en el decenio 1881-1890, descendió a 310.000 en los nueve años comprendidos entre 1901 y 1909. En cambio, el número de obreros extranjeros en Alemania fue de 695.000 en 1910-1911 y de 729.000 en 1911-1912. Si examinamos la distribución de estos últimos por el trabajo que efectúan y por los países de origen, obtendremos el siguiente cuadro:

Obreros extranjeros ocupados en Alemania en 1911-1912 (en miles)

	En la agricultura	En la industria	Total
De Rusia	274	34	308
Austria	101	162	263
Otros países	22	135	157
Total	397	331	728

Cuanto más atrasado es un país, tanto más suministran obreros sin calificación, peones, jornaleros agrícolas. Las naciones adelantadas se apoderan, por decirlo así, de las mejores formas de salarios, dejando las peores a los países semibárbaros. Europa en general («otros países») proporciona a Alemania 157.000 obreros, de los cuales más de las 8/10 partes (135 de 157) son obreros industriales. La atrasada Austria solo facilita 6/10 partes (162 de 263) de obreros industriales. Rusia, la más atrasada, únicamente 1/10 partes de obreros industriales (34 de 308).

Así pues, a Rusia la golpean en todas partes y por todos los lados a causa de su atraso. Mas los obreros de Rusia, en comparación con el resto de la población, son los que más se libran de este atraso y barbarie, los que más se oponen a estos «agradables» rasgos de su patria y los que más estrechamente se funden con los obreros de todos los países en una fuerza libertadora mundial.

La burguesía azuza a los obreros de una nación contra los de otra, tratando de dividirlos. Los obreros conscientes, comprendiendo que es inevitable y progresiva la destrucción de todas las barreras nacionales por el capitalismo, procuran ayudar a la ilustración y organización de sus camaradas de los países atrasados.

Za Pravda, núm. 22, 29 de octubre de 1913.
Firmado: V.I.

Publicado según el texto de *Za Pravda.*

ACTITUD DEL PARTIDO OBRERO ANTE LA RELIGIÓN

Después de la derrota de la revolución de 1905 vinieron unos años denominados los años de la reacción, donde las fuerzas hostiles al movimiento obrero desarrollaron gran cantidad de medidas para que no se repitiera el episodio revolucionario.

Uno de los elementos que se utilizó contra el movimiento obrero fue el carácter conservador de la religión, para consolidar el régimen zarista. Lenin, en este artículo publicado en mayo de 1909 en el diario *Proletari*, expone cómo el partido bolchevique tiene que encarar la lucha contra la influencia religiosa en defensa del ateísmo proletario.

EL DISCURSO DEL DIPUTADO SURKOV en la Duma de Estado, durante la discusión del presupuesto del Sínodo, y los debates en nuestro grupo de la Duma, al examinarse el proyecto de este discurso, los que publicamos a continuación, han planteado un problema de extraordinaria importancia y actualidad precisamente en nuestros días[74]. Es indudable que el interés por todo lo relacionado con la religión abarca ahora a vastos círculos de la «sociedad», habiendo penetrado en las filas de los intelectuales próximos al movimiento obrero y en ciertos medios obreros. La socialdemocracia tiene el deber ineludible de exponer su actitud ante la religión.

La socialdemocracia basa toda su concepción del mundo en el socialismo científico, es decir, en el marxismo. La base filosófica del marxismo, como declararon repetidas veces Marx y Engels, es el materialismo dialéctico, que hizo suyas plenamente las tradiciones históricas del materialismo del siglo XVIII en Francia y de Feuerbach (primera mitad del siglo XIX) en Alemania, del materia-

74. Se trata de unas palabras del socialdemócrata P. I. Surkov, diputado a la III Duma de Estado, pronunciadas en la sesión del 14 (27) de abril de 1909 al debatirse el presupuesto de gastos del Sínodo.

lismo indiscutiblemente ateísta y decididamente hostil a toda religión. Recordemos que todo el *Anti-Dühring* de Engels, que Marx leyó en manuscrito, acusa al materialista y ateo Dühring de inconsecuencia en su materialismo y de haber dejado escapatorias a la religión y a la filosofía religiosa. Recordemos que, en su obra sobre Ludwig Feuerbach, Engels le reprocha haber luchado contra la religión no para aniquilarla, sino para renovarla, para crear una religión nueva, «sublime», etc. La religión es el opio del pueblo. Esta máxima de Marx constituye la piedra angular de toda la concepción marxista en la cuestión religiosa. El marxismo considera siempre que todas las religiones e iglesias modernas, todas y cada una de las organizaciones religiosas son órganos de la reacción burguesa llamados a defender la explotación y a embrutecer a la clase obrera.

Sin embargo, Engels condenó reiteradamente a la vez los intentos de quienes, deseando ser «más izquierdistas» o «más revolucionarios» que la socialdemocracia, pretendían introducir en el programa del partido obrero el reconocimiento categórico del ateísmo como declaración de guerra a la religión. Al referirse en 1874 al célebre manifiesto de los comuneros blanquistas emigrados en Londres, Engels calificaba de estupidez su vocinglera declaración de guerra a la religión, afirmando que semejante actitud era el medio mejor de avivar el interés por la religión y de dificultar la verdadera extinción de la misma. Engels acusaba a los blanquistas de ser incapaces de comprender que solo la lucha de clase de las masas obreras, al atraer ampliamente a los más vastos sectores proletarios a una práctica social consciente y revolucionaria, será capaz de librar de verdad a las masas oprimidas del yugo de la religión, en tanto que declarar como misión política del partido obrero la guerra a la religión es una frase anarquista. Y en 1877, al anatematizar sin piedad en el *Anti-Dühring* las mínimas concesiones del filósofo Dühring al idealismo y a la religión, Engels condenaba con no menos energía la idea seudorrevolucionaria de aquel sobre la prohibición de la religión en la sociedad socialista. Declarar semejante guerra a la religión, decía Engels, significaría «ser más bismarckista que Bismarck», es decir, repetir la necedad de su lucha contra los clericales (la famosa «lucha por la cultura», *Kulturkampf,* o sea, la lucha sostenida por Bismarck en la década de 1870 contra el Partido Católico Alemán, el partido del «centro», mediante persecuciones policíacas del catolicismo). Lo único que consiguió Bismarck con esta lucha fue *fortalecer* el clericalismo belicoso de los católicos y perjudicar a la causa de la verdadera cultura, pues colocó en primer plano las divisiones religiosas en lugar de las divisiones políticas, distrayendo así la atención de algunos sectores de la clase obrera y de la democracia de las tareas esenciales de la lucha de clase y revolucionaria para orientarlos hacia el anticlericalismo más superficial y falaz al estilo burgués. Al acusar a Dühring, que pretendía aparecer como ultrarrevolucionario, de querer repetir en otra forma la misma necedad de Bismarck, Engels requería del partido obrero que supiese trabajar con paciencia para organizar e ilustrar al proletariado, para realizar una obra que conduce a la extinción de la religión, y no lanzarse a las aventuras de una guerra política contra la religión. Este punto de vista arraigó en la socialdemocracia alemana, que se manifestó, por ejemplo, a favor de la libertad de acción de los jesuitas, a favor de su admisión en Alemania y de la abolición de todas las medidas de lucha policíaca contra una u otra religión. «Declarar la religión asunto privado»: este famoso punto del Programa de Erfurt (1891) afianzó dicha táctica política de la socialdemocracia.

Esta táctica se ha convertido ya en una rutina, ha llegado a originar una nueva adulteración del marxismo en el sentido contrario, en el sentido oportunista. La tesis del Programa de Erfurt ha comenzado a ser interpretada en el sentido de que nosotros, los socialdemócratas, nuestro partido, *consideramos* la religión asunto privado; que para nosotros, como socialdemócratas y como partido, la religión es asunto privado. Sin polemizar directamente con este punto de vista oportunista, Engels estimó necesario en la década del 90 del siglo XIX combatirlo con energía no en forma polémica, sino de modo positivo: en forma de una declaración en la que subrayaba adrede que la socialdemocracia tiene a la religión por asunto privado *con respecto al Estado,* pero en modo alguno con respecto a sí misma, con respecto al marxismo, con respecto al partido obrero[75].

Tal es la historia externa de las manifestaciones de Marx y Engels acerca de la religión. Para quienes tienen una actitud descuidada hacia el marxismo, para quienes no saben o no quieren meditar, esta historia es un cúmulo de contradicciones absurdas y de vaivenes del marxismo: una especie de mezcolanza de ateísmo «consecuente» y de «condescendencias» con la religión, vacilaciones «carentes de principios» entre la guerra *r-r-revolucionaria* contra Dios y la aspiración cobarde de «adaptarse» a los obreros creyentes, el temor a espantarlos, etc., etc. En las publicaciones de los charlatanes anarquistas pueden hallarse no pocos ataques de esta índole al marxismo. Pero quienes sean capaces, aunque solo en grado mínimo, de enfocar con seriedad el marxismo, de profundizar en sus bases filosóficas y en la experiencia de la socialdemocracia internacional, verán con facilidad que la táctica del marxismo ante la religión es profundamente consecuen-

75. Se refiere a la *Introducción* de F. Engels para el folleto de K. Marx *La guerra civil en Francia.*

te y que Marx y Engels la meditaron bien; verán que lo que los diletantes o ignorantes consideran vacilaciones es una conclusión directa e ineludible del materialismo dialéctico. Constituiría un craso error pensar que la aparente «moderación» del marxismo frente a la religión se explica por sedicentes razones «tácticas», por el deseo de «no espantar», etc. Al contrario: la trayectoria política del marxismo también en esta cuestión está indisolublemente ligada a sus bases filosóficas.

El marxismo es materialismo. En calidad de tal, es tan implacable enemigo de la religión como el materialismo de los enciclopedistas del siglo XVIII o el materialismo de Feuerbach. Esto es indudable. Pero el materialismo dialéctico de Marx y Engels va más lejos que el de los enciclopedistas y el de Feuerbach al aplicar la filosofía materialista a la historia y a las ciencias sociales. Debemos luchar contra la religión. Esto es el abecé de *todo* el materialismo y, por tanto, del marxismo. Pero el marxismo no es un materialismo que se detiene en el abecé. El marxismo va más allá. Afirma: hay que *saber* luchar contra la religión, y para ello es necesario explicar *desde el punto de vista materialista* los orígenes de la fe y de la religión entre las masas. La lucha contra la religión no puede limitarse ni reducirse a una prédica ideológica abstracta; hay que vincular esta lucha a la actividad práctica concreta del movimiento de clases, que tiende a eliminar las raíces sociales de la religión. ¿Por qué persiste la religión entre los sectores atrasados del proletariado urbano, entre las vastas capas semi proletarias y entre la masa campesina? Por la ignorancia del pueblo, responderá el progresista burgués, el radical o el materialista burgués. En consecuencia, ¡abajo la religión y viva el ateísmo!; la difusión de las concepciones ateístas es nuestra tarea principal. El marxista dice: No es cierto. Semejante opinión es una ficción culturalista superficial, limitada a lo burgués. Semejante opinión no es profunda y explica las raíces de la religión de un modo no materialista, de un modo idealista. En los países capitalistas contemporáneos, estas raíces son, principalmente, *sociales.* La raíz más profunda de la religión en nuestros tiempos es la opresión social de las masas trabajadoras, su aparente impotencia total frente a las fuerzas ciegas del capitalismo, el cual causa cada día y cada hora a los trabajadores sufrimientos y martirios mil veces más horrorosos y bárbaros que cualquier acontecimiento extraordinario, como las guerras, los terremotos, etc. «El miedo creó a los dioses». El miedo a la fuerza ciega del capital –ciega porque no puede ser prevista por las masas del pueblo–, que amenaza a cada paso con acarrear y acarrea al proletario y al pequeño propietario el hundimiento, la ruina, «inesperada», «repentina», «casual», convirtiéndolo en mendigo, en indigente, arrojándolo a la prostitución, haciéndolo morir por hambre: he ahí *la raíz* de la religión contemporánea que el materialista debe tener en cuenta antes que nada, y más que nada, si no quiere quedarse en aprendiz de materialista. Ningún folleto educativo será capaz de desarraigar la religión entre las masas aplastadas por los trabajos forzados del régimen capitalista y que dependen de las fuerzas ciegas y destructivas del capitalismo, mientras dichas masas no aprendan ellas mismas a luchar unidas y organizadas, de modo sistemático y consciente, contra esa *raíz* de la religión, contra *el dominio del capital* en todas sus formas.

¿Debe inferirse de esto que el folleto educativo antirreligioso es nocivo o superfluo? No. De esto se deduce otra cosa muy distinta. Se deduce que la propaganda ateísta de la socialdemocracia debe estar *subordinada* a su tarea fundamental: el desarrollo de la lucha de clase de *las masas* explotadas contra los explotadores.

Es posible que quien no haya reflexionado en las bases del materialismo dialéctico, es decir, de la filosofía de Marx y Engels, no comprenda (o, por lo menos, no comprenda en seguida) esta tesis. Se preguntará: ¿cómo es posible subordinar la propaganda ideológica, la prédica de ciertas ideas, la lucha contra un enemigo milenario de la cultura y del progreso (es decir, contra la religión) a la lucha de clases, es decir, a la lucha por objetivos prácticos determinados en el terreno económico y político?

Esta objeción figura entre las que se hacen corrientemente al marxismo y que testimonian la incomprensión total de la dialéctica de Marx. La contradicción que sume en la perplejidad a quienes objetan de este modo es una contradicción real de la vida misma, es decir, una contradicción dialéctica y no verbal ni inventada. Separar con una barrera absoluta, infranqueable, la propaganda teórica del ateísmo –es decir, la destrucción de las creencias religiosas entre ciertos sectores del proletariado– y el éxito, la marcha, las condiciones de la lucha de clase de estos sectores significa discurrir de modo no dialéctico, convertir en barrera absoluta lo que es una barrera móvil y relativa, significa desligar por medio de la fuerza lo que está indisolublemente ligado en la vida real. Tomemos un ejemplo. El proletariado de determinada región o de determinada rama industrial se divide, supongamos, en un sector avanzado de socialdemócratas bastante conscientes –que, naturalmente, son ateos– y en otro de obreros bastante atrasados, vinculados todavía al campo y a los campesinos, que creen en Dios, van a la iglesia o incluso se encuentran bajo la influencia directa del cura local, quien, admitámoslo, crea una organización obrera cristiana. Supongamos, además, que la lucha económica en dicha localidad haya llevado a la huelga. El marxista tiene el deber de colocar en primer plano el éxito del movimiento huelguístico, de oponerse resueltamente en esa lucha a la división de los obreros en ateos y cristianos, y de combatir decididamente esa división. En tales condiciones, la prédica ateísta puede resultar superflua y nociva, no desde el punto de vista de las consideraciones filisteas de que no se debe espantar a los sectores atrasados o perder votos en las elecciones, etc., sino desde el punto de vista del progreso efectivo de la lucha de clases, que, en las circunstancias de la sociedad capitalista moderna, llevará a los obreros cristianos a la socialdemocracia y al ateísmo cien veces mejor que la mera prédica ateísta. En tal momento y en semejante situación, el predicador del ateísmo solo *favorecería* al cura y a los curas, quienes lo único que desean es sustituir la división de los obreros en huelguistas y no huelguistas por la división en creyentes y ateos. El anarquista, al predicar la guerra contra Dios a toda costa, ayudaría, de hecho, a los curas y a la burguesía (de la misma manera que los anarquistas ayudan siempre, *en la práctica,* a la burguesía). El marxista debe ser materialista, o sea, enemigo de la religión; pero debe ser un materialista dialéctico, es decir, debe plantear la lucha contra la religión no en el terreno abstracto, puramente teórico, de prédica siempre igual, sino de modo concreto en el terreno de la lucha de clases que se despliega *en la práctica* y que educa a las masas más que nada y mejor que nada. El marxista debe saber tener en cuenta toda la situación concreta, encontrando siempre la frontera entre el anarquismo y el oportunismo (esta frontera es relativa, móvil, variable, pero existe), y no caer en el «revolucionarismo» abstracto, verbal y, en realidad, vacuo del anarquista, ni en el filisteísmo y el oportunismo del pequeño burgués o del intelectual liberal que teme la lucha contra la religión, olvida esta tarea suya, se resigna con la fe en Dios y no se orienta por los intereses de la lucha de clase, sino por el mezquino y mísero cálculo de no ofender, no rechazar ni asustar, ateniéndose a la ultrasabia sentencia de «vive y deja vivir a los demás», etc., etc.

Desde este punto de vista hay que resolver todas las cuestiones particulares relativas a la actitud de la socialdemocracia ante la religión. Por ejemplo, se pregunta con frecuencia si un sacerdote puede ser miembro del Partido Socialdemócrata y, por lo general, se responde de modo afirmativo incondicional, invocando la experiencia de los partidos socialdemócratas europeos. Pero esta experiencia no es fruto únicamente de la aplicación de la doctrina marxista al movimiento obrero, sino también de las condiciones históricas especiales de Occidente, que no existen en Rusia (más adelante hablaremos de ellas); de modo que la respuesta afirmativa incondicional es, en este caso, errónea. No se puede declarar de una vez para siempre y para todas las situaciones que los sacerdotes no pueden ser miembros del Partido Socialdemócrata, pero tampoco se puede establecer de una vez para siempre la regla contraria. Si un sacerdote viene a nuestras filas para realizar una labor política conjunta y cumple con probidad el trabajo de partido, sin combatir el programa de este, podemos admitirlo en las filas socialdemócratas. Porque, en tales condiciones, la contradicción entre el espíritu y las bases de nuestro programa, por un lado, y las convicciones religiosas del sacerdote, por otro, podrían seguir siendo una contradicción personal suya, que solo a él afectase, ya que una organización política no puede examinar a sus militantes para saber si existe contradicción entre sus conceptos y el programa del partido. Pero, claro está, semejante caso podría ser una rara excepción incluso en Europa, mas en Rusia es ya casi inverosímil.

Y si, por ejemplo, un sacerdote ingresase en el Partido Socialdemócrata y empezase a realizar en él, como labor principal y casi única, la prédica activa de las concepciones religiosas, el partido por fuerza tendría que expulsarlo de sus filas. Debemos no solo admitir, sino atraer sin falta al Partido Socialdemócrata a todos los obreros que conservan la fe en Dios; somos enemigos incondicionales de la más mínima ofensa a sus creencias religiosas, pero los atraemos para educarlos en el espíritu de nuestro programa y no para que luchen activamente contra él. Admitimos en el seno del partido la libertad de opinión, pero dentro de ciertos límites, determinados por la libertad de agrupación: no estamos obligados a marchar codo con codo con los predicadores activos de opiniones que rechaza la mayoría del partido.

Otro ejemplo. ¿Se puede condenar por igual y en todas las circunstancias a los militantes del Partido Socialdemócrata por declarar «el socialismo es mi religión» y por predicar criterios en consonancia con semejante declaración? No. La desviación del marxismo (y, por consiguiente, del socialismo) es en este caso indudable; pero la significación de esta desviación, su peso relativo, por así decirlo, pueden ser diferentes en diferentes circunstancias. Una cosa es cuando el agitador, o la persona que pronuncia un discurso ante las masas obreras, habla así para que lo comprendan mejor, para empezar su exposición o subrayar con mayor claridad sus conceptos en los términos más usuales entre una masa poco culta. Pero otra cosa es cuando un escritor comienza a predicar la «construcción de Dios» o el socialismo de los constructores de Dios (en el espíritu, por ejemplo, de nuestros Lunacharski y cía.). En la misma medida en que, en el primer caso, la condenación sería injusta e incluso una limitación inadecuada de la libertad del agitador, de la libertad de influencia «pedagógica», en el segundo caso la condenación por el partido es indispensable y obligada. Para unos, la tesis de que «el socialismo es una religión» es una forma de pasar de la religión al socialismo; para otros, del socialismo a la religión.

Analicemos ahora las condiciones que han originado en Occidente la interpretación oportunista de la tesis «declarar la religión asunto privado». En ello han influido, naturalmente, las causas comunes que dan origen al oportunismo en general como sacrificio de los intereses fundamentales del movimiento obrero en aras de las ventajas momentáneas. El partido del proletariado exige *del Estado* que declare la religión asunto privado; pero no considera, ni mucho menos, «asunto privado» la lucha contra el opio del pueblo, la lucha contra las supersticiones religiosas, etc. ¡Los oportunistas tergiversan la cuestión como si el Partido Socialdemócrata considerase la religión asunto privado!

Pero, además de la habitual deformación oportunista (no explicada en absoluto durante los debates que sostuvo nuestro grupo de la Duma al analizarse el discurso sobre la religión) existen condiciones históricas especiales que han suscitado, si se me permite la expresión, la excesiva indiferencia actual de los socialdemócratas europeos ante la cuestión religiosa. Son condiciones de dos géneros. Primero, la tarea de la lucha contra la religión es una tarea histórica de la burguesía revolucionaria, y la democracia burguesa de Occidente, en la época de sus revoluciones o de sus ataques al feudalismo y al espíritu medieval, la cumplió (o cumplía) en grado considerable. Tanto en Francia como en Alemania existe la tradición de la guerra burguesa contra la religión, guerra iniciada mucho antes de aparecer el socialismo (los enciclopedistas, Feuerbach). En Rusia, de acuerdo con las condiciones de nuestra revolución democrática burguesa, esta tarea también recae casi por entero sobre las espaldas de la clase obrera. En nuestro país, la democracia pequeñoburguesa (populista) no ha hecho en este terreno muchísimo (como creen los demócratas constitucionalistas ultrarreaccionarios de nuevo cuño, o los ultrarreaccionarios demócratas constitucionalistas de *Veji*[76]), sino *poquísimo* en comparación con Europa.

Por otra parte, la tradición de la guerra burguesa contra la religión creó en Europa *una deformación* específicamente burguesa de esta guerra por parte del anarquismo, el cual, como han explicado hace ya mucho y reiteradas veces los marxistas, se sitúa en el terreno de la concepción burguesa del mundo, a pesar de toda la «furia» de sus ataques a la burguesía. Los anarquistas y los blanquistas en los países latinos, Most (que, dicho sea de paso, fue discípulo de Dühring) y cía. en Alemania y los anarquistas de la década del 80 en Austria, llevaron hasta el *nec plus ultra* la frase revolucionaria en su lucha contra la religión. No es de extrañar que, ahora, los socialdemócratas europeos *caigan en el extremo opuesto* a los anarquistas. Esto es comprensible y, en cierto modo, legítimo; pero nosotros, los socialdemócratas rusos, no podemos olvidar las condiciones históricas especiales de Occidente.

Segundo, en Occidente, *después* de haber terminado las revoluciones burguesas nacionales, *después* de haber sido implantada la libertad de conciencia más o menos completa, la lucha democrática contra la religión quedó tan relegada históricamente a segundo plano por la lucha de la democracia burguesa contra el socialismo que los gobiernos burgueses intentaron *conscientemente* desviar la atención de las masas del socialismo, organizando una «cruzada» *quasi* liberal contra el clericalismo. Este carác-

76. *Veji* (Jalones): recopilación de artículos de destacados publicistas kadetes; apareció en Moscú en la primavera de 1909.

ter tenían también el *Kulturkampf* en Alemania y la lucha de los republicanos burgueses de Francia contra el clericalismo. El anticlericalismo burgués, como medio de desviar la atención de las masas obreras del socialismo, precedió en Occidente a la difusión entre los socialdemócratas de su actual «indiferencia» ante la lucha contra la religión. Y también esto es comprensible y legítimo, pues los socialdemócratas debían oponer al anticlericalismo burgués y bismarckiano precisamente la *suhordinación* de la lucha contra la religión a la lucha por el socialismo.

En Rusia, las condiciones son completamente distintas. El proletariado es el guía de nuestra revolución democrática burguesa. Su partido debe ser el guía ideológico en la lucha contra todo lo medieval, incluidos la vieja religión oficial y todos los intentos de renovarla o fundamentarla de nuevo o sobre una base distinta, etc. Por eso, si Engels corregía con relativa suavidad el oportunismo de los socialdemócratas alemanes –que habían sustituido la reivindicación del partido obrero de que *el Estado* declarase la religión asunto privado, *declarando* ellos mismos la religión asunto privado para los propios socialdemócratas y para el Partido Socialdemócrata–, es lógico que la aceptación de esta tergiversación alemana por los oportunistas rusos mereciera una condenación *cien veces* más dura por parte de Engels.

Al declarar desde la tribuna de la Duma que la religión es el opio del pueblo, nuestro grupo procedió de modo completamente justo, sentando con ello un precedente que deberá servir de base para todas las manifestaciones de los socialdemócratas rusos acerca de la religión. ¿Debería haberse ido más lejos, desarrollando con mayor detalle las conclusiones ateístas? Creemos que no. Eso podría haber acarreado la amenaza de que el partido político del proletariado hiperbolizase la lucha antirreligiosa; eso podría haber conducido a borrar la línea divisoria entre la lucha burguesa y la lucha socialista contra la religión. La primera tarea que debía cumplir el grupo socialdemócrata en la Duma ultrarreaccionaria fue cumplida con honor.

La segunda tarea, y quizá la principal para los socialdemócratas –explicar el papel de clase que desempeñan la Iglesia y el clero al apoyar al Gobierno ultrarreaccionario y a la burguesía en su lucha contra la clase obrera–, fue cumplida también con honor. Es claro que sobre este tema podría decirse mucho más, y las intervenciones posteriores de los socialdemócratas sabrán completar el discurso del camarada Surkov; sin embargo, su discurso fue magnífico y su difusión por todas nuestras organizaciones es un deber directo del partido.

La tercera tarea consistía en explicar con toda minuciosidad el sentido *justo* de la tesis que con tanta frecuencia deforman los oportunistas alemanes: «declarar la religión asunto privado». Por desgracia, el camarada Surkov no lo hizo. Esto es tanto más de lamentar por cuanto, en la actividad anterior del grupo, el camarada Beloúsov cometió un error en esta cuestión, que fue señalado oportunamente en *Proletari*[77]. Los debates en el grupo demuestran que la discusión en tomo al ateísmo le impidió ver el problema de cómo exponer correctamente la famosa reivindicación de declarar la religión asunto privado. No acusaremos solo al camarada Surkov de este error de todo el grupo. Más aún: reconocemos francamente que la culpa es de todo el partido, por no haber explicado en grado suficiente esta cuestión, por no haber inculcado suficientemente en la conciencia de los socialdemócratas el

77. El error del diputado T. O. Beloúsov consistió en que, durante el examen del presupuesto del Sínodo en la sesión de la III Duma de Estado del 22 de marzo (4 de abril) de 1908, propuso una fórmula para pasar a los asuntos ordinarios, en la que se estimaba que la religión era «asunto privado de cada persona».

significado de la observación de Engels a los oportunistas alemanes. Los debates en el grupo demuestran que eso fue, precisamente, una comprensión confusa de la cuestión y en modo alguno una falta de deseo de atenerse a la doctrina de Marx, por lo que estamos seguros de que este error será subsanado en las intervenciones subsiguientes del grupo.

En resumidas cuentas, repetimos que el discurso del camarada Surkov es magnífico y debe ser difundido por todas las organizaciones. Al discutir el contenido de este discurso, el grupo ha demostrado que cumple a conciencia con su deber socialdemócrata. Nos resta desear que en la prensa del partido aparezcan con mayor frecuencia informaciones acerca de los debates en el seno del grupo, a fin de aproximarlo al partido, de darle a conocer al partido la intensa labor interna que realiza el grupo y de establecer la unidad ideológica en la actuación de uno y otro.

Proletari, núm. 45, 13 (26) de mayo de 1909.

Publicado según el texto de *Proletari.*

DISCURSO PRONUNCIADO ANTE LA CONFERENCIA DE TODA RUSIA DE LOS ORGANISMOS DE EDUCACIÓN POLÍTICA DE LAS SECCIONES PROVINCIALES Y DISTRIALES DE INSTRUCCIÓN PÚBLICA EL 3 DE NOVIEMBRE DE 1920

Uno de los puntales de la construcción del socialismo era el elemento educativo y cultural. Aparte de modificar la estructura económica con el cambio en la propiedad de los medios de producción y las relaciones de producción, era imprescindible forjar la consciencia comunista. Una revolución de tal magnitud no tenía suficiente con basarse en la animadversión de la clase trabajadora por la extrema explotación al trabajo y la crudeza de la guerra; necesitaba del convencimiento de las masas respecto al cambio de paradigma, al cambio de cultura.

La educación comunista consistía en hacer entender que había que dedicar el trabajo propio, de uno mismo, sus propias fuerzas, a la causa común. Este elemento chocaba frontalmente con la herencia cultural recibida de siglos de régimen feudal y de la más moderna cultura burguesa. Y uno de los principales debates dentro del partido bolchevique fue cómo generar una nueva cultura proletaria, y cómo destruir o aprovechar los diferentes elementos de la vieja cultura.

Por eso, a pesar de que la atención del partido principalmente recaía en la lucha contra la contrarrevolución en los

frentes de la guerra civil y en asegurar el avituallamiento del campo en la ciudad, también se dedicaron debates y congresos a la educación política, donde se sitúa esta intervención de Lenin del 3 de noviembre de 1920.

CAMARADAS, PERMÍTANME que les dé a conocer algunas ideas que, en parte, han sido tratadas en el Comité Central del Partido Comunista y en el Consejo de Comisarios del Pueblo con motivo de la organización del Comité Principal de Educación Política (Comprinedpol) y, en parte, me ha sugerido el proyecto presentado al Consejo de Comisarios del Pueblo. Ese proyecto se aprobó ayer como base de discusión[78].

En cuanto a mí, me permitiré señalar únicamente que al comienzo estaba en contra por completo de cambiar la denominación de su entidad. A mi juicio, la tarea del Comisariado del Pueblo de Instrucción Pública es ayudar a la gente a que estudie y enseñe a otros. En lo que llevo de experiencia soviética estoy acostumbrado a acoger distintas denominaciones como bromas de chiquillos, pues cada una de ellas es algo así como una broma. Ahora se ha aprobado ya una nueva denominación: Comprinedpol.

Puesto que es ya cuestión decidida, acojan mis palabras solo como una observación particular. Si las cosas no

78. El decreto del CCP Sobre el Comité Principal de Educación Política de la República redactado partiendo de las indicaciones de V. I. Lenin fue suscrito por Lenin el 12 de noviembre de 1920 y publicado en el núm. 263 del periódico *Izvestia VTsIK* del 23 de noviembre de 1920.

se limitan al cambio de rótulo, podremos congratulamos de ello.

Si logramos incorporar nuevos trabajadores a la labor cultural y educativa, ya no se tratará solo de una nueva denominación y entonces será posible resignarse con la debilidad «soviética» de poner etiquetas a cada obra nueva y a cada institución nueva. Si tenemos éxito, lograremos algo más de lo que hemos alcanzado hasta ahora.

Lo principal que debe obligar a nuestros camaradas a participar con nosotros en la labor mancomunada cultural y educativa es el vínculo de la instrucción con nuestra política. La denominación puede prever algo si hay necesidad de ello, pues no podemos sustentar en toda nuestra labor educativa el viejo punto de vista de la instrucción apolítica, no podemos desligar esa labor de la política.

Esta idea dominaba y sigue dominando en la sociedad burguesa. Calificar la instrucción de «apolítica» o «no política» es una hipocresía de la burguesía; no es otra cosa que engañar a las masas, humilladas en el 99 % por el dominio de la Iglesia, por la propiedad privada, etc. La burguesía, que domina en todos los países aún burgueses, se dedica precisamente a engañar a las masas de esa manera.

Y cuanta más importancia tiene allí el mecanismo del Estado menos libre es del capital y su política.

La conexión del mecanismo político con la instrucción es firme en extremo en todos los Estados burgueses, aunque la sociedad burguesa no puede reconocerlo francamente. Entretanto, esa sociedad moldea ideológicamente a las masas por medio de la Iglesia y de toda la institución de la propiedad privada.

Nuestra tarea fundamental consiste, entre otras cosas, en oponer nuestra verdad a «la verdad» burguesa y obligar a que sea reconocida.

El paso de la sociedad burguesa a la política del proletariado es muy difícil, tanto más que la burguesía nos calumnia sin cesar con toda su máquina de propaganda y agitación. Procura encubrir al máximo una misión aún más importante de la dictadura del proletariado –su tarea educativa–, de particular significado en Rusia, donde el proletariado representa la minoría de la población. Y, sin embargo, dicha tarea debe plantearse en primer plano, en este caso, pues tenemos que preparar a las masas para edificar el socialismo. No podría ni hablarse de dictadura del proletariado si este no hubiese adquirido un alto grado de influencia, gran disciplina y gran fidelidad a la lucha contra la burguesía, o sea, la suma de tareas que es preciso plantear para la victoria completa del proletariado sobre su enemigo secular.

No sustentamos el punto de vista utópico de que las masas trabajadoras están preparadas para la sociedad socialista. Sabemos por los datos exactos de toda la historia del socialismo obrero que eso no es así, que la preparación para el socialismo solo la proporcionan la gran industria, la lucha huelguística y la organización política. Mas para conquistar la victoria, para llevar a cabo la revolución socialista, el proletariado debe ser capaz de actuar solidariamente, de derrocar a los explotadores. Y ahora vemos que ha adquirido todas las dotes necesarias y las ha convertido en hechos cuando ha conquistado el poder.

Para los trabajadores de la enseñanza, y para el Partido Comunista como vanguardia en la lucha, la tarea fundamental debe consistir en ayudar a educar e instruir a las masas trabajadoras, a fin de superar las viejas costumbres y hábitos que hemos heredado del antiguo régimen, los hábitos y costumbres de propietarios, que impregnan por entero el grueso de las masas. Esta tarea fundamental de toda la revolución socialista jamás debe perderse de vista al examinar las cuestiones particulares que tanta atención han requerido del Comité Central del Partido y del Consejo de Comisarios del Pueblo. Cómo estructurar el Comprinedpol, cómo unirlo con las diversas instituciones y cómo ligarlo no solo al centro, sino también a las instituciones locales son preguntas a las que nos responderán los camaradas más competentes en esta materia, que tienen ya gran experiencia y la han estudiado especialmente. Yo solo quisiera recalcar los elementos fundamentales del aspecto básico de la cuestión. No podemos menos que plantear el problema abiertamente, reconociendo sin tapujos, pese a toda la vieja mendacidad, que la enseñanza no puede estar desligada de la política.

Vivimos un momento histórico de la lucha contra la burguesía mundial, que es muchísimo más fuerte que nosotros. En un momento como este, debemos defender la obra de edificación revolucionaria y luchar contra la burguesía en el terreno militar y, más aún, en el ideológico, mediante la educación, para que las costumbres, los hábitos y las convicciones que la clase obrera ha adquirido durante numerosos decenios de lucha por la libertad política; para que toda la suma de estas costumbres, hábitos e ideas sirva de instrumento de educación de todos los trabajadores. Y la tarea de decidir cómo educar concretamente recae sobre el proletariado. Es preciso inculcar la conciencia de que no se puede, de que es inadmisible permanecer al margen de la lucha del proletariado, la cual abarca hoy, cada día más, a todos los países capitalistas sin excepción; de que es inadmisible estar al margen de toda la política internacional. La unión de todos los países capitalistas poderosos del mundo contra la Rusia soviética es la verdadera base de la actual política internacional. Y debe reconocerse que de eso depende el destino de centenares de millones de trabajadores de los países capitalistas. Porque en nuestros días no hay un rincón en la Tierra que no esté sometido a un puñado de países capitalistas. Así pues, la situación toma tal sesgo que plantea una disyuntiva: permanecer al margen de la lucha actual y demostrar con ello una inconsciencia absoluta –como esa gente ignorante que se ha quedado al margen de la revolución y la guerra y no ve todo el engaño de que la burguesía hace víctima a las masas, no ve cómo la burguesía deja adrede a esas masas en la ignorancia– o incorporarse a la lucha por la dictadura del proletariado.

Hablamos con toda franqueza de esta lucha del proletariado, y cada persona debe formar a este lado de la barricada, a nuestro lado, o al otro. Todo intento de no formar en uno u otro bando acaba en un fracaso y un escándalo.

Al observar los infinitos vestigios de la kerenskiada, los vestigios de los eseristas y de la socialdemocracia, que se han manifestado personificados en los Yudénich, los Kolchak, los Petliura, los Majnó y otros, hemos visto tal diversidad de formas y matices de la contrarrevolución en distintos lugares de Rusia que podemos decir que estamos ya mucho más templados que nadie; y cuando miramos a Europa Occidental, vemos que allí se repite lo mismo que ocurrió en nuestro país, se repite nuestra historia. Casi por doquier, al lado de la burguesía se observan elementos de kerenskiada, que, en toda una serie de Estados, especialmente en Alemania, tienen la supremacía. En todas partes se observa lo mismo: la imposibilidad de mantener una posición intermedia, cualquiera que sea, y una clara toma de conciencia: dictadura blanca (para ella se prepara la burguesía, en todos los países de Europa Occidental, armándose contra nosotros) o dictadura del proletariado: hemos experimentado eso con tal agudeza y profundidad que no necesito hablar en detalle de los comunistas rusos.

De ahí se infiere una sola deducción que debe ser la base de todos los razonamientos y proyectos relacionados con el Comprinedpol. En primer término, en la labor de este organismo debe reconocerse públicamente la primacía de la política del Partido Comunista. No conocemos otra forma, y ni un solo país ha concebido todavía ninguna otra. El partido puede corresponder más o menos a los intereses de su clase, experimentar unos u otros cambios o enmiendas; pero no conocemos aún otra forma mejor. Y toda la lucha en la Rusia soviética, que ha resistido durante tres años el embate del imperialismo mundial, está vinculada al hecho de que el partido se plantea conscientemente la tarea de ayudar al proletariado a desempeñar su papel de educador, organizador y dirigente, un papel sin el cual es imposible la disgregación del capitalismo. Las masas trabajadoras, las masas de campesinos y obreros, deben vencer las viejas costumbres de los intelectuales y reeducarse para edificar el comunismo: sin eso es imposible emprender la labor constructiva. Toda nuestra experiencia prueba que esta labor es demasiado seria, y por eso debemos tener presente la necesidad de reconocer el papel preponderante del partido, y no podemos perderlo de vista al discutir la actividad y el trabajo de organización. Habrá que hablar aún mucho de cómo llevar a cabo eso; habrá que hablar de ello tanto en el Comité Central del Partido como en el Consejo de Comisarios del Pueblo. El decreto aprobado ayer sirve de base en lo que respecta al Comprinedpol, pero no ha recorrido aún todo su camino en el Consejo de Comisarios del Pueblo. Dentro de unos días se promulgará, y verán ustedes que en su redacción definitiva no contiene una declaración concreta sobre la relación con el partido.

Pero debemos saber y recordar que toda la constitución jurídica y efectiva de la República Soviética se basa en que el partido lo corrige, designa y organiza todo de acuerdo con un solo principio, a fin de que los elementos comunistas ligados al proletariado puedan inculcar su espíritu en este proletariado, someterlo a su influencia y librarlo del engaño burgués que desde hace tanto procuramos desterrar. El Comisariado del Pueblo de Instrucción ha sostenido una prolongada lucha, pues la organización del magisterio ha combatido durante mucho tiempo la revolución socialista. En este medio del magisterio han arraigado de manera singular los prejuicios burgueses. En este medio se ha librado una larga lucha tanto en forma de sabotaje directo como de prejuicios burgueses que se mantienen pertinazmente, y nos vemos forzados a conquistar con lentitud, paso a paso, la posición comunista. Ante el Comprinedpol, dedicado a la enseñanza extraescolar, a la tarea de enseñar y educar a las masas, se plantea con singular relieve la misión de combinar la dirección del partido y someter a su influencia, inculcar su espíritu e inflamar con el fuego de su iniciativa ese inmenso mecanismo, ese ejército de medio millón de maestros que están ahora al servicio del obrero. Los trabajadores de la enseñanza, los maestros, se educaron en el espíritu de los prejuicios y las costumbres burguesas, en un espíritu de hostilidad al proletariado, del cual estuvieron desligados por completo. Ahora debemos forjar un nuevo ejército de maestros, de personal pedagógico, que ha de estar compenetrado con el partido, con las ideas del partido; que ha de estar impregnado del espíritu del partido; que debe ganarse a las masas obreras, impregnarlas del espíritu comunista e interesarlas por lo que hacen los comunistas.

Por cuanto es necesario romper con los viejos hábitos, costumbres e ideas, al Comprinedpol y sus funcionarios les incumbe una tarea de suma importancia, que debe ser tenida en cuenta en primer lugar. En efecto, ante nosotros surge el dilema de cómo vincular el magisterio, de viejo temple en su mayoría, a los miembros del partido, a los comunistas. Se trata de un problema difícil en extremo, sobre el que es preciso meditar mucho, muchísimo.

Veamos cómo debe vincularse en el aspecto organizativo a personas tan distintas. Para nosotros, en principio, no puede caber duda de que debe existir la supremacía del partido Comunista. Así pues, la finalidad de la cultura política, de la educación política, consiste en forjar verdaderos comunistas capaces de superar la falsedad y los prejuicios y de ayudar a las masas trabajadoras a vencer el viejo régimen y construir el Estado sin capitalistas, sin explotadores; sin terratenientes. ¿Y cómo se puede hacer eso? Eso se puede hacer únicamente asimilando todo el cúmulo de conocimientos que los maestros han heredado de la burguesía. Sin eso serían imposibles todas las conquistas técnicas del comunismo y sería vano todo sueño con ello. Así surge la cuestión de cómo vincular a esos trabajadores, que no están acostumbrados a laborar en conexión con la política ni, en particular, con la política útil para nosotros, es decir, con la política que necesita el comunismo. Como he dicho ya, esta tarea es muy difícil. Hemos estudiado esta cuestión también en el Comité Central. Al hacerlo, hemos procurado tomar en consideración las enseñanzas que brinda la experiencia, y estimamos que, en este sentido, tendrá gran importancia una asamblea como la de hoy, en la que estoy hablando, una conferencia como la de ustedes. Cada Comité del Partido ha de considerar ahora de otro modo a cada propagandista, en el que antes veía a un miembro de un círculo determinado, de una organización determinada. Todos ellos pertenecen al partido gobernante, al partido que dirige todo el Estado y la lucha universal de la Rusia soviética contra el régimen burgués. Son representantes de la clase que lucha y del partido que domina, y debe dominar, en la grandiosa máquina del Estado. Muchísimos comunistas que han cursado magníficamente la escuela de trabajo clandestino, probados y formados en la lucha, no quieren ni pueden comprender toda la importancia de ese viraje, de esa transición en virtud de los cuales dejan de ser agitadores y propagandistas para convertirse en dirigentes de agitadores; en dirigentes de una gigantesca organización política. No es tan importante que se les dé al mismo tiempo la denominación correspondiente, quizá no muy afortunada, como la de director de escuelas populares; lo que importa es que sepan dirigir a la masa de maestros.

Es preciso decir que los centenares de miles de maestros forman el mecanismo que debe impulsar el trabajo, despertar el pensamiento y combatir los prejuicios que existen todavía entre las masas. La herencia de la cultura capitalista y sus defectos impregnan a la masa de maestros, la cual, con esos defectos, no puede ser comunista. Sin embargo, ello no es óbice para que se incorpore a esos maestros a las filas de los trabajadores de la educación política, pues poseen conocimientos sin los cuales no podremos lograr nuestro objetivo.

Debemos poner al servicio de la educación comunista a centenares de miles de personas necesarias. Esta tarea se ha cumplido en el frente, en nuestro Ejército Rojo, en el que se admitió a decenas de miles de componentes del viejo ejército. Se fundieron con el Ejército Rojo en un largo proceso, en un proceso de reeducación, cosa que, en definitiva, han demostrado con sus victorias. Y en nuestra labor cultural y educativa debemos seguir este ejemplo. Cierto que esta labor es menos vistosa, pero tiene aún más importancia. Nos es imprescindible cada agitador y cada propagandista que cumple su tarea cuando trabaja con un espíritu estrictamente de partido; pero no se limita al partido, sino que recuerda que su misión consiste en lo siguiente: dirigir a centenares de miles de maestros, despertar su interés, vencer los viejos prejuicios burgueses, incorporarlos a nuestra obra, hacer que tomen conciencia de la inconmensurabilidad de nuestra labor. Y solo pasando a esta labor podremos llevar al camino acertado a esa masa, que el capitalismo abrumaba y apartaba de nosotros.

Tales son los objetivos que debe señalarse, y no perder de vista, cada agitador y propagandista que trabaje fuera del ámbito escolar. Al cumplir esas tareas se tropieza con multitud de dificultades prácticas, y ustedes deben ayudar al comunismo y ser representantes y dirigentes no solo de círculos del partido, sino de todo el poder del Estado, que se encuentra en manos de la clase obrera.

Nuestra tarea consiste en vencer toda la resistencia de los capitalistas, no solo la militar y la política, sino también la ideológica, que es la más profunda y poderosa. La tarea de nuestros trabajadores de la enseñanza estriba en realizar esa transformación de las masas. Su interés y su anhelo de aprender y saber qué es el comunismo –interés y anhelo que observamos– son la garantía de que venceremos también en este terreno, aunque quizá no tan pronto como en el frente, quizá con mayores dificultades y, a veces, con derrotas; pero, a fin de cuentas, los vencedores seremos nosotros.

Como resumen, quisiera analizar otra cuestión: es posible que la denominación de Comité Principal de Educación Política no se entienda debidamente. Por cuanto en esta denominación figura la palabra «política», la política es en ella lo más importante.

Ahora bien, ¿cómo entender la política? De entenderla en el viejo sentido, se puede incurrir en un error grande y grave. Política es la lucha entre las clases, política son las relaciones del proletariado, que combate por su emancipación contra la burguesía mundial. Pero en nuestra lucha se destacan dos aspectos de la cuestión: por un lado, la tarea de destruir la herencia del régimen burgués, de frustrar las tentativas –repetidas por toda la burguesía– de aniquilar el poder soviético.

Hasta la fecha, esta tarea es la que más ha ocupado nuestra atención, impidiéndonos pasar a otra: a la tarea de construir. Según la concepción burguesa, la política parecía desligada de la economía. La burguesía decía: trabajad, campesinos, para que podáis subsistir; trabajad, obreros, para que recibáis en el mercado cuanto necesitáis para vivir; la política económica la hacen vuestros amos. Sin embargo, eso no es así: la política debe ser obra del pueblo, obra del proletariado. Y debemos recalcar, a este respecto, que en nuestra labor dedicamos las nueve décimas partes del tiempo a luchar contra la burguesía. Las victorias sobre Wrangel –acerca de las cuales leímos ayer y leerán ustedes hoy y, probablemente, mañana– prueban que toca su fin una fase de la lucha, que hemos conquistado la paz con toda una serie de países occidentales y cada victoria conquistada en el frente militar nos proporciona más libertad para la lucha interior, para la política de edificación del Estado. Todo paso que nos aproxima a la victoria sobre los guardias blancos traslada paulatinamente el centro de gravedad de la lucha a la política económica. La propaganda de viejo tipo describe lo que es el comunismo y ofrece ejemplos de ello. Pero esta vieja propaganda no sirve para nada, pues hace falta mostrar en la práctica cómo hay que edificar el socialismo. Toda la propaganda debe basarse en la experiencia política de desarrollo económico. Esta es nuestra tarea principal, y si a alguien se le ocurriera comprenderlo en el viejo sentido de la palabra, sería un atrasado y no podría hacer propaganda para las masas de campesinos y obreros. Nuestra política principal debe ser ahora el desarrollo económico del Estado para recoger más puds de trigo, extraer más puds de hulla, decidir cómo emplear mejor estos puds de trigo y de hulla a fin de que no haya hambrientos. En eso consiste nuestra política. Y en eso deben basarse toda la agitación y toda la propaganda. Es preciso que haya menos palabras, pues con palabras ustedes no satisfarán a los trabajadores. En cuanto la guerra nos permita desplazar el centro de gravedad de la lucha contra la burguesía, de la lucha contra Wrangel, contra los guardias blancos, abordaremos la política económica. Y en ello desempeñarán un papel inmenso, cada día mayor, la agitación y la propaganda.

Cada agitador debe ser un dirigente del Estado, un dirigente de todos los campesinos y de todos los obreros en la edificación económica. Debe decir que para ser comunista es preciso conocer, es preciso leer un folleto determinado, un libro determinado. Así mejoraremos la economía y la haremos más sólida, más social; así aumentaremos la producción, mejoraremos el problema del trigo, distribuiremos de manera más justa los productos obtenidos, acrecentaremos la extracción de hulla y restableceremos la industria sin capitalismo y sin espíritu capitalista.

¿En qué consiste el comunismo? Toda su propaganda debe hacerse de tal modo que se reduzca a dirigir prácticamente la organización del Estado. Las masas obreras han de comprender el comunismo como una obra propia. Esta obra se viene cumpliendo mal, con miles de errores. No lo ocultamos, pero los propios obreros y campesinos, con nuestra ayuda, con nuestra débil y pequeña contribución deben formar y enderezar nuestro mecanismo. Para nosotros, eso ha dejado ya de ser un programa, una teoría y una tarea: es obra de la edificación real de hoy. Y si nuestros enemigos nos han infligido en nuestra guerra las derrotas más crueles, en cambio, hemos aprendido con esas derrotas y alcanzado la victoria completa. También ahora debemos extraer conocimientos de cada derrota, debemos recordar que es preciso enseñar a los obreros y campesinos con el ejemplo del trabajo realizado. Debemos señalar lo que hemos hecho mal para evitarlo en lo sucesivo.

Con el ejemplo de esa edificación, repitiéndolo muchas veces, conseguiremos transformar a los malos jefes comunistas en verdaderos constructores, sobre todo de la economía del país. Lograremos cuanto necesitamos, venceremos todos los obstáculos heredados del viejo régimen y que no pueden ser superados de golpe; hay que reeducar a las masas, y solo pueden reeducarlas la agitación y la propaganda; hay que ligar a las masas, en primer lugar, a la organización de la vida económica general. Eso debe ser lo más importante y fundamental en la labor de cada agitador y propagandista; y cuando lo aprenda, estará garantizado el éxito de su trabajo. (Clamorosos aplausos).

«Boletín de la conferencia de toda Rusia de los organismos de educación política (1-8 de noviembre de 1920)», Moscú.

Publicado según el texto del boletín, verificado con el manuscrito.

CARTA A SILVIA PANKHURST

En la primera mitad del siglo XX la correspondencia era uno de los métodos principales donde se dirimían los principales debates políticos del momento. Lenin recibía y enviaba cartas a multitud de intelectuales y dirigentes obreras y obreros. En este caso se trata de una carta de respuesta a la dirigente revolucionaria Silvia Pankhurst, donde esta le pedía su opinión sobre el parlamentarismo.

Efectivamente, la entrada del movimiento obrero al sistema parlamentario que había instaurado la burguesía era un gran tema de debate; se pasaba de aceptar este sistema como el marco principal de la lucha política hasta considerarlo una herramienta nociva de la burguesía a rechazar a toda costa. En medio de estas posturas había también diferentes posiciones –como la de Lenin–, basadas sobre todo en la capacidad del partido obrero que participaría en el juego parlamentario de mantener un vínculo con las masas de la clase trabajadora. Concebían el parlamentarismo burgués como lo que es, y, por tanto, abogaban por sustituirlo por el modelo de los sóviets, y convertirlo en una organización disciplinada revolucionaria de vanguardia.

En la respuesta de Lenin a Pankhurst veremos que primaba el interés principal: la consecución de una república basada en el sistema de los sóviets.

A la camarada Silvia Pankhurst, de Londres
28.VIII.1919

Querida camarada: solo ayer he recibido su carta del 16 de julio de 1919. Le quedo profundamente agradecido por la información referente a Inglaterra y procuraré satisfacer su petición, es decir, responder a su pregunta.

No dudo lo más mínimo de que muchos obreros que figuran entre los mejores, más honestos y sinceramente revolucionarios componentes del proletariado son enemigos del parlamentarismo y de toda participación en el parlamento. Cuanto más viejas son la cultura capitalista y la democracia burguesa en un país, tanto más comprensible es eso, pues la burguesía ha aprendido magníficamente en los viejos países parlamentarios a ser hipócrita y a engañar de mil modos al pueblo, haciendo pasar el parlamentarismo burgués por «democracia en general» o por «democracia pura» y otras cosas semejantes, ocultando hábilmente los millones de hilos que unen al parlamento con la Bolsa y con los capitalistas, valiéndose de la prensa sobornable y venal y poniendo en juego por todos los medios la fuerza del dinero, el poder del capital.

Es indudable que la Internacional Comunista y los partidos comunistas de los diversos países cometerían un error irreparable si rechazasen a los obreros partidarios del poder soviético, pero que no están de acuerdo con participar en la lucha parlamentaria. Si tomamos la cuestión en su planteamiento general, teórico, precisamente este programa, es decir, la lucha por el poder soviético, por la República Soviética, puede unir y debe unir ahora, sin duda, a todos los revolucionarios sinceros y honrados de los medios obreros. Muchísimos obreros anarquistas se convierten hoy en los partidarios más sinceros del poder soviético. Y, si esto es así, ello demuestra que son nuestros mejores camaradas y amigos, los mejores revolucionarios, que fueron enemigos del marxismo solo por incomprensión, o, mejor dicho, no por incomprensión, sino porque el socialismo oficial dominante en la época de la II Internacional (1889-1914) traicionó al marxismo, cayó en el oportunismo y falseó la doctrina revolucionaria de Marx, en general, y su doctrina de las enseñanzas de la Comuna de Paris de 1871, en particular. He escrito de esto circunstanciadamente en mi libro *El Estado y la revolución* y, por ello, no me detengo más en la cuestión.

¿Qué hacer si, en un país, los comunistas que por convicción y por su disposición a sostener la lucha revolucionaria son sinceramente partidarios del poder soviético (del «sistema soviético», como dicen a veces los no rusos), no pueden unirse por culpa de las discrepancias en torno a la participación en el parlamento?

Yo consideraría que esa discrepancia no es esencial en la actualidad, pues la lucha por el poder soviético es una lucha política del proletariado en su forma más elevada, más consciente, más revolucionaria. Más vale estar con los obreros revolucionarios cuando se equivocan en una cuestión parcial o secundaria que con los socialistas o socialdemócratas «oficiales», si estos no son revolucionarios sinceros y firmes, no quieren o no saben efectuar una labor revolucionaria entre las masas obreras, aunque compartan la táctica justa en esta cuestión parcial. Y la cuestión del parlamentarismo es hoy parcial, secundaria. Rosa Luxemburgo y Karl Liebknecht tenían razón, a mi parecer, cuando defendían la participación en las elecciones al parlamento burgués alemán, a la «Asamblea Nacional» Constituyente, en la conferencia celebrada por los espartaquistas en Berlín enero frente a la mayoría de la conferencia. Pero, naturalmente, tenían mucha más razón al preferir quedarse con el Partido Comunista, que cometía una equivocación parcial, y no marchar con los traidores manifiestos al socialismo del tipo de Scheidemann y de su partido o con las almas lacayunas, con los doctrinarios y cobardes, con los abúlicos cómplices de la burguesía y reformistas de hecho como Kautsky, Haase, Daumig y todo ese «partido» de los «independientes» alemanes.

Yo, personalmente, estoy convencido de que la negativa a participar en las elecciones al parlamento es un error de los obreros revolucionarios de Inglaterra; pero vale más cometer ese error que retardar la formación de un gran partido comunista obrero en Inglaterra con todas las corrientes y todos los elementos enumerados por usted, que simpatizan con el bolchevismo y defienden sinceramente la República Soviética. Si, por ejemplo, en el B.S.P.[79] hubiera bolcheviques sinceros que, como consecuencia de las discrepancias en torno a la participación en el parlamento, se negaran a fusionarse inmediatamente en el Partido Comunista con las corrientes n.º 4, n.º 6 y

79. B.S.P.: British Socialist Party (Partido Socialista Británico): se constituyó en 1911 en Manchester mediante la fusión del Partido Socialdemócrata con otros grupos socialistas.

n.º 7, tales bolcheviques cometerían, a mi juicio, un error mil veces mayor que la equivocada negativa a participar en las elecciones al parlamento burgués inglés. Desde luego, al decir esto supongo que las corrientes 4, 6 y 7, juntas, están vinculadas de verdad a *la masa obrera*, y no representan *solamente* pequeños grupos de intelectuales, como ocurre con frecuencia en Inglaterra. En este sentido, tienen singular importancia, probablemente, los *Workers Committees* y *Shop Stewards*[80], que, cabe pensar, están estrechamente vinculados a *las masas*.

La ligazón indisoluble con la masa de obreros, la capacidad de hacer agitación constante entre ella, de participar en cada huelga y de hacerse eco de todas las demandas de las masas son primordiales para el Partido Comunista, especialmente en un país como Inglaterra, en el que hasta ahora (como, por cierto, en todos los países imperialistas) han participado en el movimiento socialista y, en general, en el movimiento obrero primordialmente pequeños sectores encumbrados de obreros, representantes de la aristocracia obrera, en su mayor parte corrompidos hasta los huesos e irremisiblemente por el reformismo, prisioneros de los prejuicios burgueses e imperialistas. Sin luchar contra esos sectores, sin acabar con todo su prestigio entre los obreros, sin convencer a las masas de la completa corrupción burguesa de esos sectores, no puede ni hablarse de un movimiento comunista obrero serio. Esto atañe tanto a Inglaterra como a Francia, Norteamérica y Alemania.

Los revolucionarios obreros que colocan el parlamentarismo en el centro de sus ataques tienen completa razón, en cuanto esos ataques expresan la negación por principio del

80. Workers Committees y Shop Stewards Committees (Comités Obreros y Comités de Delegados de Fábrica): organizaciones obreras electivas que se difundieron ampliamente en Inglaterra durante la guerra mundial.

parlamentarismo burgués y de la democracia burguesa. El poder soviético, la República Soviética: eso es lo que la revolución obrera ha puesto en lugar de la democracia burguesa, esa es una forma de la transición del capitalismo al socialismo, una forma de la dictadura del proletariado. Y la crítica del parlamentarismo, además de ser legitima y necesaria como motivación del paso al poder soviético, es totalmente justa como comprensión de la estrechez y el convencionalismo históricos del parlamentarismo, de su nexo con el capitalismo y solo con el capitalismo, de su carácter progresista en comparación con la Edad Media y de su *carácter reaccionario en comparación con el poder soviético.*

Pero los críticos del parlamentarismo en Europa y América no tienen razón con mucha frecuencia, cuando son anarquistas o anarcosindicalistas, ya que rechazan *toda participación* en las elecciones y en la labor parlamentaria. En ello se manifiesta sencillamente la falta de experiencia revolucionaria. Nosotros, los rusos, hemos vivido dos grandes revoluciones en el siglo xx y conocemos bien la importancia que puede tener, y tiene de hecho, el parlamentarismo en un momento revolucionario, en general, y *durante la propia revolución,* en particular. Los parlamentos burgueses deben ser suprimidos y sustituidos con las instituciones soviéticas. Esto es indudable. Y ahora, después de la experiencia de Rusia, de Hungría, de Alemania y de otros países, es indudable que esto *ocurrirá sin falta* durante la revolución proletaria. De ahí que la preparación sistemática de las masas obreras para eso, la explicación previa de la importancia que tiene para ellas el poder soviético, la propaganda y la agitación en favor del mismo constituyan una obligación *ineludible* del obrero que quiera ser revolucionario de verdad. Pero nosotros, los rusos, cumplimos este cometido actuando también en la palestra parlamentaria. En la Duma zarista, falsificada, terrateniente, nuestros representantes supieron hacer propaganda revolucionaria y republicana. De la misma manera, se puede y se debe hacer propaganda soviética en los parlamentos burgueses, desde dentro de ellos.

Quizá no sea fácil conseguirlo inmediatamente en uno u otro país parlamentario. Mas eso es otra cuestión. Hay que lograr que esta táctica correcta sea asimilada por los obreros revolucionarios en todos los países. Y si el partido obrero es verdaderamente *revolucionario;* si es verdaderamente *obrero* (es decir, si está vinculado a las masas, a la mayoría de los trabajadores, a los sectores *básicos* del proletariado, y no solo a su sector encumbrado); si es verdaderamente un *partido,* sea, si es una *organización de vanguardia,* fuerte, cohesionada en serio y capaz de efectuar por todos los medios posibles una labor revolucionaria entre masas, entonces, ese partido sabrá, sin duda, tener en la mano a sus parlamentarios, hacer de ellos auténticos propagandistas revolucionarios, como Karl Liebknecht, y no oportunistas, no corruptores del proletariado con métodos burgueses, con costumbres burguesas, con ideas burguesas, con vacuidad ideológica burguesa.

Si no se pudiera conseguir esto de golpe en Inglaterra; si, además, resultara imposible en Inglaterra toda unión de los adeptos del poder soviético a causa precisamente de las divergencias en torno al parlamentarismo, y solo a causa de ello, entonces consideraría como un útil paso adelante, hacia la unidad completa, la formación inmediata de dos partidos comunistas, es decir, de dos partidos que propugnasen el paso del parlamentarismo burgués al poder soviético. Que uno de esos partidos admita la participación en el parlamento burgués y el otro la rechace; esta discrepancia es ahora tan insustancial que lo más sensato sería no dividirse por culpa de ella. Pero incluso la existencia simultánea de dos partidos de tal naturaleza representaría un progreso inmenso en comparación con la situación actual, constituiría, con toda probabilidad, el paso a la unidad completa y a la victoria rápida del comunismo.

El poder soviético no solo ha demostrado en Rusia, con la experiencia de casi dos años, que la dictadura del proletariado es posible *incluso* en un país campesino y es capaz, creando un fuerte ejército (la mejor demostración de organización y de orden), de mantenerse en condiciones increíbles e inusitadamente difíciles.

El poder soviético ha hecho más: ha triunfado ya moralmente en *todo* el mundo, pues las masas obreras, aunque conocen únicamente pequeñas partículas de la verdad acerca del Poder soviético, aunque oyen miles y millones de informaciones falsas acerca del poder soviético, *están ya a favor del poder soviético.* El proletariado del mundo entero comprende ya que este poder es el poder de los trabajadores, que es el único que les salva del capitalismo, del yugo del capital, de las guerras entre los imperialistas, y el único que lleva a una paz firme.

Precisamente por eso son posibles las derrotas de algunas repúblicas soviéticas por los imperialistas, pero es imposible vencer al movimiento soviético universal del proletariado.

Con saludos comunistas,
N. Lenin

P.S. El siguiente recorte de los periódicos rusos le ofrecerá una muestra de nuestra información sobre Inglaterra.

> Londres, 25 de agosto. (A través de Beloóstrov). El corresponsal en Londres del periódico *Berlingske Tidende,* de Copenhague, telegrafía el 3 de agosto con motivo del movimiento bolchevique en Inglaterra: «Las huelgas declaradas en los últimos días y las denuncias que han tenido lugar recientemente han hecho vacilar la seguridad de los ingleses en la inmunidad de su país

contra el bolchevismo». En la actualidad, los periódicos comentan vivamente esta cuestión, y la administración hace todos los esfuerzos para comprobar que el «complot» existía desde hace bastante tiempo y tenía como fin, ni más ni menos, derrocar el régimen existente. La policía inglesa ha detenido al Buró Revolucionario, que disponía, según afirman los periódicos, de dinero y armas. El *Times* publica el contenido de algunos documentos hallados en poder de los detenidos. Contienen un programa revolucionario completo según el cual debe ser desarmada toda la burguesía; se deben conseguir armas y pertrechos bélicos para los Sóviets de diputados obreros y soldados rojos y formar el Ejército Rojo; todos los cargos estatales deben ser desempeñados por obreros. Más adelante se proyectaba la constitución de un tribunal revolucionario para juzgar a los delincuentes políticos y a las personas culpables de trato cruel a los reclusos. Se pensaba confiscar todos los víveres. El parlamento y otros organismos de administración pública autónoma deben ser disueltos, instituyéndose en su lugar Sóviets revolucionarios. La jornada de trabajo se limitará a seis horas y el salario semanal inferior se elevará a siete libras esterlinas. Las deudas del Estado, como todas las demás, deben ser anuladas. Se declaran nacionalizados todos los bancos, empresas industriales y comerciales y medios de transporte.

Si todo esto es exacto, debo expresar a los imperialistas y capitalistas ingleses, personificados por su órgano, el periódico más rico del mundo, el *Times*[81], mi más respetuoso reconocimiento y gratitud por su excelente propaganda en favor del bolchevismo. Sigan por ahí, señores del *Times:* ¡llevan ustedes magníficamente a Inglaterra hacia la victoria del bolchevismo!

Publicado en septiembre de 1919, en la revista *Kommunistlcheski lnternatsional*, núm. 5.

81. *The Times* (Los Tiempos): diario fundado en 1785 en Londres.

Este libro,
TODO EL PODER A LOS SÓVIETS
ORGANIZACIÓN, REVOLUCIÓN Y CONSTRUCCIÓN DEL SOCIALISMO,
se terminó de diseñar, componer y maquetar en Bilbao,
en el taller gráfico de MONTI DISEINU GRAFIKOA,
utilizándose la familia tipográfica Celeste
creada por Chris Burke en 1990,
la víspera del centenario de la muerte
de Vladimir Ilich Lenin, mientras reafirmamos
la importancia del pensamiento
que nos guíe en la lucha
frente al sistema capitalista.

Aurkeztu dizugun liburuaren eduki, itxura edo inprimaketari buruzko iritzia guri helarazi nahi izanez gero, bidal iezaguzu. Zinez eskertuko dizugu.

La Editorial le quedará muy reconocida si usted le comunica su opinión acerca del libro que le ofrecemos, así como sobre su presentación e impresión. Le agradecemos también cualquier otra sugerencia.

EDITORIAL TXALAPARTA S.L.L.
San Isidro 35
31300 TAFALLA
Nafarroa
Tfno.: 948 70 39 34
info@txalaparta.eus
www.txalaparta.eus